시공사도
건축가도
안 알려주는

건축주만이
알려줄 수 있는
집짓기 진실

프롤로그

**건축주가 꼭 알아야 할
내용만을 담은
오직 건축주를 위한 책**

아파트가 주거의 주인공인 시대는 끝났다. 라돈 석고보드, 방사능 쓰레기 콘크리트, PVC 환경호르몬, 지진, 층간소음 등 아파트 주거에 위협적인 요소가 다양한 매체를 통해 전파되고 있다. 더는 아파트에 산다고 우러러보지 않고 아파트가 재산 증식의 수단이라는 것도 옛말이 되었다.

이젠 많은 이들이 가족의 개성이 담긴 '집'을 짓고 싶어 한다. 이러한 욕구는 수요를 만들고 그 수요는 토지의 가격을 올렸다. 이를 뒷받침하듯 판교의 단독주택 필지는 2015년 대비 현재 약 4억원이 올랐다. 페이스북, 인스타그램 등 SNS(Social Networking Service)를 통해 자신의 개성을 무수히 드러내는 현시대에, 똑같은 구조로 찍어낸 아파트는 비싼 빚을 지고 살만큼 매력적이지 않다.

이처럼 건축주가 되고 싶은 이들은 날로 증가하고 있지만, 현재까지도 집짓기에 관한 정보는 확연히 부족하다. 주변에 시공사가 부도를 내고 도망가는 바람에 1억원을 더 들여 집을 지은 사람이 있었는데, 이 정도는 그나마 양반이다. 이렇듯 인생의 가장 큰 지름에 돈을 날리지 않고 더 좋은 집을 지을 수 있는 길잡이가 필요하다. **건축가나 시공사의 입장이 아닌, 바로 건축주 입장에서 유용하고 명쾌한 정보** 말이다.

외국에는 홈디포(The Home Depot, Inc., 미국에 본사를 둔 건축자재 및 인테리어 디자인 도구 판매 업체) 같은 곳에서 설계도와 자재를 쉽게 살 수 있고 집 관련 정보가 보편화되어 있어 집짓기 접근성이 좋다. 그러나 우리나라는 집을 짓고 싶어도 어디서부터 어떻게 시작해야 할지 막막하다. 건축가에게 찾아가려 해도 빠듯한 예산에서 설계비가 부담이다. 이럴 때 **집을 직접 지어본 건축주의 실전 정보**가 있어야 한다. 실제로 건축주가 되어보고, 설계에 참여하여 단독주택에 살아본 경험에서 나온 정리된 정보가 예비 건축주들에게 가장 와닿고 도움이 된다.

집 한 채를 짓고 무슨 책을 쓸 수 있을까 싶지만, 나는 스스로를 '성공한 건축주'라 자부한다. 각종 잡지와 TV 프로그램에 나와서가 아니다. 처음부터 목표로 했던 바에 거의 완벽하게 부합한 건물을 지었고, 그 안에 우리 가족들의 살아가는 이야기를 고스란히 담아냈기 때문이다. 물론 그 과정이 그냥 나온 것은 아니다.

나 역시 직접 건축주가 되려고 하니 당장 정보 하나 없었고, 그래서 3년간 땅과 여러 오픈하우스를 보러 주말마다 돌아다녔다. 그 기간 동안 부동산 투자, 건축, 목조주택, 시공, 재료, 설계, 건축법, 부동산 관련 법 등 하나부터 열까지 스스로 공부했다. 그럼에도 불구하고 땅을 샀다가 집을 짓기는커녕 설계비만 날리고 땅을 되팔기도 했고, 땅과 단독주택 경매 입찰을 해보기도 했으며, 하다하다 지쳐 다시 아파트를 구매하는 등 여러 번의 시행착오를 겪었다. 그러다 우연한 기회로 6개월간 독일, 프랑스, 스위스, 스페인 등지의 주택 건축 순례를 하게 되면서 다시 공부를 시작했다. 귀국 후 이를 바탕으로 판교에 땅을 샀고 단독주택을 기획·건축하게 되었다. 전공을 살려 8가지의 IoT 기능과 전기차 자급자족 충전 시스템을 통해 스마트 하우스를 구현하였다. 이 과정에서도 설계와 시공에서 소통의 문제가 있었지만, 이러한 일들을 겪었기에 우리 가족을 위한 집을 짓고 살게 된 실제 경험과 노하우를 정리할 수 있게 되었다.

건축가는 예쁜 집을 짓고 싶고, 시공사는 시공하기 쉽고 이윤이 많이 나는 집을 짓고 싶어 한다. 그러나 **건축주가 원하는 것은 실용적이고 합리적이면서도 가족만의 색깔을 담아낸 집이다.** 공기청정기 하나를 사더라도 필터가 몇 등급인지, 가격은 어떠한지, 디자인은 어떤지, 청소가 쉬운지, 후기는 어떤지 면밀히 알아보는 스마트컨슈머(Smart Consumer) 시대에, 평생 가장 비싼 구매이자 삶에 가장 큰 영향을 미치는 집에 관한 똑똑한 정보는 왜 없는 걸까. 지금 이 시점에서 건축주의, 건축주에 의한, 건축주를 위한 매뉴얼이 반드시 필요하다.

이 책은 4년간 이론 공부 및 실전 경험을 하고 집을 지은 한 건축주의 실제 노하우를 담아낸 집약체이다. 건축업자에게 사기당하지 않고 시행착오 없이 더욱 효율적인 방법으로 집을 짓길 바라는 마음에서 내가 겪었던 과정을 총망라했다.

순수하게 건축주의 입장에서 느끼고 겪었던 것을 기준점으로 삼았다. 따라서 어려운 시공·설계 용어, 쓸데없는 사례는 모두 덜어냈다. 실사용자인 건축주 입장에서의 필요한 정보만 알면 몇억을 들인 인생 최대의 지름인 집짓기에 쉽게 접근하여 '집 짓고 10년 늙었다'가 아닌 '10년은 젊어지는 신명나는 집짓기'를 할 수 있다. **'이렇게만 하면 나도 집짓기를 시작할 수 있겠구나'**라는 확신을 주고, 보다 합리적인 집짓기 건축 문화를 전파하고자 한다. 이 책을 통해 다른 건축주들은 나보다 더 현명한, 더 성공한 건축주가 되기를 바란다.

목차

프롤로그
002 　건축주가 꼭 알아야 할 내용만을 담은 오직 건축주를 위한 책

1장　나는 왜 집을 짓기로 결심했는가
집짓기를 꿈꾸고 시작하려는 이들을 위해

013　꿈을 담지 못했던 아파트와 꿈을 꾸게 만든 와타나베상
020　타운하우스와 내 집 설계
025　엄청난 집 관련 책들
029　오픈하우스와 건축박람회
031　건축과 심리학 : 사람의 뇌에 가장 영향을 많이 미치는 것은 '공간'이다.

2장　나는 왜 유럽에서 주택 건축 작품을 보러 갔는가
건축주로서 건축 작품을 감상하는 방법

037　집을 순례하다
041　건축 작품 감상법

050　**TIP** 건축주가 가장 궁금해 하는 10가지 질문에 대한 명쾌한 답

3장 나는 왜 도심의 단독주택 필지를 구매했는가
도심의 주택 필지 200평을 샀다 다시 판 이유

- **069** 땅 구매 비용을 산정하는 법 (얼마짜리 땅을 살 것인가?)
- **072** 어떤 땅을 사야 하는가? (나에게 맞는 땅의 조건)
- **074** 땅의 가격 대비 가치 판단하는 법
- **090** 나의 토지 매매 시행착오 이야기
- **092** 내 땅에 적용해본, 나에게 맞는 토지의 가치 파악
- **096** 토지 시뮬레이션 분석이란?
- **100** 땅 보러 갈 때 미리 준비할 점과 땅에 들어갔을 때 확인할 점
- **106** 시행착오 안 겪는 부동산 토지 계약 시 주의할 점

- **108** **TIP** 자신에게 딱 맞는 땅 찾는 법

4장 나는 왜 건축가에게 설계를 의뢰했는가
시공사 설계팀에게 의뢰했다가 날린 착수금 천만원

- **117** 설계가 왜 필요한가?
- **122** 시공사 설계팀 vs 전문 건축사무소
- **124** 건축사무소 타입별 장단점
- **126** 건축가를 매료시키는 설계비 협상의 비법
- **128** 우리 가족에 꼭 맞는 집을 설계해줄 건축가 찾는 방법
  (시간을 절약하고 시행착오를 줄이는 건축가 필터링 기법)
- **133** 건축가와 첫 만남 시 준비해야 할 점
  (건축가에게 우리 가족 라이프스타일 전달하는 법 – 건축도 기획이다)
- **139** 건축가 설계 미팅 시 소통하는 방법과 설계 시 건축주가 챙겨야 할 점
- **141** 설계 용역 계약 시 주의할 점
- **144** 3D로 보는 건축 설계의 진행 단계

5장 나는 왜 집을 지으며 선택하는 것을 힘들어 했는가
실전 경험에서 나온 집짓기에서의 명쾌한 선택을 하는 비법

- 151   한번 시작하면 되돌릴 수 없는 선택 (건축주 고질병 : 선택 장애 해결법)
- 164   구조 선택 잘하는 법 (목조주택의 생소함과 건축주 입장에서의 장단점)
- 170   지붕 선택 잘하는 법
- 176   창호 선택 잘하는 법
- 182   외장재 선택 잘하는 법
- 186   내장재 선택 잘하는 법

6장 나는 왜 이 시공사에 집을 지어달라고 했는가
사기 안 당하는 시공사 선택법

- 194   설계가 끝나고 시공사를 선정하기에 앞서 (시공비 폭탄에 대처하는 방법)
- 196   시공사 선정 시 반드시 체크해야 할 부분 (이런 시공사는 피하라)
- 207   시공 견적을 받은 후 후회 없는 최종 시공사 선정법
- 213   시공사 계약 시 주의할 점 (계약하고 을이 되지 않는 특약 조항들)
- 215   시공 중 현장소장 및 시공사와 소통하는 법
- 218   시공 후 시공사와 좋은 관계 유지하는 비법 (딱 지은 만큼만 들어가는 시공비 정산하는 법)
- 222   가구 업체 선정법과 작업 프로세스

- 224   **PREVIEW** 주택 미리보기 - BOOK STEP 2.5

7장 나는 왜 집의 인테리어 자재를 직접 골랐는가
조명과 수전, 특별한 가전을 직구하는 방법

- 239   콘센트, 조명과 스위치 선택하기
- 259   마루, 타일, 도기류 선택하기
- 287   수전, 인덕션, 실링팬 직구하기

8장   나는 왜 집에 다양한 부가장치를 달았는가
편리한 스마트 시대의 스마트 하우스 직접 만드는 법

- 301   모바일 확인 가능 CCTV
- 306   IoT 제어 (모바일로 제어하는 보일러, 대문, 콘센트, 가스밸브, 에어컨)
- 313   열회수 환기장치 (미세먼지와 환기)
- 317   태양광 발전
- 322   차고와 전동 차고문, 그리고 전기차 충전
- 327   전동 제어 천창
- 331   스마트 미러
- 334   영화관 시스템

9장   나는 왜 이 집에 살고 있는가
주택에 살면서 어른들과 아이들이 달라진 점

- 343   입주하고 나서 해야 할 일
- 348   단독주택에 살면서 달라진 점 (아파트보다 좋은 점)
- 351   집의 다양한 공간과 에피소드

- 369   **부록** 잘 지은 유럽 명작 주택 체험하기

에필로그
- 449   나만의 건물을 짓고 싶은 예비 건축주를 위하여

1장

나는 왜 집을 짓기로 결심했는가

집짓기를
꿈꾸고 시작하려는
이들을 위해

1-1
꿈을 담지 못했던 아파트와
꿈을 꾸게 만든 와타나베상

"환상을 포기하지 말라. 환상이 없어진 후에는
살아 있더라도 죽은 것과 같다."
— 중국 명언

신혼부부의 이천 아파트와 영화관

나는 일생의 대부분을 도시의 빌라나 아파트에서 생활했고, 대학을 졸업한 후에는 도농도시인 경기도 이천에서 엔지니어로 일하고 있었다. 아내와 신혼집을 이곳에 꾸려 임신, 출산, 육아를 거치다 보니 가장으로서 '집'이라는 울타리에 대해 여러 가지 생각을 해보게 되었다.

신혼을 멀쩡한 아파트에서 시작하는 게 서울에서는 어려운 일이라고 하던데, 다행히도 이천은 서울과 비교해서 좋은 가격에 새 아파트를 전세로 얻을 수 있었다. 조망이 좋은 높은 지대에 거대한 성(城)과 같은 아파트 대여섯 동이 마주 보고 있는 제법 현대식으로 지은 고급 단지였다.

그곳에서의 생활은 10년간의 자취 시절, 기껏 해봐야 원룸이나 투룸 빌라에서 살던 때와는 완전히 달랐다. 내부는 원목마루와 대리석으로 마감되었고 단지 출입구도 차로와 분리되어 항상 깨끗했다. 더욱이 우리가 살던 곳은 10층이었는데, 창을 열면 키 큰 나무의 잎들이 푸르게 보여 특히 봄과 여름에는 정말 싱

그러웠다. 지리적으로도 초·중학교는 물론 상가도 가까이에 있어, 전세였기는 하지만 우리 가족이 10년쯤 살아도 무리가 없을 것 같은 곳이었다. 지하 주차장도 여유로웠고 단지 내부로 차가 다니지 않아서 좋았다. 관리비가 좀 비싸긴 했지만, 쓰레기 처리와 택배 받기도 불편하지 않았다.

한동안은 가족의 탄생에 딱 어울리는 곳이라고 생각했다. 바라던 편리함과 윤택함이 다 있었으니까. 하지만 어쩐지 그러한 완전함 속에서도 점점 결핍이 느껴졌다. 출퇴근하다 가끔 보이는 주변 전원주택의 풍경에 이왕 이천에 산다면 아파트보다는 아이들이 뛰놀 수 있는 마당 있는 집에 살아볼까?라는 생각이 들기 시작했다.

우리 부부는 연애 때부터 조금 독특했다. 만나기도 전부터 연애편지를 주고받으며, 같은 결의 영혼의 소유자, 즉 '소울메이트'라고 확신했었다. 독립 영화와 자막이 나오지 않는 외국 영화도 꿋꿋하게 보는 영화광이었고, 뮤지컬과 음악을 좋아해 다양한 소재로 대화가 끊이지 않았다. 흔한 취미일지는 모르지만, 그 열정만큼은 확실히 남달랐다. 크리스마스에는 크리스마스를 주제로 포스터를 그려 붙여놓고 우리끼리 보는 영화제를 열었다. 함께 만든 연인의 언어들을 잊지 않기 위해 사전 사이트를 만들어 조어들을 등재해두기도 했다.

부부인 듯 연인인 듯 그렇게 서로의 곁을 지키다 보니 우리는 어느새 부모가 되었고, 가족을 위한 보금자리는 신혼집과는 다를 필요가 있음을 깨달았다. 이렇게 개성 있고 기획력과 실천력으로 똘똘 뭉친 부부가 임신한 채로 그 흔한 멀티플렉스도 없었던 곳에 내려와 있으니 좀이 쑤실 수밖에. **아파트가 아무리 좋아도 우리의 개성을 담아내는 그릇은 되지 못했다.** 새로운 곳에 대한 욕구는 나날이 커져만 갔다. 마치 라푼젤처럼.

임신 후 영화관을 자유롭게 갈 수 없는 아내를 위해 나는 집에 작은 영화관을 만들었다. 이것이 직접 인테리어를 시작한 첫 프로젝트였다. '디브이디프라임'이란 영화 커뮤니티 사이트에서 준영화관 같은 룸시어터(Room Theater) 사례들을 보

손수 꾸민 아파트 영화방과 수집한 블루레이들

며 꿈을 키워갔다. 빛을 흡수하는 까만 벽지를 바르고 영화관처럼 레드 카펫도 깔았다. 5.1채널 홈시어터에 100인치 전동 스크린도 설치하고 푹신한 리클라이너 소파와 빛을 먹어버리는 까만 벨벳 암막 커튼도 쳤다. 본 영화 중에 명작이라고 생각한 블루레이는 죄다 사들였다. 장르별로 모으니 작은 DVD방 같았다.

　이렇게 땀 흘려 맵시 나게 만들었지만, 정작 사용빈도는 높지 않았다. 아쉽게도 혼자만 사는 곳이 아니다 보니, 아파트는 소음의 제약이 많았다. 주말 낮이라고 해도 쿵쿵 울리는 우퍼(Woofer) 때문에 이웃에 눈치가 보였고, 아무리 2중, 3중 방음에 심혈을 기울여도 소리는 새어나갈 수밖에 없었다. 게다가 윗집의 소음과 아랫집에서 올라오는 야밤의 라면 냄새, 담배 냄새를 참아야 했다. 그런데 아이가 커가면서 **층간 소음의 피해자였던 우리가 점차 가해자로 처지가 바뀌어갔다.** 아이를 뛰지 않게 잡으러 다닐 때 즈음에는 정말로 우리만의 공간이 있었으면 했다. 편히 쉬고 싶은 집에서조차 서로 눈치 보고 참아가는 공동생활을 이어가고 싶지 않은 마음이 불쑥 솟았다.

와타나베의 건물탐방과 단독주택의 꿈

어느 날 TV 채널을 돌리다 한 줄기 빛과 같은 것을 보고 리모컨을 멈추었는데, 그것은 ㉠홈스토리 채널에서 소개한 '와타나베의 건물 탐방'이었다. 일본의 중산층은 대부분 단독주택에 살고 있고, 건축가가 설계한 집이 많았다. '와타나베'라는 국민 배우(우리나라의 최불암 할아버지급)가 잘 지은 집을 방문해서 현관부터 다락까지 집 전체를 작품 감상하듯 탐방하는 프로그램이었다. 마치 내가 그 집을 방문하여 둘러보는 느낌이 들었다.

이 방송에 소개되는 집들은 하나같이 개성이 뚜렷하고 그 가족 구성원에 딱 맞는 재미난 공간이 많았다. 아파트에서는 절대 볼 수 없는 공간들이 대부분이었다. 학교 교실 같은 집, 층마다 강변을 조망하는 집, 십자 창이 있는 집, 계단처럼 오르는 책장이 있는 집, 입체파 미술관 같은 집, 사랑하는 자동차가 거실에 들어오는 18평 집, 창문이 없어도 밝은 집, 방이 없는 집 등.

와타나베의 건물탐방

인테리어가 깔끔하면서도 공간이 특이하고 건축주의 개성이 담긴 건축물을 볼 때마다 가슴이 두근거렸다. 따로 찾아보기 쉽지 않은 프로그램이다 보니 마치 어린시절 저녁 6시 만화 시간을 기다렸던 것처럼 설레며 방송을 기다렸다. '이거야!' 하는 공간들이 나오면 나중에 집을 지을 때 참고하려고 많은 장면을 카메라로 찍으며 애청자가 되었다.

　　　　나는 건축주가 되고 싶다는 꿈을 하나씩 키워나갔다. 하늘에서 빛이 들어오는 환한 욕실, 정원을 품에 안은 거실, 중정이 내다보이는 주방, 상상력을 자극하는 재미난 구조의 아이 방, 숨을 수 있는 아지트 같은 다락방, 그리고 낭만이 있는 테라스 등 우리 가족만의 집을 상상하며 즐거운 욕심을 내어보았다. 그런 재미있는 곳에서 살면 얼마나 즐거울까? 우리 아이들은 얼마나 신나 할까? 단독주택이야말로 아파트와는 달리 우리 가족만의 꿈을 담을 수 있는 보금자리처럼 느껴졌다. 아파트에서 살았던 기억은 꿈에 안 나오지만, 단독주택에서 살았던 기억은 꿈에 나온다고 한다. 지금까지는 기숙사나 원룸·투룸, 아파트 같은 공동 주거에서만 살았었다. 그곳에서 살던 기억은 그 공간 자체가 추억으로 남아 있지 않다. 그런데 5살 무렵 머물렀던 골목 끝 단독주택이었던 외할머니 댁은 마당부터 다락, 입구의 모과나무, 눈 부신 햇살과 강아지까지도 여전히 기억 속에 남아 있다. 우리 아이들에게도 마당 있는 집에서 재미나게 놀았던 추억과 고향 집의 아련함을 선물해주고 싶은 생각이 들었다. 대부분의 아이가 아파트에 살지만, 집 그림을 그리라면 삼각 지붕에 창문과 굴뚝을 가진 마당 있는 집을 그린다. 왜일까?

우리세대의 단독주택

나보다 단독주택에 조금이라도 더 살아보셨던 부모님께 주택 생활에 대해 여쭤보았다. 부모님께서는 우선 보안과 단열을 걱정하셨다. 그러다 아버지께서 내가 유치원 다니던 때 즈음 집을 지으려 했었다며, 그때는 아파트가 재테크의 큰 부분을 차지하고 있던 시절이라 투자를 위해서라도 아파트를 선택할 수밖에 없었다고 하셨다. 그래도 마당 있는 곳에서 아이를 키우고 싶은 마음에 공감하셨는지

응원을 해주셨다.

　당시 단독주택 가치에 대한 나의 생각을 정리해 보았다. 일단 부모님 시대와는 달리 **투자 개념의 아파트 시대도 끝나 가고 있음을 깨달았다.** 나는 소비자의 시대적 욕망이 가치를 형성한다고 믿는다. 개성을 점점 표현하고 노출시키는 페이스북, 인스타그램 시대에 보편성의 상징인 아파트는 옛날처럼 그 가치가 상승하진 않을 것이다. 2005년까지도 〈사두기만 하면 오르는 대한민국 넘버원 아파트〉라는 책이 나올 만큼 부동산 관련 서적들은 무조건 아파트를 사라고 권했지만, 10년이 넘은 지금 〈아파트 쇼크〉, 〈아파트의 몰락〉이라는 책이 출간되고 있다. 게다가 일본에서 쓰레기 석탄재를 수입해 시멘트를 만들고, 라돈 석고보드를 쓴다거나 내장재에 뭐가 들어가는지도 모르는 자재를 직접 고를 수도 없고 심지어 철근도 빼먹는 다니(세종시 모 아파트 철근 부실시공 사례)…. 요즘 같은 시대에 대기업 시공사를 그냥 믿기에는 비판적으로 보고 판단할 수 있는 정보가 무척 많아졌다. 또 층간 소음 관련 피해와 사건도 많아지면서 **아파트의 단점을 직접적으로 체감하기 시작**했다.

　유행은 돌고 급격하게 인공적으로 변한 환경의 부작용에 지친 인간은 자연으로 회귀하고 싶은 본능이 있다. 유럽의 어떤 도시를 가도 고층 아파트 단지가 무더기로 있는 곳은 보지 못했다. 외려 프랑스에서는 정부 차원에서 오래된 고층 아파트를 사서 저층 주거 단지로 변화시키고 있다고 한다. 주상복합아파트의 높은 고층에서 멀미가 난다거나(고층빌딩증후군 : 귀 울림, 두통, 무기력증, 생리불순 등) 아토피가 심한 아이가 도심을 떠나 숲과 자연이 있는 친환경 주택으로 이사하면서 치유되었다는 사례도 있다.

　아파트는 대단지가 좋다고 하는데, 온라인으로 등기부등본을 떼보면 살고 있는 아파트의 본인의 대지지분이 나온다. 나의 짐작으로 계산해 보면 분양가는 결국 '건축비+토지비+시행사·시공사 이익'일 것이다. 극단적으로 따져보면 평당 시공비가 500만원이면 건축비(분양면적×평당 시공비)는 32평에 1억6천만원이고, 대지지분이 16평이면 평당 1천만원이라고 해도 건축비와 토지비를 모두 합하면 3억2

천만원이다. 그런데 최근 수도권 32평대 분양가는 어떠한가? 채당 몇억 대의 프리미엄을 주고도 자재와 구조가 이미 선택된 남들과 똑같은 집을 사는 것이다.

그러나! **단독주택은 땅이 있다.** 70평 땅을 사서 30평짜리 건물을 올리면 **땅 전체와 건물 전체가 공용 면적이 없는 온전히 나의 것이다.** 30년 뒤 건물 가치가 다해도 누구의 동의도 필요 없이 언제든지 고치거나 증축해 다시 지을 수 있다. 지금 핫한 서울 연희동, 연남동이나 경리단길도 단독주택을 사서 리모델링한 사례가 많고 없어서 못 파는 지경이다.

옛날에는 단독주택에서 아파트로 가는 것이 꿈이었지만, 지금은 아파트에서 단독주택으로 가는 것이 로망인 세상이 되었다. 그러나 최신의 단독주택을 경험하지 못한 사람은 여전히 단열(난방비), 보안, 불편함을 얘기하며 꿈을 꿈으로만 꾸고 있다.

아직은 우리나라에서 집을 짓기 위해서는 용기와 모험심이 필요하다. 주변에 진짜 전문가와 진짜 정보가 없기 때문이다. 진짜 정보는 **실제 집을 짓고 사는 경험, 살아 있는 정보** 그것을 가지고 이야기해야 한다.

1-2
타운하우스와 내 집 설계

"아이들을 집에 있게 하는 가장 좋은 방법은 집안 분위기를 즐겁게 만들고 자동차 타이어에서 공기가 빠져나가도록 하는 것이다."
― 도로시 파커(Dorothy Parker)

전원주택 타운하우스

단독주택의 꿈을 키워나가고 있을 때 한 부동산에서 올린 분양 예고 글을 보고 매우 흥분해 마지않을 수 없었다. 초·중·고등학교가 바로 앞에 있고 학원과 상가가 밀집한, 지금 살고 있는 아파트에서 걸어서 5분 거리에 전원주택단지가 생긴다는 소식이었다. 전원주택단지의 입구에서 길을 건너면 초등학교 후문이었다. 아내에게 이야기하니 걱정은 되지만, 일단 싫지는 않다고 했다.

그 길로 부동산에 달려가 설명을 들었다. 대지 90평에 건물은 다락까지 40평이었고 분양가는 지금 사는 32평형 아파트와 비슷한 금액이었다(지금 그곳은 분양가보다 억 단위로 올랐다). 게다가 **32평형 아파트의 실사용 면적은 25평 정도인 데 반해, 단독주택은 분양면적이 실사용면적과 동일했다.** 원래 그 동네에 살고 있으니 입지가 좋다는 건 이미 알고 있었고, 단독주택에 90평에 달하는 내 땅(그때는 평에 대한 개념이 없어 90평은 집 90평처럼 광활하다고 생각했다)까지 있다니 생각만 해도 기분이 들떴다.

부동산에서는 가계약해야 땅을 먼저 선점할 수 있다며 필지 배치도를 보고

17개 땅 중 마음에 드는 곳을 선택하라고 했다. 매우 고민이 되었다. 이대로 땅을 고르면 여기서 평생 살아야 하지 않을까? 당시엔 건물이 어떻게 배치될지도 모르고 땅의 레벨에 대한 감도 없어 일단 단지 입구에서 멀지 않으면서도 코너^(어디선가 코너 땅이 좋다는 이야기를 듣고)에 위치한 필지를 선택했다. 그렇게 100세대가 들어오는 전체 단지에서 첫 단지의 첫 가계약자가 되었다.

내 땅이 생긴다니 오묘한 기분이 들었다. **지구 상에 누구도 쫓아낼 수 없는 우리 가족만의 공간이 생긴다는 기분**은 땅을 산 사람만 알 수 있을 것이다. 다시 그곳을 찾았을 땐 아직 풀만 무성했다. 위성사진과 GPS를 보고 대충 여기가 내 땅인가 미뤄 짐작하다가, 시행사와 부동산에서 공개한 자료를 바탕으로 필지도와 지도를 합성해 정확한 내 땅의 위치를 알아냈다. 마트를 가다가 혹은 퇴근을 하다가 매일같이 그 땅에 가보았다. 정식 계약도 안 했지만, 마음은 이미 내 땅이었다. 이후 단지 이름 공모에도 참여하고, 입주자 카페를 만들어 운영하면서 내

토목 전 타운하우스 부지
직접 만든 3D 모델링

가 공부했던 타운하우스와 전원주택 관련 정보를 공유하였다. 시행사와 대화하고 협상하려면 나 스스로 지식이 있어야 한다고 생각했기 때문이다.

조감도와 평면도, 외부 모습이 공개되면서(와타나베의 건물탐방에 나온 집과는 거리가 있었지만) 기대감은 더욱 고조되었다. 그러는 동안 마을의 커뮤니티를 만들기 위해 입주민이 참여하는 플리마켓이나 공동육아 같은 아이디어도 냈다. 이전부터 단독주택에 관심이 많아 해외 자료까지 찾아보며 공부했던 것과 에너지 풍수 자격증을 땄던 것이 큰 도움이 되었다. 또한, 독학으로 스케치업(SketchUp)을 익혀 도면을 바탕으로 3D 모델링도 직접 해보고 일조량 테스트도 해보았다.

단독주택에 대해 계속해서 공부하고 알아가면서 깨달은 것은 '설계의 중요성' 이었다. 수익을 내는 데 초점을 맞춰 지어진 단지는 기존의 조감도에서 많이 수정되었다. 모터쇼에서 발표된 콘셉트카를 보고 기대치가 높았다가, 처음과 다른 실제 양산차의 모습에 실망하게 되는 아쉬움과 비슷하다.

해외 출장 등 외부적인 사정이 있기도 했지만, 결국 초심으로 돌아가 우리 가족에게 딱 맞고 가슴을 두근거리게 하는 집을 짓자고 결론 내렸다. 그렇게 첫사랑 같은 타운하우스를 해약하고 다른 땅을 찾기 시작했다(이 험난한 땅을 찾는 스토리와 노하우는 3장에서 공개한다).

몸에 꼭 맞는 맞춤옷 같은 집

남대문에 가면 옷을 만들기 위한 옷감, 단추, 액세서리, 장식 등을 하나하나 고를 수 있다. 그러나 예쁘다고 아무거나 집어 만들면 프랑켄슈타인 같은 이상하고 언밸런스한 옷이 된다. 그렇다고 비싼 몸값의 디자이너에게 오뜨꾸뛰르 같은 화려하고 보여주기식 옷을 의뢰하고 싶지는 않다. 그런 옷은 보기에는 튀고 남달라 보일지 몰라도 옷의 본연의 기능인 가려야 할 곳을 가리고, 추위를 막아주고, 활동하기에 편한 것까지는 충족시키기 어렵다. 또한, 너무 대중적인 브랜드는 개성이 없어 보인다. 이처럼 **집을 옷에 비유하자면 나는 우리 가족의 취향과 성격에 맞**

는 실용적인 맞춤옷을 원했다.

그러나 맞춤옷을 위한 설계비는 집짓기를 처음 접하는 건축주 입장에서 만만한 금액이 아니다. 그 돈이면 큰 방 한 칸을 더 늘릴 수 있지 않을까 라는 생각이 들게 된다. 그래서 나 역시 금액을 아껴 자재를 업그레이드하고 건축가 못지 않게 예쁘고 합리적으로 설계할 수 있다는 시공사와 계약하고 설계를 진행한 적도 있다. 우리 가족만을 위한 집을 설계해준다는 생각에 설렘을 안고 첫 미팅을 했고, 매일 연습장에 집 구조를 그려가며 아이디어를 떠올렸다.

하지만 결국 또 집을 짓지 못했다. 그저 설계 미팅을 한 경험과 자료, 아이디어만 남았다. 허무했으나 이런 과정을 통해 건축주로서 무한히 자라나는 욕심을 컨트롤하는 법과 **정말로 우리 가족에게 맞는 집은 무엇인지 찾는 법**을 자연스럽게 배우게 되었다.

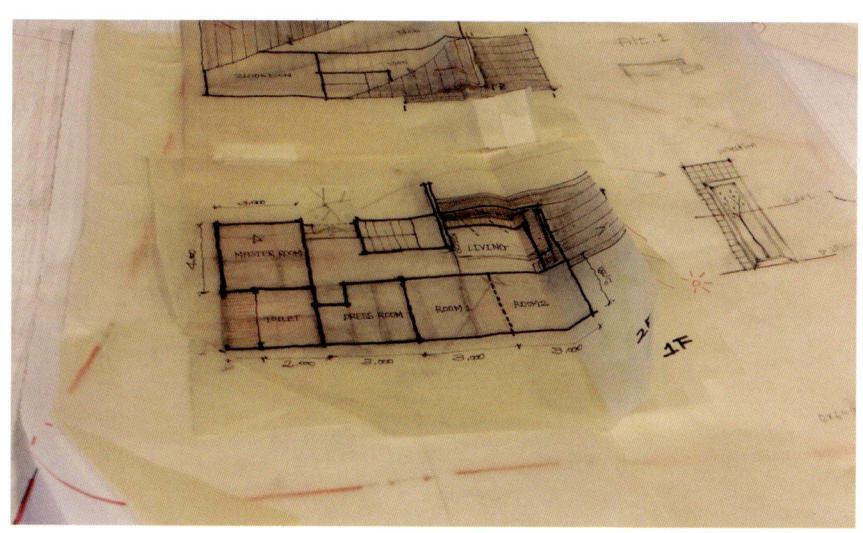

첫 번째 설계 의뢰를 통한 설계 과정

방송, 잡지, 인터넷에 나오는 멋진 집과 인테리어 사례를 보면 환상은 커지고 눈은 점점 높아진다. 그렇지만 그것이 정말로 실용적이고 합리적이면서 좋은 것인지는 몸소 겪어보기 전까진 알기 어렵다. 경험에 대한 비싼 비용을 치렀으나 이 또한 매우 값진 시간이었다고 생각한다.

나는 공대 출신이다. 엔지니어링은 필요한 기능을 한정된 자원을 이용해 현실 세계에 제대로 동작하도록 구현하는 것이다. 건축 역시 **심미적인 것을 만족하면서도 기능적으로 현실에서 문제없게 설계**하는 것이 필요하다. 즉, 스타일이 맞고 실제 공간으로 잘 풀어줄 건축가를 찾는 것이 중요하다. 그리고 그 건축가에게 우리 가족의 요구사항을 전달하고 각각의 관점에서 바라보는 요소들을 서로 조율해야 한다.

또한, 건축가는 집을 짓는 과정에서 변호사가 되기도 한다. 건축주를 대변하여 시공사와 소통하고 시공이 잘 되었는지를 감리하는 역할을 해준다. 다양한 건축가를 만나본 결과 나에게 꼭 맞는 건축가를 찾는 법은 분명 있다(건축주가 건축가에게 일을 의뢰하고 요구 사항을 전달하고 커뮤니케이션하는 실전 노하우를 4장에서 소개한다).

1-3
엄청난 집 관련 책들

"책은 꿈꾸는걸 가르쳐 주는 진짜 선생이다."
― G. 바슐라르(G. Bachelard)

집을 짓기 위해서는 다양한 지식이 필요하다고 생각해서 시중에 나오는 집 관련 신간을 계속해서 사서 읽고 공부했다. 그중 어떠한 책들은 실제로 집을 짓는 데 꽤 많은 도움이 되었고, 어떤 책들은 생각과 달랐다. 그렇다면 어떤 책을 봐야 할까? 집 관련 책들의 종류를 살펴보고 **건축주에게 시기별로, 실질적으로 도움이 될 만한 책**은 어떤 것인지 알아보자.

1) 시공 관련 책
시공에 대한 그림과 용어, 시공 방법과 재료에 대해 상세히 기술적으로 설명된 책이다.
예) 목조주택 설계&시공 디테일, 세상에서 가장 쉬운 목조주택, 목조주택 하나부터 열까지 따라하기 등

2) 설계와 도면 관련 책
설계 도면과 집의 배치, 동선, 가구 배치, 창호 배치 등 주로 일본의 책을 번역한 것이 많고 직접 그린 스케치로 쉽게 설명되어 있다.
예) 해부도감 시리즈, 주거 해부도감, 공간배치의 방정식 등

3) 건축 또는 집의 철학 관련 책

주로 건축가가 쓴 책으로, 건축이나 주거 공간인 집에 대한 생각을 읽을 수 있고 어떤 집이 좋은 집인가를 되짚어보게 한다.

예) 나는 마당 있는 작은집에 산다, 집, 무지개 떡 건축, 사람을 살리는 집, 집을 생각하다 등

4) 건축 사례를 모은 책

가장 많이 출시되는 내용의 책으로 건축 카탈로그와 같이 설계도, 건축 사진, 사용된 건축 자재, 건축비에 대한 정보가 있다.

예) 건축가가 지은 집 108, 살고 싶은 집짓기 아이디어, 예산에 맞춘 집, 작은 땅 내 집 짓기, 땅을 읽고 집을 짓다, 1억원대 집짓기 등

5) 건축주 이야기들을 담은 책

건축주들이 직접 자신이 집을 지은 이야기를 담았다.

예) 우리 가족이 처음 지은 집, 우리가 만약 집을 짓는 다면 등

집을 짓기 위해 읽은 책 중 일부

이 중 실제 건축주가 되어 성공적으로 집을 짓는 데 가장 도움이 되었던 책들은 '건축 또는 집의 철학에 대한 책'과 '건축주 이야기를 담은 책'이었다. 보통 처음 집을 지으려는 건축주와 이야기해보면 대부분 잡지나 인터넷에서 본 멋지고 화려하고 예쁜 집을 생각하는 경우가 많다. 나도 그랬다. 그러한 사례들은 분명 집을 짓고 싶게 하는 큰 계기가 된다. 그러나 외국의 사례는 우리나라에서 짓기 거의 불가능하거나 비현실적인 금액이 든다. 특히 많이 번역되어 들어오는 일본 책 속의 내용은 우리나라의 상황과 대다수 맞지 않았다. 시공된 집 사진만 봐서는 내가 살 땅에 직접적으로 적용하기 어렵다. 사례가 아무리 많더라도 땅의 형태와 크기뿐만 아니라 가족 구성원과 나의 취향을 모두 만족하는 경우는 찾아보기 힘들다. **건축주 경험을 통해 깨달은 점은 집은 평면도만 가지고 지어지는 것이 아니더라**는 것이다.

건축주가 가장 빠지기 쉬운 오류는 시공에 대한 지식이 해박해야 시공자에게 당하지 않는다고 생각하는 것이다. 시공 관련 책은 일반 건축주가 보기에는 어렵고 열심히 공부했다손 치더라도 현장과 이론은 다르다. 짧은 기간에 책으로만 익힌 시공 지식을 가지고 건축주가 시공상의 잘못된 점을 하나하나 찾고 따지는 데 에너지를 쓰는 것보다 스위치나 조명의 위치, 타일 등 **내가 지금 선택해야 할 것에 집중하는 것이 좋은 집을 만드는 지름길이다.**

우리 집을 짓던 현장에도 많은 예비 건축주가 다녀갔는데, 대부분 본인의 지식을 자랑하거나 새로운 자재를 추천하곤 했다. 인터넷에서 단편적으로 얻은 지식, 박람회에서 업체로부터 들은 얕은 지식으로 그것이 가진 단점에 대해서는 정확히 알지 못하는 듯 했다. 물론 쓰면 좋은 자재도 있지만, 가격대비 성능을 고려해야 하고 그 돈을 투자한 만큼 건축주가 체감하지 못하는 것도 많음을 알아야 한다. 또 아무리 가격대가 좋은 창호라며 건축주가 애써 현장에 가지고 와도 건축 법규에 따라 지역별로 열관류율을 만족하지 못해 사용 불가능한 경우도 발생한다. 따라서 시공이나 자재 등 전문적인 지식에 관한 부분은 믿을만한 전문가를 통해 그들에게 일임하고, 정말 이상하거나 궁금한 경우는 시공사와 건축가 그리고 건축주 커뮤니티에 질문해 풀어가는 방법이 좋다.

　그렇다면 건축주로서 어떠한 책을 먼저 읽는 것이 좋을까? 가장 먼저 읽어야할 책은 바로 '집에 대한 철학을 담은 책'이다. 그 이유는 **살고 싶은 집이 어떠한 집인지에 관한 확고한 생각이 있어야 성공한 건축주가 될 수 있기 때문이다.** 집과 거주 공간에 대한 건축가의 생각을 읽으면서 먼저 내가 지을 집이 어떤 집이었으면, 어떠한 이야기가 담겼으면, 어떠한 활동을 했으면, 어떠한 성격의 집이었으면 하는 것들을 떠올려보며 정리하는 것이 무엇보다 중요하다. 이것을 토대로 설계자에게 찾아가 '제가 지으려고 하는 집은 방 3개 화장실 2개입니다'가 아니라, '제가 살고 싶은 집은 할머니와 할아버지, 손주들이 마당과 집에서 쉽게 만나면서도 자신들만의 개인 공간이 있는 집입니다'라고 좀 더 구체적으로 이야기할 수 있는 것이다. 그래야만 내가 실제로 살면서 가장 만족할 수 있는 집이 그려지고 현실로 나타날 수 있다.

1-4
오픈하우스와 건축박람회

"경험으로 사는 것은 값비싼 지혜이다."
― 로저 애스컴(Roger Ascham)

방송과 인터넷 사진으로 본 멋진 집을 실제로 보려면 시공사나 건축가가 지은 집에서 종종 하는 오픈하우스를 주목할 필요가 있다. 준공이 나도 건축주의 이전 집이 매매가 안 되었거나 다른 사정 등으로 입주가 늦춰지면 그 기간 동안 시공사 또는 건축가가 홍보를 위해 오픈하우스를 열기도 한다. 건축주들이 시공비를 아끼려고 '우리 집을 모델하우스로 쓰세요'라고 먼저 이야기하는 경우도 있는데, 시공사 입장에서는 그것만으로 최종 비용을 할인해주진 않는다.

예비 건축주 입장에서 실제로 지어진 집을 탐방하는 기회란 자주 없다. 이미 지어진 집 안을 보는 것은 매우 어려운 일이고 무작정 찾아가 보여 달라는 것도 실례이다. 마치 여자 친구에게 갑자기 말도 없이 찾아가 지금 당장 맨얼굴로 나오라고 하는 것과 같다. 이는 남에게 보여주고 싶지 않은 개인 사생활의 영역이기 때문이다.

특히 신도시의 단독주택 택지에 집들이 들어서기 시작할 때 시공사들은 경쟁적으로 오픈하우스를 연다. 실제로 시공한 집을 보여주는 것은 매우 강력한 홍보 수단이자 건축주의 결정에 큰 동기가 된다. 오픈하우스 정보는 지역 단독주택 카페 또는 시공사 홈페이지에서 확인할 수 있고, 건축가와 면담을 하면서 현재 작업 중인 현장을 해당 건축주의 양해를 구하고 보는 경우도 있다.

오픈하우스를 볼 때는 실제 지어진 집과 설계 도면을 비교해보며 실 치수 등을 물어보고 공간 크기에 대한 개념을 잡으면 된다. 또한, 타일이나 조명 스위치, 마루재 등은 샘플로 있을 때와 실제 시공되어 있을 때 어떤 공간에, 어떻게 쓰느냐에 따라 그 느낌이 매우 다르다. 따라서 **이러한 비교를 시각·촉각으로 체감할 수 있는 오픈하우스는 예비 건축주에게 큰 도움이 된다.** 사진에서는 파악이 어려운 해당 시공사의 마감 실력도 여기서 판가름 난다.

그에 반해 건축박람회는 다양한 신규 자재의 각축전으로, 좋은 제품도 있으나 제대로 검증되지 않은 제품도 있다. 실제로 그 제품들을 써보는 건 건축가나 시공사도 꺼린다. 안 써본 제품을 썼다가 문제가 생기면 결국 자신들을 먼저 찾게 될 것이 뻔하기 때문이다. 그러나 경험을 위해서는 이런 자재도 있음을 구경하고 알아가는 건 좋다. 건축박람회 때 시공사가 샘플하우스를 지어놓고 홍보하는 경우도 있는데, 이는 오픈하우스와 같은 경험을 할 수 있는 기회다. 이밖에 건축 관련 책도 좀 더 저렴하게 구매 가능하다.

1-5
건축과 심리학 :
사람의 뇌에 가장 영향을
많이 미치는 것은 '공간'이다.

"우리는 매우 짜릿한 주제를 찾아냈다.
건축과 심리학이 갑자기 아주 비슷한 게 된다는 것이다."
— 헤르조그 앤 드뫼롱(Herzog & de Meuron)

'공간감'이란 3차원의 공간을 체감하는 것이다. 좁은 공간과 넓은 공간, 얕은 공간과 깊은 공간, 연한 공간과 진한 공간, 단순한 공간과 복잡한 공간 등 모두 인간에게 필요한 공간이다. 공간은 인간의 잠재의식에 영향을 미친다. 바로 이것이 '신경건축학'이라는 분야이다.

〈공간이 마음을 살린다〉라는 책에 따르면 바이러스학자인 조너스 솔크(Jonas Edward Salk)는 소아마비 백신을 연구하다가 문제가 해결되지 않자 이탈리아의 아시시(Assisi)라는 곳에 머물렀는데, 그곳의 햇빛과 아름다운 경치에 영감을 받아 수백만 명을 살린 백신을 만들었다고 한다. 그는 미국으로 돌아와 그가 느낀 공간의 느낌을 건축으로 구현하기 위해 빛의 건축가 루이스 칸(Louis Kahn)에게 의뢰하여 솔크연구소를 지었고, 이후 이곳에서 노벨상 수상자가 6명이나 배출되었다. 공간이 가지는 큰 힘이 그러한 결과의 주요인이라고 연구하는 사람들이 생겨났고, '신경건축학회'도 만들어졌다.

베를린(Berlin)에 갔을 때 가장 인상적이었던 건축물은 거대한 브란덴부르크

문(Brandenburg Gate)이나 뾰족한 TV 탑(TV Tower), 노란빛의 필하모닉 콘서트홀도 아니었다. 그것은 브란덴부르크 문 근처에 있었던 '홀로코스트 메모리얼(Memorial to the Murdered Jews of Europe)'이었다. 겉에서는 무덤처럼 보였지만, 안으로 들어가면 땅이 점점 내려가고 같은 높이처럼 보였던 무덤들은 점점 높은 기둥이 된다. 미로 같았고 입구와 출구를 가늠하기 점점 힘들어졌다. 멀리서 비추는 한 줄기 빛만 따라갈 수밖에 없었다. 길도 좁아져 혼자 지나가야 했다. 길지는 않았으나 답답해지고 불안감과 공포감이 밀려왔다. 여러 설명 없이 직접 건축물을 통해 그 심리를 느끼는 순간이었다.

솔크연구소(위)와
베를린 홀로코스트
메모리얼(아래)

이렇게 **공간만으로도 인간의 감정에 직접적인 영향을 미친다.** 인간의 감정은 대뇌 변연계와 잠재의식과 연결되어 있다. 그렇다면 집은 어떤 공간감을 가지는 것이 가장 좋을까? 집안에도 공적인 공간과 사적인 공간, 자는 공간과 활동하는 공간, 정적인 공간과 동적인 공간 등 다양한 공간이 필요하다. 예를 들면 아이 방과 어른 방, 아늑함이 필요한 공간과 창의적 자극이 필요한 공간 등 변화가 요구된다.

〈공간이 사람을 움직인다〉라는 책에서는 G. 바슐라르(Gaston Bachelard)의 이야기를 인용하면서 **첫 번째로 살던 집에서 생각의 틀이 만들어진다고 했다.** 집은 특히 아이에게 많은 영향을 지속적으로 끼치는 곳이다. 미네소타대학교 조앤 마이어스-레비(Joan Meyers-Levy) 교수의 연구 결과 **천장이 30cm 높아지면 창의적 문제 해결 능력이 2배 높아진다고 한다.** 〈내 아이를 천재로 키우는 공부방의 비밀〉이란 책의 핵심은 다 같이 공부하는 공간이 필요하다는 것이다. 그래서 우리 집에도 이를 적용하여 거실을 가족이 함께 공부하는 공간으로 두고 층고를 다이나믹하게 만들었다. 특히 아이의 놀이 공간은 층고를 높였다.

아파트는 거실의 우물천장 말고는 천장 높이에 변화를 주기 어렵지만, **단독주택은 다양한 높이와 각도의 천장이 가능하다.** 이러한 요구사항은 아이의 잠재적 능력을 끌어내고 싶은 부모들에 의해 그 수요가 늘고 있다(가족구성원의 심리적 향상을 위한 공간 구성법에 대한 이야기가 월간지 〈전원속의 내집〉 '심리학 건축을 말하다'의 연재 시리즈를 통해 공개되었다).

나는 유럽에서 그 공간감을 실제로 체험해 보았다. 종교 건축물인 롱샹 성당 예배당에서는 높은 천장과 옆에서 새어 나오는 색색의 빛줄기, 그리고 하늘에서 부드럽게 떨어지는 빛을 통해 저절로 엄숙해짐을 느꼈고 하늘의 계시를 받는 듯했다. 취리히 르 꼬르뷔지에 센터의 낮은 천장은 아늑하고 포근하게 우리를 감싸주었다. 이렇게 천장의 높낮이와 빛이 들어오는 양에 따라 완전히 다른 분위기와 감정을 느낄 수 있다(유럽에서 주택과 건축물을 순례하고 느꼈던 점, 그것을 우리 집에 어떻게 반영했는지는 부록에 자세히 정리해 두었다).

2장

나는 왜 유럽에서 주택 건축 작품을 보러 갔는가

건축주로서 건축 작품을 감상하는 방법

2-1
집을 순례하다

"당신은 경험을 창조해 내는 것이 아니다.
그것은 반드시 체험해야 하는 것이다."
― 알베르 까뮈(Albert Camus)

"명작 주택을 순례하는 일은 두근두근하고, 울렁울렁하는
사모했던 연인을 만나러 가는 기분이었습니다."
― 나카무라 요시후미(Nakamura Yoshifumi)

유럽의 명작 주택을 봐야겠다고 마음먹은 동기는 일본 건축가 나카무라 요시후미(Nakamura Yoshifumi)의 〈집을, 순례하다〉라는 책에서 시작했다. 그 책에는 전 세계의 명작 주택들을 탐방하고 겪은 소감과 감정 스케치들이 있었고, 집을 짓기로 결심하면서 건축에 관심이 커진 내 가슴을 두근거리게 했다. 그 후 나는 건축에 미쳐 국내 건축가의 주택 작품과 건축물을 찾아다녔다. 그런 내가 유럽에 가서 **유명 관광지가 아닌 주택과 건축물**을 보는 건 어쩌면 당연한 일이었다. 또한, 그 시기는 집이 설계 단계에 있었으므로 제대로 짓기 위해서라도 눈으로 확인하고 싶었다. '과연 무엇 때문에 명작이라고 불리는가?', '**단독주택에 있어 명작은 어떤 것인가?**' 내가 직접 체감해 나만의 해답을 찾고 싶었다.

> 동물은 죽어서 가죽을 남기고
> 사람은 죽어서 이름이 아닌 건물을 남긴다.

건물은 역사다.
건물은 기억을 담는 고체 메모리다.
항상 그 자리에 서서 사람들의 이야기를 고스란히 담기 때문이다.
욕망과 사랑과 추억과 철학을 합하여 삶을 담아준다.

도자기도 그렇듯이 감정을 담아 빚어낸 건물은 그 감정을 그대로 반영한다.
그득한 욕망을 담으면 놀디놀은 건물이 되고
따스한 사랑을 담으면 아이들 뛰노는 재미난 구조의 놀이 공간이 되고
고스란히 추억을 담으면 정다운 마당의 감 익는 집이 되고
철학을 담으면 독특한 구조미가 있는 건물이 된다.

나는 이제 나만의 욕망 한 스푼과 사랑 한 스푼, 추억 한 스푼,
철학 한 스푼을 담아 나만의 역사를 지금 이 땅에 세우려 한다.
그 역사가 나, 우리 가족을 넘어 많은 사람에게
욕망, 사랑, 추억, 철학을 선사해 주기를 바라며.

2015년 10월 11일

위 글은 건축 여행을 다니면서 스스로 정리한 생각이다. 건축주가 되어 건물을 짓는 것은 도를 닦는 것처럼 수많은 성찰이 필요하다. **'왜 집을 짓는가?'라는 물음과 욕망이 끊임없이 싸우는 것이다. 이러한 생각에서 명작 주택 순례는 나에게 명쾌한 가이드라인이 되어 주었다.** 건축주가 되면 예산을 집행하고 수많은 선택지 앞에서 제정신이 되기 어려운데, 그럴 때마다 찍어둔 건축 사진을 보며 '그래! 이런 역사에 남는 건축물을 지어야지'하고 마음을 다잡을 수 있었다. 직접 경험해보았던 위대한 건축 유산들은 나의 신앙이자 버팀목이었다.

나에게 수많은 영감을 준 것은 거대하고 크기만 한 건축물보다 작고 실속 있고 아기자기한 공간들이었다. 그리고 그러한 실속 있는 공간이 삶을 편하

고 이롭게 만드는 데 가장 큰 역할을 한다는 것을 깨달았다. 르 꼬르뷔지에(Le Corbusier)는 삶의 마지막에 직접 지은 4평의 오두막집에서 가장 편안하고 행복한 삶을 영위했다. 이러한 것은 책으로만 읽었던 간접적인 경험과 지식을 **그 현장에서 온몸으로 체감**하며 알게 된 것이다.

그렇다면 건축주 입장에서 명작 주택 순례라는 직접 또는 간접 경험이 필요한 이유는 무엇일까?

단독주택을 짓고 싶어 하는 대부분의 30~40대 건축주들은 아파트 또는 한두 가지 종류의 주거 형태만 체험해왔기 때문에 어떤 집이 좋은 집인지, 내가 진정으로 살고 싶은 집은 어떤 집인지, 그것을 위해서는 어떤 요소가 있어야 하는지를 잘 모르는 경우가 많다. 내가 그랬었다. 인터넷에서 보았던 멋진 요소만 따온 집은 전체적으로 조화롭지 않을 확률이 높고, 비실용적이며 쓸데없이 시공비만 높아진다. 그러지 않기 위해서는 내가 살고 싶은 집을 건축가에게 제대로 요청할 수 있어야 한다. 어떤 집이 우리 가족에게 좋은 집인지를 생각하고 어떤 집에 살고 싶은지를 **직접 겪어보는 시간이 필요**한 것이다.

물론 그것을 모두 체험해 본 건축가에게 설계를 일임할 수도 있지만, **같은 건축가에게 설계를 맡겼더라도 건축주에 따라 집의 퀄리티가 매우 달라질 수 있다.** 즉, 원하는 바를 정확히 전달하는 것이 중요하다. 그림을 고르는 안목이 있어야 좋은 화가에게 그림을 의뢰하고 가치가 높은 작품을 구매할 수 있는 것처럼 건축주가 건축적 소양을 가지고 있을수록 자신에게 가장 좋은 집이 탄생하게 된다. 이 소양은 시공에 대한 지식이 아닌 어떤 공간이 **사람, 특히 자신과 가족에게 이로운 공간인지를 판단할 수 있는 능력**을 말한다. 그림이나 영화도 많이 볼수록 소양이 늘어난다. 열 마디 말보다 오감으로 직접 체감해 보는 것이 최고의 건축적 소양을 쌓는 방법이라고 할 수 있겠다.

명작 주택들은 사진으로 봤던 것과 실제로 가서 느껴지는 것들이 완전히 달랐다. 건축물은 그 자체로만 존재하는 것이 아니라 그 땅과 적절한 조화를 이루며 소통하고 관계 맺고 있기 때문이다. 예를 들면 르 꼬르뷔지에는 호숫가의 작은 집(Une Petite Maison)을 짓기 위해 설계를 먼저하고 주머니에 도면을 가지고 다니며 그에 맞는 땅을 한참 찾아다니다가 마침내 장갑처럼 꼭 들어맞는 땅을 찾고서야 집을 지었다고 한다. 멀리 구름을 허리띠처럼 두른 산맥이 호수에 비친 대지를 눈과 귀, 코와 입, 피부로 느껴보아야 그 의미를 알 수 있는 것이다.

르 꼬르뷔지에의 호숫가의 작은 집에서 보이는 풍경

2-2
건축 작품 감상법

건축가가 아닌 건축주로서 건축 작품을 감상하는 법은 다음 순서대로 하는 것을 추천한다.

1) 건축 작품이 앉혀진 대지를 둘러본다.

스마트폰의 나침반 앱으로 동서남북 방위와 현재 해가 떠있는 위치를 본다. 또한, 대지의 크기는 어느 정도인지, 어떠한 방향으로 어떻게 앉혀져 있는지를 파

대지 위에 앉혀진 빌라 사보아의 모습

악해 본다. 예를 들면 르 꼬르뷔지에의 빌라 사보아(Villa Savoye)는 대지의 입구에서 들어가면 넓은 공간 한 가운데 건물이 위치하고 있고 작은 숲이 그 건물을 둘러싸고 있는 것을 볼 수 있는데, 이러한 건물과 대지의 관계를 보는 것이다.

2) 건축물의 외관을 한 바퀴 돌며 감상한다.

얼굴에도 정면이 있듯 건축물에도 정면이 있다. 그 부분부터 한 바퀴를 돌아 뒷면까지 모두 감상한다. 외장재는 어떤 재료이고 색은 어떠한지를 보고 그 색이 나의 취향에 맞는지를 본다.

롱샹 성당(Ronchamp chapel)을 한 바퀴를 돌며 보는 모습은 서로 다른 느낌이다.

또한, 독특한 외관의 건축 작품이라면 화려한 재료와 단순하지만 기하학적인 변형을 준 외관을 여러 각도에서 느껴본다.

훈데르트바서(Hundertwasser)의 바드 블루마우(Bad Blumau)
프랭크 게리(Frank Gehry)의 비트라 디자인 뮤지엄(Vitra design Museum)
헤르조그 앤 드뫼롱(Herzog & de Meuron)의 비트라 하우스(Vitra House)

> 3) 현관부터 주방과 거실과 각 방의 동선과 거리, 관계성을 직접 걸어 다녀 보고 발걸음을 재어본다.

이 집에서 실제로 산다고 생각해보고 시뮬레이션을 해보는 것이다. 예를 들면 아침에 일어나 씻고 주방과 식당에 가 밥을 먹고 밖으로 나가는 동선, 빨래를 해 널고 개서 옷장에 집어넣는 동선 등을 공간별로 돌아다니면서 직접 경험하는 것이다. 이를 통해 각 실의 관계와 자신이 원하는 라이프스타일과 맞는지 등을 파악할 수 있다.

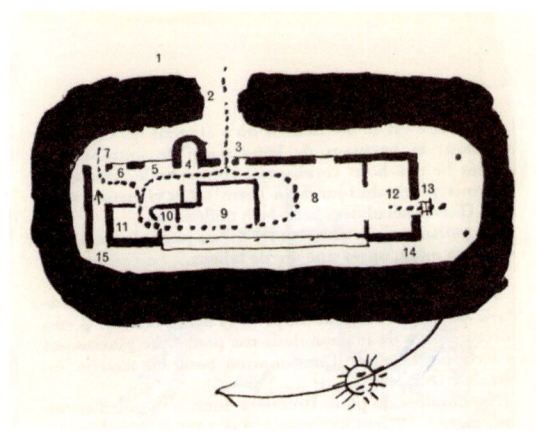

르 꼬르뷔지에의 호숫가의 작은 집 동선(출처 : 르 꼬르뷔지에의 저서 <작은 집>). 점의 표시가 발걸음 숫자를 표시한 것이다.

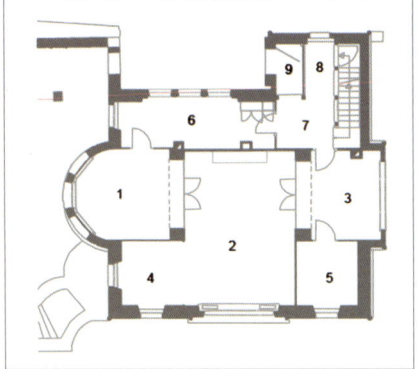

잔느레-페레 주택(Villa Jeannet-Perret)의 주방 및 거실 사진과 1층 평면도(출처 : www.maisonblanche.ch). 평면도에서 9번이 현관, 6번이 주방, 1번이 식당, 2번이 거실이다. 주방이 현관과 바로 연결된 편리한 동선을 직접 느껴본다.

빌라 사보아의 화장실과 방으로 가는 2개의 문(위), 그리고 방 안의 욕실과 복도로 나가는 동선(아래 왼쪽), 잔느레-페레 주택의 화장실에 있는 2개의 문(아래 오른쪽) : 화장실에 문을 2개를 달아 공적인 공간에서 들어오는 문과 사적인 공간에서 들어오는 문으로 구분하여 사용하고 이는 사용자의 동선을 줄이는 데 이점을 가져온다.

4) 층고와 폭 등의 치수는 어느 정도가 좋은 지를 본다.

자신의 신체 등을 이용해서 사이즈를 확인한다. 예를 들면 문의 폭은 오른손으로 3뼘 반, 복도는 4뼘 등으로 재어보는 것이다. 층고는 손을 높이 뻗어 천장에서 얼마나 남는지를 본다. 이때 모든 공간이 아닌 내가 집에 대해 생각하는 것과 일치하는 곳을 잰다. 이를 통해 나에게 맞는 각 실의 층고와 문, 복도 사이즈 등을 찾을 수 있다. 특히 사이즈에 대한 느낌은 영상이나 사진으로는 가늠하기 어려우므로 직접 가서 느껴보아야 가장 직관적으로 알 수 있다.

르 꼬르뷔지에 센터의 개수대와 수전
빌라 사보아의 방 안 복도와 문의 크기
르 꼬르뷔지에 센터 모듈러 모델상 : 모델상처럼 손을 뻗어 공간의 높이를 가늠해 볼 수 있다.

5) 내부 각 공간에서 창으로 보이는 풍경, 시간대별로 들어오는 빛을 체감해 본다.

아파트와는 달리 단독주택은 창의 위치를 동서남북 4면뿐만 아니라 벽의 위쪽과 아래쪽 그리고 천장과 바닥까지 사용하게 된다. 이러한 창의 위치를 잘 고려하면 시야와 풍경, 빛을 조절해 공간을 좀 더 달라 보이게 할 수 있고, 심리적 안정감과 긴장감을 조절할 수 있다. 르 꼬르뷔지에의 초기작인 잔느레-페레 주택의 집무실에는 천장에서 들어온 빛이 은은하게 퍼져 눈부시지 않고 차분하게 공간을 밝혀준다. 이러한 느낌을 통해 자신만의 공간에서 빛은 어느 정도가 적당한지를 파악하고 이를 건축가에게 설명하는 데도 도움이 된다. 빛은 시간대별로 들어오는 각도와 정도가 다르므로 가능하다면 아침, 오후, 노을이 질 무렵 등 세 가지 시간대를 모두 볼 수 있으면 가장 좋다.

빌라 사보아 2층 욕실의 북서쪽 창 : 작은 공간 임에도 먼 곳까지 시선을 가게 만들어 답답해 보이지 않고 액자 속 그림 같은 좋은 풍경을 선사해준다. 또한, 북쪽의 빛이 은은하게 들어와 차분하고 아늑하다.

빌라 사보아 1층 화장실의 불투명 창 : 세로로 긴 불투명한 창으로 프라이버시를 보호하면서도 밖의 빛을 느낄 수 있고, 창문을 열 수 있어 환기 기능도 있다. 이 창은 사람이 들어오기 힘들어 보안의 역할도 한다. 르 꼬르뷔지에의 4평 오두막 화장실에도 이러한 창이 설치되어 있다.

잔느레-페레 주택의 집무실 모습과 천창 : 평평한 천창 위에 경사면의 천창이 있다. 이를 통해 평평한 천창이 빛을 고르게 분산시킨다.

잔느레-페레 주택의 집무실에 밝은 빛이 내려와 고르게 퍼지는 모습

6) 인테리어 자재의 색과 마감 방식, 가구 및 액세서리의 형태와 종류를 본다.
바닥재, 벽의 색상, 타일의 종류, 가구, 조명, 손잡이, 수전, 스위치 등 내부 마감의 디테일을 관찰해 보는 것이 필요하다. 이러한 디테일 하나하나가 건물의 완성도를 높인다. 작은 것에 대한 중요성을 느낀 후 우리 집을 지을 때도 타일과 수전, 스위치 하나까지도 전체 테마에 맞춰서 직접 선정했다.

르 꼬르뷔지에의 호숫가의 작은 집 전등 스위치
안토니 가우디(Antoni Gaudi)의 까사 바트요(Casa Batllo)의 창문 손잡이
비트라 하우스에 디스플레이 된 건축가 알바 알토(Alvar Aalto)가 디자인한 조명(Artek A110)
빌라 사보아의 방문 손잡이와 욕조 수전

앞의 6가지 순서를 바탕으로 건축물을 구체적으로 감상하다 보면 건축가가 긴 시간 동안 고민하고 연구했던 흔적을 엿볼 수 있다. 부록을 통해 또 한 번 자세히 언급하겠지만, 이렇게 하면 **건축가에게 무엇을 요청해야 할지 알 수 있고 건축가가 이야기하고 제시하는 공간을 이해하는 데 큰 도움이 된다.**

나 역시 처음 설계를 의뢰한 곳에서는 집에 영화관과 같은 공간을 넣고 싶어 7m 정도 높이의 층고를 만들어달라고 했었다. 게다가 욕심이 더해지니 집도 점점 커졌다. 당시에는 설계자가 만류해도 내 꿈을 짓겠다는데 왜 막는지 도저히 이해할 수 없었다. 그러나 유명 **건축 작품들을 직접 보고 난 후, 쓸데없는 공간은 과감히 버리고 딱 필요한 공간을 효율적인 동선으로 만드는 것이 가장 중요한 것임을 깨달았다.** 집은 과시하는 공간이 아닌 사람이 편하게 살기 위해 존재한다. 말 그대로 '로망'인 공간은 굳이 넣어봤자 그만큼 자주 사용하기 어렵다. 지하를 파서 영화관을 만들면 평생 영화관에서 신작 영화를 볼 수 있을 만큼 이상의 돈이 들어간다. 수영장 또한 개인이 관리하기 여간 까다롭지 않아 인근 풀빌라나 워터파크에 가는 것이 훨씬 나을 수 있다.

유명 건축물이 탄생할 수 있었던 것은 그 건축가의 실력과 잠재능력을 알아보고 의뢰한 건축주가 있었기 때문이다. 가우디를 아낌없이 후원하고 믿어준 건축주 구엘처럼 역사에 이름을 남길 건축주가 되기 위한 안목이 필요하다.

르 꼬르뷔지에의 초기작 잔느레-페레 주택

2장   나는 왜 유럽에서 주택 건축 작품을 보러 갔는가

TIP
건축주가 가장 궁금해 하는 10가지 질문에 대한 명쾌한 답

집짓기를 하고 싶은데 제일 먼저 무엇을 해야 할까요?
우리 가족에 맞는 집짓기에 필요한 '예산'부터 정하는 것이 가장 첫 번째이며,
전체 프로세스는 아래와 같이 하는 것이 정석입니다.

1) 예산 짜기	①가용 가능한 예산 ②필요한 집의 면적 ③살 지역 바운더리 정하기	
2) 땅 찾기	①투자성 ②편리성 → *3장과 관련*	
3) 건축가 찾기	자신의 프로젝트와 맞는 건축가 찾기 → *4장과 관련*	
4) 시공자 찾기	자신이 짓고 싶은 구조(목구조 또는 철근 콘크리트구조)와 디테일을 잘 만드는 시공사 찾기 → *5장과 관련*	
5) 집짓기	타일, 조명, 수전과 손잡이 등의 액세서리 선택 + 집에 특별한 기능 넣기 → *6, 7, 8장과 관련*	
6) 이사하기	준공 받기, 준공 청소와 입주 청소 후 이사	
7) 집 관리하기	1년간 a/s 필요한 부분 점검 및 요청 → *9장과 관련*	

Q1. 집은 몇 평 정도 지어야 적당한가요?

집은 욕망을 반영하게 되고 인간의 욕망은 끝도 없으므로 이런 저런 공간을 다 붙이다 보면 집은 갈수록 점점 더 커지게 됩니다. 또한, 단독주택에 살아본 경험이 많지 않다면 집의 면적에 대한 감각이 없습니다. 같은 40평이라고 해도 아파트는 한 개의 층에 펼쳐 놓아 커 보이지만, 대개 단독주택은 층을 나누고 계단이 3~4평을 차지하다보니 상대적으로 층별 크기가 작아 보일 수 있습니다. 그러나 **단독주택은 바닥과 천장을 입체적으로 만들어 같은 면적이라도 공간을 더 넓어 보이게 할 수 있습니다.** 설계를 하다 필요 이상으로 집이 커지면 다음과 같은 단점이 발생합니다.

1) 청소 및 관리가 힘들어진다.
2) 공사비가 증액되어 감당이 어려워진다.
3) 한정된 공사비로 크기만 커지면 마감의 퀄리티가 낮아지고 저품질·저성능의 시공 자재를 사용하게 되어 하자 요인이 발생한다.
4) 설계 중간에 갑자기 크기를 변경하면 설계의 통일성이 맞지 않아 어색한 공간이 될 수 있다.

필요 이상으로 크게 짓다 보면 집을 어깨에 이고 살게 됩니다. 따라서 가족 수에 맞춰 적절한 면적으로 집을 짓는 것이 중요합니다. 세계의 명작 주택들도 전체 면적은 작았지만, 내부가 알찬 집이 많았습니다. 르 꼬르뷔지에가 말한 '집은 인간을 위한 기계다'라는 명언처럼 집이란 그곳에 사는 사람이 충분히 컨트롤 할 수 있는 크기로 지을 필요가 있습니다.

그렇다면 가장 적절한 집의 사이즈를 대략적으로 계산할 수 있는 가장 큰 기준은 무엇일까요? 바로 '가족 구성원의 수'입니다. 실제로 단독주택에 살면서 다양한 공간을 경험하며 알게 된 가족 구성원에 맞는 집의 기준 평수를 구하는 공식은 아래와 같습니다.

집의 기준 평수 = 가족 구성원의 수 × 10평(약 33.058㎡)

예를 들어 가족 구성원이 4명이라면 40평을 기준 평수로 생각하면 됩니다. 그 외 가족의 라이프 스타일 및 상황에 맞는 부가적인 공간이 필요하다면 이에 하나 정도 덧붙이면 됩니다. 차고가 필요하면 40평+6평(차고 평수)이 되는 것입니다. 이때 정말 이 공간이 필요한지 잘 생각해 봐야 합니다. 지하에 영화감상실을 만드는 데는 대략 5천만원 이상의 비용이 추가되는데 이는 2명이 한 달에 두 번씩 80년 동안 영화관에서 영화를 보는 비용보다도 1천만원 이상 비쌉니다. 처음엔 자주 이용하다가도 생활하다 보면 점점 찾는 횟수가 줄어들 확률이 높습니다. 꼭 만들고 싶다면 별도의 공간을 두는 것보다 차라리 거실 또는 안방 등의 생활공간에 설치하는 것을 권합니다. 그래야 더 자주 사용하게 되어 가성비가 높아집니다.

또한, 단독주택에서는 집의 구성을 방 3개, 화장실 2개, 거실 1개, 주방 1개, 다용도실 1개 등으로 한정 지을 필요가 없습니다. 설계를 자유로이 할 수 있으니 발상의 틀을 깨야 합니다. 계단이 거실이 되기도 하고 하나의 방이 둘로 분리되기도 하며 모든 공간이 다양하게 구성될 수 있기 때문입니다. *가족 구성원에 맞춰 공간을 정하는 것이 사람이 이로워지는 집을 짓는 비결입니다.*

Q2. 평당 공사비는 얼마로 해야 하나요?

건축주가 가장 관심 있어 하는 주제는 '평당 공사비'입니다. 제가 집을 짓고 가장 많이 받은 질문 역시 "이 집은 평당 얼마가 들었나요?"였습니다.

평당 공사비를 묻는 것은 무의미하고 무지하다고 생각하는 시공사도 많습니다. 그러나 이러한 생각은 반은 맞고 반은 틀립니다. 시공사 입장에서 평당 공사비를 이야기하지 않으려는 이유가 있습니다. 평당 공사비는 같은 평수라도 300만~1,000만원까지 천차만별이기 때문입니다. 그러나 '초보 건축주 입장'에서 평당 공사비는 '단독주택의 꿈을 꿀 수 있는 기준'이 됩니다. 평당 얼마냐에 따라 어떤 집을 지을 수 있을까가 '가늠'되고, 어느 정도 예산을 잡고 얼마를 대출할지 알아야 '저질러' 볼 수 있는 것입니다.

그러면 평당 공사비는 어떤 기준에서 달라지는지, 집다운 집이 나오려면 어느 정도 비용을 산정해야 하는지를 알아보겠습니다. 일단 평당 공사비에 대한 질문은 자동차 가격이 "cc당 얼마인가요?"라고 묻는 것과 비슷합니다. 같은 2,000cc 차라도 2천만원에서 1억원이 넘는 차가 있는 것과 같습니다. 평당 공사비에 영향을 미치는 것에 대해 바로 알아보겠습니다.

1) **내·외부 건축 자재가 고급 자재일수록 평당 건축비 상승** : 단열재 등급이 높거나 유리가 두껍고 여러 겹이 들어간 창의 개수가 많거나 오염이 비에 씻기는 등의 특수한 기능이 있는 외장재, 시공 품이 많이 들어가고 시공 기간이 길어지는 자재일 때 가격이 상승합니다.

2) **구조가 복잡할수록 평당 건축비 상승** : 우유갑처럼 단순한 구조에서 직각이 아니거나 면이 둥글거나 어느 부분이 튀어나오거나 천장이 높으면 같은 바닥 면적이라도 시공 난이도가 상승하고 추가 장비가 필요하며 시공 면적이 늘어나므로 가격이 상승합니다.

3) **복잡한 구조를 구현하기 위한 특수 자재가 들어가면 평당 건축비 상승** : 목조주택의 경우, 내부 기둥이 없는 5m 이상 트인 공간을 만들기 위해선 공학용 목재가 들어갈 수 있어 자재비가 상승합니다.

4) **화장실과 같은 추가 처리가 필요한 공간이 넓고 많은 경우 평당 건축비 상승** : 화장실은 방수를 해야 하고 타일 및 도기 수전 등이 들어가므로 면적당 시공비가 다른 공간에 비해 높습니다. 따라서 화장실의 개수가 많고 커질 경우 건축비가 상승합니다.

5) **연면적에 들어가지 않는 공간이 많아질 경우 평당 건축비 상승** : 필로티 아래 공간, 출창(Bay Window), 다락, 옥상정원 등은 연면적에 포함되지는 않지만, 시공 면적이 늘어나기 때문에 건축비가 상승합니다.

집을 짓는 데 필요한 비용을 산정하기 위해서는 시공사와 건축주의 평당 건축비 기준이 서로 다르다는 것을 알아야 합니다.

- **시공사 입장의 평당 건축비** : 순수하게 건축 도면에 있는 집을 짓는 데 드는 비용
- **건축주 입장의 평당 건축비** : 건축비+인입비+주방 가구 및 붙박이장 등 아파트를 분양 받는 것 같이 땅값 및 세금을 제외한 모든 비용

이런 관점의 차이 때문에 시공사가 말하는 평당 건축비는 생각보다 저렴하지만, 건축주 입장에서는 막상 지어보면 생각지도 못한 추가 지출 금액이 발생하는 것입니다.

최근 건축비를 기준으로 했을 때 30~40평 이상의 집을 짓는 경우 평당 건축비는 '600만원' 정도로 산정됩니다. 이 금액이면 건축가에게 설계를 맡기고 그에 맞는 자재로 견적을 받아 집을 짓는 데 무리가 없습니다. 이를 위의 가족 구성원 수에 맞는 집의 크기 공식과 합치면 아래와 같습니다.

가족에 맞는 집을 짓는 데 드는 비용(땅값 제외) = 가족 구성원 수×10평×600만원

예를 들어 가족이 4명이라면 '4명×10평×600만원'이므로 2억4천만원 정도를 인입비를 제외하고 주방 가구를 포함한 건축비라 산정하면 됩니다. 이는 앞서 언급한 평당 건축비가 상승하는 요인을 제외하고 평균적인 자재로 시공하였을 경우입니다.

이는 제가 생각하는 일반적인 기준이 되는 건축비지만, 만약 이보다 30% 이상 저렴하게 짓는다면 건물의 디자인+기본적인 성능의 퀄리티가 보장되기 어렵다고 봅니다. 여기에 설계비는 건축비의 10% 정도로 추가 산정하면 됩니다.

Q3. 도대체 집을 지으려면 전체 비용이 얼마나 드나요?

한꺼번에 한군데에만 돈을 내는 아파트와는 달리 단독주택은 여러 곳에 따로 각각의 세금과 함께 납부합니다. 따라서 집을 짓는 데 필요한 총 금액은 다음 항목들을 모두 고려해야 합니다.

1) **대지 구입비용** – 토지 매매가+토지 취등록세(토지 매매가의 4.6%)+부동산 중개비(토지 매매가의 0.9% 이내에서 협의) : 각각 토지 매도인, 시청 또는 구청, 공인중개사무소에 지급
2) **건축 설계 및 허가 비용** – 설계비+설계비 부가세(10%. 단, 국민주택 규모 85㎡ 이하인

경우 설계비 부가세는 발생 안함)+각종 인허가 비용 : 건축사사무소에 지급

3) **집 건축 비용** – 순수 집 건축비+건축비 부가세(10%) : **시공사에 지급**

4) **가구 비용** – 주방 가구, 붙박이장 등의 가구비+가구비 부가세(10%) : **주방 가구 업체에 지급**

5) **인입비 및 기타 비용** – 전기, 가스, 수도, 통신 관련 인입비와 맨홀 및 기타 공사비 : **각 관할 기관 및 업체에 지급**

6) **조경 비용** – 조경 식수 및 시공 비용+조경비 부가세(10%) : **조경 시공사에 지급**

7) **기타 입주 관련 비용** – 입주 청소비, 이사비+부가세(10%)

8) **건물 취·등록세** – 사용승인 후 건물에 대한 취·등록세(건축비 또는 표준 주택 건축비(구조별로 상이)의 약 3.16%. 이는 지역 및 건물 유형별로 다를 수 있음) : **시청 또는 구청에 납부**

큰 덩어리로는 ⑴대지 구입비용, ⑵설계 및 인허가 비용, ⑶⑷⑸⑹을 합쳐 전체 건축 비용, 이렇게 세 가지를 우선적으로 고려하면 됩니다. 여기서 특히 놓치기 쉬운 것이 각종 부가세, 취·등록세와 같은 세금 및 주방 가구 비용과 인입비인데, 이 금액은 보통 시공사가 내는 견적의 시공비 항목에 포함되지 않으므로 별도라고 생각하는 것이 맞습니다.

- **취·등록세 및 각종 비용에 대한 부가세** : 아파트와 달리 토지를 건축주가 구매하고 건물을 올릴 때는 토지에 대한 취·등록세, 건물에 대한 취·등록세를 등기 시에 건축주가 내야 합니다. 또한, 일반 상품을 구입하는 것과 달리 보통 건축사무소 및 가구나 시공업체가 견적을 낸 비용은 부가세가 포함이 안 된 가격이 적혀 있으므로 설계비와 시공비에는 부가세 10%를 미리 고려하는 것이 필요합니다. 시공비의 경우 건축주 직영 공사로 하면 건축 자재에 대한 부가세 정도만 발생할 수 있지만, 기타 산재보험비에 대한 비용이 발생하고 하자보수이행증권은 발행이 어려운 특징이 있습니다.
- **주방 가구** : 아파트는 주방 가구 및 각종 수도관, 가스관 등이 연결된 완제품 형태로 분양을 받습니다. 그러나 단독주택에서는 보통 집을 건축하는 시공사와 주방 가구 업체가 분리됩니다. 장점은 내가 원하는 주방 가구 업체를 선정할 수 있는 것이고, 단점은 별도로 업체 선정과 커뮤니케이션을 해야 하는 것입니다.
- **인입비** : 전기, 수도, 가스, 통신 등에 대한 연결 비용이나 검사 비용은 인입 관련 공사 시공자와 한전 등 각각의 기관에 나누어서 내는 것이므로 시공 견적서에는 별도로 표기되는 경우가 대부분입니다. 이는 토지의 상황이나 수도, 전기, 가스, 오수관 등의 기반 인프라가 얼마나 가까이 있고 현상태로 연결 가능한지에 따라 달라질 수 있기 때문입니다.

세금 관련된 부분은 워낙 다양한 케이스가 많습니다. 예를 들어 도심의 오래된 단독주택을 구매해서 리모델링을 하는 경우 구매하는 집의 연면적이 국민 주택 규모 이하면 취·등록세는 1.1%이지만, 만약 건축물대장이 없는 집이라면 토지만 구매하는 것과 같으므로 전체 매매 비용의 4.6%가 취·등록세가 됩니다. 이 외에도 토지에 따라 농지 전용 부담금, 개발 부담금, 산지 복구비용 등 각종 세금이 더 붙는 경우가 있습니다. 따라서 토지 구입 시에는 세무사 및 전문가에게 문의하는 것이 좋습니다.

> "세상에 절대 넉넉한 돈으로 집을 짓는 사람은 없다.
> 가진 돈 이상의 욕망이 있기 때문이다."

이는 건축주들 사이에서 자주 오르내리는 명언 중 하나입니다. 건축물은 자신의 이상향을 표현하는 욕망의 수단 중 하나이기 때문에 나타난 말이겠습니다. '집 지으면 10년 늙는다'는 말이 나온 이유는 건축주가 신경 쓰는 것이 점점 많아지고 예상치 못한 예산이 자꾸 증가하기 때문입니다. 따라서 예산을 현실의 상황에 잘 맞추어 잡고 나의 욕망과 이성이 타협할 수 있게 중재할 필요가 있습니다. 예산만 잘 예측해도 신명 나는 집짓기를 할 수 있습니다. 그러기 위해서는 일단 나의 가용 가능한 예산을 산정해야 합니다.

> 가용 가능한 전체 집짓기(토지+건물 및 기타비용) 예산
> = 현재 집의 가치(전세 또는 자가에 대한 현금 가치)
> +현금 자산+적정 대출 금액(준공 후 주택담보대출)

여기서 적정 대출 금액은 빚과 이자를 30년 만기 분할 상환해서 한 달에 내는 원리금을 현재의 지출에 포함해 감당할 만한 정도까지를 산정하는 것입니다. 예를 들어 주택담보대출 1억원이라면 30년 만기 원리금 균등분할상환으로 이율 3.5%인 경우 한 달에 낼 금액은 45만원 정도가 됩니다.

빚 없이 집을 지으면 가장 좋겠지만, 대부분 현금만으로 충당하기 쉽지 않아 토지담보대출 또는 주택담보대출을 받습니다. 따라서 처음부터 자신의 적정 대출 금액을 산정하여 전체 가용 가능한 예산을 산정해보는 것이 필요합니다. 전체 예산 중 묶인 자산(전세금 또는 보유 부동산 자산)이 있으므로 자금을 융통하려면 토지 계약 시 가능한 토지담보대출 금액을 확인하고 등기 후 토지담보대출 금액 중 남는 금액과 전세를 빼거나 집을 매매한 금액으로 시공비를 마련하는 것이 좋습

니다. 시공 중에는 목돈이 큰 단위로 필요한데 이때는 부동자산으로 가지고 있는 것 보다 시공비의 전체 금액을 현금으로 보유하고 시공하는 것이 더 좋습니다. 특히 목조주택의 경우 공사 기간이 보통 3~4개월 정도로 그리 길지 않기 때문입니다(집 짓는 전체 예산 중 땅의 예산을 잡는 방법은 3장에서 확인). 보통 이 기간 동안은 단기 월세로 이사를 가는 경우가 많습니다. 자가라면 전세를 주는 방법도 있습니다.

Q4. 집을 더 싸게 짓는 법은 없나요?

시공비를 깎으려고 노력하는 것보다 제대로 된 가격을 주고 집을 제대로 짓는 것이 중요합니다. 시공사도 이익이 난 현장이라면 입주 후 손을 볼 곳에 대한 처리를 부드럽게 매듭지을 수 있습니다.

절대 입지를 포기 못 해 비싼 땅을 사야 한다면 시공비가 모자랄 수밖에 없고 그렇다고 50~60평대의 집 사이에 20~30평대의 작은 집을 짓기도 애매합니다. 이럴 때 좋은 땅에 적은 비용으로 집을 지을 두 가지 방법이 있습니다.

1) 부모님과 사는 한 지붕 대가족 집, 캥거루 주택

맞벌이를 하면서 아이를 키우기 쉽지 않습니다. 마당 있는 집에서 아이들을 뛰놀게 하고 싶고 건강한 자재로 지은 따뜻한 집에 살고 싶습니다. 그러나 부부가 감당하기에 마당 있는 집은 비싸고, 아파트에서는 부모님과 살기 쉽지 않은 것이 현실입니다.

캥거루 주택은 한 집에 큰 집과 작은 집이 같이 있는 집으로, 개별적인 주방과 거실, 방이 따로 있습니다. 현관이 분리된 멀고도 가까운 두 집에서 부모님과 넓은 마당을 공유하면서도 서로의 프라이버시가 보장될 수 있습니다. 보고 싶을 때는 쉽게 볼 수 있고 삼대가 같이 살며 교육적으로도 도움이 되는 큰 가족 집이 됩니다. 또한, 잘 지은 신축 단독주택은 공급에 비해 수요가 많습니다. 따라서 전세나 월세를 줘서 수익을 낼 수도 있고, 개인 작업실이나 오피스로 활용하면 임대료도 절약하고 출퇴근 시간을 벌 수 있습니다.

2) 건물주가 되는 듀플렉스 주택

듀플렉스 주택은 내부 면적을 반반씩 할애하여 현관의 위치도 완전히 분리한 다세대 주택입니다. 처음부터 지분을 반반씩 나눠 지인과 같이 돈을 합쳐 지을 수도 있습니다. 다만 단점은 건물을 세로로 반반씩 쪼개는 경우 한 층의 면적이 작고 완전히 독립된 세대로 지어져 캥거루 주택과 달리 추후에 한집으로 통합하여 큰 집으로 사용하기는 어렵습니다.

Q5. 집 짓는데 누구에게 먼저 찾아가야 할까요?
건축가의 전문 설계가 꼭 필요한가요?

일반적으로 땅을 계약한 후 가장 처음에 찾아갈 사람은 시공사가 아닌 바로 '건축가'입니다. 첫 단추를 잘 꿰어야 하듯이 처음부터 설계를 잘해야 좋은 집을 만들 수 있기 때문입니다. 또한, 앞서 언급했지만 건축가는 변호사 역할을 해줍니다. 집을 예쁘고 편하게 디자인해주는 것뿐만 아니라, 내가 산 땅이 건축하기에 법적으로 문제가 없는지 검토하고, 허가에 필요한 도면과 서류를 작성하며, 분쟁 발생을 적게 만드는 상세한 시공 도면을 만들고, 시공사 선택에도 도움을 줍니다. 게다가 집이 설계에 맞게 잘 지어지고 있는지 감리하고 건축주와 시공사 사이에서 이견을 조율해주기도 합니다. 최근에는 건축주의 사연과 요구사항을 듣고 그에 맞는 토지와 건축가를 연결해주는 온라인 커뮤니티나 플랫폼도 생겨나고 있으므로 이러한 곳을 이용하는 것도 좋습니다.

비용 때문에 건축가가 아닌 시공사에 맡기는 설계는 그다지 추천하지 않습니다. 아무래도 살 사람의 편의보다는 시공하기 편한 쪽으로 설계하고, 일반적인 아파트나 빌라의 확장판이 되는 경우도 있기 때문입니다. 시공 마감의 디테일 또한 건축가에게서 나오므로 그들의 손을 거친 집은 디자인적으로도 그 느낌이 훨씬 세련되게 변합니다.

종종 다른 곳에 이미 지어진 집의 설계를 그대로 쓰려는 경우가 있는데, 땅의 크기와 향, 주차장의 위치, 주차장에서 현관으로 들어서는 동선, 창의 위치 등의 요소가 맞지 않으니 땅이 달라지면 설계도 달라지는 게 당연합니다. 건축가의 설계는 그 땅에 딱 맞는 맞춤옷을 그려주는 것입니다. 설계는 그림만 그리면 되는 것 같아 쉬워 보이지만, 사실 가장 어렵고 중요한 것이 정확한 설계입니다. 디테일한 설계도 없이 집을 짓는 것은 복잡한 건담 모형을 설명서 없이 조립하는 것과 같습니다(건축가 선정 및 설계에 대한 이야기는 4장에서 확인).

또한, 집을 짓는다고 하면 주변에서 아는 업계 종사자를 소개시켜주는 경우가 있는데, 이는 피하는 것이 상책입니다. 그 이유는 아는 사람일수록 오히려 자신의 의견을 표현하거나 요구사항을 편하게 전달하기 어렵고, 전달한다고 해도 친한 관계라고 무시당할 수 있습니다. 건축주가 시공이나 설계에 불만이 생겨도 괜찮다고 자기만 믿으라고 하는 사람도 주변에서 많이 보았습니다.

Q6. 집 짓는 기간은 어느 정도로 잡아야 하나요?

땅을 계약하고 설계에 바로 들어가면 설계 기간만 약 3개월 정도 소요됩니다. 만약 잔금 전에 건축 허가를 접수하려면 매도인의 토지사용승낙서가 필요하므로 땅 계약 시 이야기해야 합니다. 이후 설계를 마치면 건축 허가를 받고 착공할 수 있습니다. 40평대 목조주택의 경우 건식 시공으로

TIP 건축주가 가장 궁금해 하는 10가지 질문에 대한 명쾌한 답

약 2개월 반에서 4개월 정도 소요됩니다. 콘크리트구조는 습식 시공으로 붓고 말리는(양생) 절대적인 시간이 필요하므로 5~6개월 걸립니다. 콘크리트, 스터코 등의 습식 시공은 영하의 날씨에는 얼 수 있어 한겨울을 끼게 되면 시공 기간이 더 늘어날 수 있습니다. 목조주택도 골조 공사 시 장마철이나 태풍이 오는 경우는 시공이 지연되기도 합니다.

시공이 끝나면 준공에 필요한 일체 서류를 제출하고 준공 검사를 받습니다. 이때 시공사와 건축가의 관계가 드러납니다. 건축가와 시공사가 서로 커뮤니케이션이 잘 안 되면 재시공하거나 준공이 안 나 입주를 못 하게 됩니다. 따라서 건축가와 손발이 잘 맞는 시공사를 선정하는 것도 문제없이 시공과 감리가 되어 입주할 수 있는 방법입니다.

Q7. 집은 언제, 어느 시기에 짓는 것이 가장 좋은가요?

집은 아이가 다 컸을 때가 아닌 아이가 어리고 한창 뛰놀 시기에 짓는 것이 좋습니다. 또한, 건축 자재는 새로운 것이 나오더라도 실제 사용되고 검증되는 기간이 필요하므로 자재의 성능 자체보다는 가격을 보는 것이 중요합니다. 자재 가격은 매년 물가 상승률 정도로 오르고, 건축비는 이로 인해 2~3% 증가합니다. 이는 국토교통부의 기본형 건축비 고시에서도 원자재 및 노무비 상승분을 반영하여 계속해서 상승함을 확인할 수 있습니다. 건축 자재들은 타일, 수전 등을 제외하더라도 구조재부터 외장재까지 수입하는 것이 많으므로 환율, 유류비를 포함한 유통 비용에 따라 매우 유동적입니다.

단독주택 한 채를 짓는 데는 굉장히 많은 사람들의 손을 거칩니다. 구조팀, 전기팀, 인테리어 내장 목수팀, 타일팀, 도기류 시공팀, 주방 및 붙박이장 가구 시공팀, 준공 청소팀 등 적게는 50명에서 많게는 100명 이상 필요합니다. 이러한 인건비가 순수 건축비의 대략 반 정도 차지하게 됩니다. 특히 인건비는 매년 오르는데, 물가 상승률보다 높은 경우가 많습니다. 그 이유는 힘든 일을 하려는 사람이 점점 줄어 대부분 젊은 사람보다는 나이가 있고 경력이 많은 분이 많습니다. 게다가 이러한 기술자의 수가 제한적이라 인건비가 오르는 것입니다. 따라서 인건비와 자재의 지속적인 상승으로 같은 집을 짓더라도 비용이 매년 올라가기 때문에 집을 짓겠다 결심했고 땅까지 샀다면 주저하지 말고 바로 시작하는 것이 좋습니다. 이 시기가 늦춰질수록 옆에 집이 들어서 공사가 어려워지고, 관련 비용이 오르거나 다른 사람이 나의 땅에 경작을 하는 등 변수가 생기기 때문입니다. 참고로 다른 사람이 나의 땅에 경작하는 경우 법률상으로 경작한 농작물은 땅 주인이 아닌 경작한 사람의 소유물이 됩니다. 즉, 아무리 내 땅이라도 착공한다고 함부로 경작물을 훼손하면 안 됩니다.

Q8. 단독주택은 춥지 않나요? 패시브하우스로 지어야 할까요?

최근에 지어지는 단독주택은 예전에 비해 시공 기술 및 자재가 발달해 겨울에도 경제적인 난방비로 따뜻하게 보내고 여름에도 시원한 주택이 됩니다. 그 노력은 아래의 방법들로 이루어집니다.

1) 외단열과 내단열을 모두 한다 : 내단열은 내복을 입는 것이고 외단열은 외투를 입는 것이므로 집이 따뜻하지 않을 수 없습니다.

2) 목구조 방식의 시공이 늘어나고 있다 : 목구조의 경우 재료 자체가 가진 특성상 콘크리트구조보다 단열성이 좋습니다.

3) 남향을 제외한 창호의 사이즈를 크게 하지 않고 수를 줄이는 추세이다 : 창이 아무리 2중, 3중으로 되어 있어도 열을 가장 많이 빼앗기고, 벽체보다 단열 성능이 좋을 수는 없습니다. 따라서 기밀 시공도 중요하지만, 창의 크기를 줄이는 것도 단열 성능을 높이는 하나의 방법입니다. 창문 근처에만 가도 밖의 전경이 잘 보이므로 억지로 창이 큰 통유리 집을 지을 필요가 없습니다. 그러한 곳은 카페와 같은 상업적인 공간에나 어울리고 유지비가 감당되는 구조입니다.

'패시브하우스'란 에너지가 밖으로 새지 않고 지열이나 태양광 에너지 등을 활용하여 냉난방 에너지 소비량이 다른 주택에 비해 극도로 작은 주택을 말합니다. 패시브하우스는 독일에서 활성화되어 우리나라에 전해졌습니다. 독일은 겨울에 오후 3~4시부터 어두워지고 습기가 많아 점차 뼛속으로 파고드는 으슬으슬한 추위를 가진 기후입니다. 또한, 바닥 난방보다는 벽식이나 라디에이터(Radiator)식 난방이 많습니다. 이러한 상황에서 에너지를 적극적으로 사용하지 않고 낮에 태양 빛이 집으로 들어와 데워진 에너지를 사용하거나(축열) 적은 난방 에너지로 열이 새지 않고 손실되지 않게 하는 집이 바로 패시브하우스입니다.

단독주택은 춥다는 고정관념으로 인해 우리나라에서 패시브하우스에 관심이 높았었지만, 크게 대중화되지는 못했습니다. 그 이유는 패시브하우스를 만들기 위한 설계적인 제약사항이 많고 시공비가 전체의 30% 이상 상승할 수 있기 때문입니다. 그뿐만 아니라 완전 기밀 시공으로 인해 공기를 순환시키고 이산화탄소 농도를 낮추기 위해서는 전열교환환기장치가 필수적입니다. 친환경적으로 에너지를 소비하는 건 좋지만, 일반적인 소비자 입장에서의 단독주택은 단열만 잘해도 충분히 따뜻하게 겨울을 보낼 수 있습니다. 패시브하우스는 체감 효과에 견줘 초기 시공비용이 꽤 많이 들어가므로 기회비용을 잘 고려하는 것이 좋습니다.

Q9. 태양광 설치는 해야 할까요?

단독주택에서 사용되는 가정용 태양광 발전은 일반적으로 패널 12장을 설치해 시간당 3kW를 생산합니다. 봄과 가을에 가장 생산성이 좋고 평균적으로 한 달에 200~300kW 정도 생산되며 날씨에 따라 생산량은 유동적입니다. 전기 사용량이 많은 경우 시간당 5~6kW까지 설치하기도 하지만, 지붕이 커야 설치가 쉽고 정부 지원금은 3kW까지만 지원되므로 비용이 많이 올라갑니다. 이럴 땐 전기 사용량과 전기세, 지불하는 태양광 설치비용을 따져본 후 설치해야 합니다.

태양광 패널이 놓인 향에 따라서도 생산 효율성이 달라지는데, 일반적으로 남향으로 설치하는 것이 가장 효율이 높고 동향 또는 서향은 남향의 85% 정도 효율이 나온다고 합니다. 그런데 남향으로 지붕에 앉힐 수 없는 구조로 먼저 설계가 되고 집이 지어질 경우 태양광 패널에 다리가 달려 높게 설치되므로 미관상 보기가 안 좋습니다. 따라서 태양광 패널을 설치할 계획이라면 설계시 미리 의사 전달하여 지붕이 남향을 향하도록 하고 태양광 패널의 사이즈에 맞춰 자리를 계획해두는 것이 좋습니다. 국내의 한 건축가는 태양광 패널에 맞게 지붕을 파내도록 설계해 패널이 설치된 지도 모를 정도로 완벽하게 숨겨 디자인한 사례도 있습니다.

태양광 발전 시스템을 설치하는 데 드는 비용은 정부 보조금과 시 보조금을 받으면 시간당 3kW를 설치하는 데 2017년 기준 450만~600만원 정도입니다. 이 보조금은 점차 감소되고 수량이 한정되어 있으므로 시기를 잘 맞춰서 봄에 신청하는 것이 좋습니다. 최근 일반 가정집에서도 태양광 발전 상황을 앱으로 볼 수 있는 시스템이 생겨 보다 편리하게 확인할 수 있습니다. 단독주택은 조명이 많고 시스템 에어컨을 설치하다 보니 생각보다 전기가 많이 사용됩니다. 따라서 누진세를 피하고 환경을 생각한다면 태양광 발전은 직접 사용해 본 바 권장할 만합니다.

Q10. 단독주택은 짓고 나서 손이 많이 가지 않나요?

단독주택은 아파트에 비해 손이 더 가지만, 아파트보다 편리하게 살 수 있는 방법들이 있습니다. 특히 땅을 구하고 설계할 때부터 다음 여섯 가지 부분에 주안점을 둬야 합니다.

1) 동선을 편하게

아파트와는 달리 단독주택의 설계는 라이프스타일에 맞추어 만들어집니다. 따라서 내가 자주 사용하는 공간의 동선을 효율적으로 설계하는 것이 중요합니다. 예를 들어 세탁실, 드레스룸, 화장실을 가장 짧은 동선으로 이동할 수 있게 만듭니다. 이렇게 하면 집에 나를 맞추는 것이 아닌 집이 나에게 맞추는 공간이 됩니다. 동선이 줄어들어 하루에 10분씩만 절약되어도 1년이면 60시간, 10년이면 25일을 벌 수 있습니다.

2) 택지지구 또는 타운하우스의 쓰레기 및 분리수거장의 접근 거리

땅을 고를 때 해당 필지의 도로와 접한 면에서 쓰레기 및 분리수거물 버리는 곳까지의 거리를 직접 걸어가며 시간을 재어 봅니다. 보통 쓰레기는 1~2일에 한 번, 분리수거는 1주일에 한 번 정도 하게 됩니다. 단독주택의 경우 쓰레기와 분리수거물을 들고 엘리베이터를 타지 않아도 되는 장점이 있지만, 집에서 쓰레기장까지의 거리가 걸어서 30초 이상 3분 이내인 곳이 좋습니다. 너무 가까우면 냄새가 나고 너무 멀면 직접 옮기기가 힘들어집니다.

한 주택 단지는 분리수거장이 마을 입구에만 한군데 있어 마을 위쪽에 사는 사람들은 분리수거물을 차에 싣고 다녀야 했습니다. 땅을 고를 때 이러한 부분까지 예측해 실제로 산다 가정하고 시뮬레이션해보아야 불편함을 줄일 수 있습니다. 땅을 볼 땐 확인해야 할 체크리스트를 들고 가서 하나씩 직접 해보는 것이 중요합니다(체크리스트는 3장을 통해 소개).

3) 단독주택에서 더욱 편리한 가전 사용

'집안일 삼종신기(三種神器)'라고 하는 건조기, 식기 세척기, 로봇 청소기를 사용하는 것입니다. 가스 건조기는 세탁물을 건조대에 널 필요 없이 열을 사용하여 건조시켜 줍니다. 따라서 그날 세탁해 바로 당일 또는 다음날 바로 입을 수도 있습니다. 가스 건조기의 경우 약 1시간 내외로 건조되며 1회 건조에 사용되는 비용은 약 450원 정도입니다. 특히 가스관과 수증기 배출관이 외부에 연결되어야 하므로 가스 건조기는 외벽에 붙입니다.

또한, 세탁기와 수직 또는 평행하게 놓고 욕실 또는 드레스룸과 가까운 동선으로 위치시키는 것이 좋습니다. 따라서 이는 설계 단계에서 반영해야 하는 요소입니다. 만약 가스 건조기 배치가 어렵다면 독일산 전기 건조기나 히트 펌프 방식의 국내산 전기 건조기를 사용하도록 합니다. 전기 건조기는 가스 건조기보다 조금 덜 마르는 경우도 있지만, 콘센트가 있는 곳이라면 어디든지 설치할 수 있는 장점이 있습니다. 전기 건조기도 1회 사용 비용은 약 420원 정도입니다. 건조기는 세탁물을 털어 널고 다시 걷는 일에서 해방시켜 줍니다.

식기 세척기는 독일산 식기 세척기와 세제를 추천하며 4인 집이라도 냄비와 큰 그릇들을 편하게 세척하려면 12인용을 추천합니다. 살균 소독 기능까지 갖추고 생각보다 꼼꼼하게 씻깁니다.

로봇 청소기는 국내 대기업 제품의 경우 쓸어 담는 기능에 집중되어 있어 외국 제품인 닦는 기능 전용 로봇 청소기를 함께 추천합니다. 단독주택은 평면이 입체적이라 거실과 방에만 로봇 청소기를 사용해도 크게 집안일을 덜 수 있습니다. 이를 사용하기 위해서는 설계 때부터 단차나 턱을 최소한으로 줄이는 것이 좋습니다.

위 삼종신기에 +α로 싱크대 배수구에 설치하는 음식물 분쇄기를 추천합니다. 이는 뼈와 같은 딱

딱한 것을 제외한 음식물 찌꺼기 등을 배수구에서 갈아서 하수구로 내려보냅니다. 환경부 인증을 받은 제품을 사용해야 하며 '디스포저(RDisposer)'라고도 불립니다. 이를 통해 보관 시 벌레가 생기거나 냄새가 나고 버리러 가기가 힘든 음식물 쓰레기를 쉽게 처리할 수 있습니다.

이처럼 집안일에 사용되는 노동력과 시간을 최대한 줄이면 아파트보다 훨씬 편리하게 살 수 있습니다.

4) 잔디 최소화

잔디는 벌레들을 살게 하고, 길면 자르고 잡초를 고르는 작업을 필요로 합니다. 따라서 해충약과 제초제를 주기적으로 뿌리고 잔디를 깎아주어야 합니다. 제대로 관리를 못 하면 감당이 안 될 만큼 풀이 억세고 길게 자라고 잔디가 죽으면 땜빵처럼 비어 보기 흉해집니다.

직접 관리할 시간이 많지 않다면 조경은 최소한으로 하는 것이 특히 어린아이를 둔 부부에게 좋습니다. 마당에 투수블록을 깔거나 중립 또는 대립의 세척마사, 둥근 백자갈, 흑자갈을 깔아 풀이 올라오지 못하도록 대지를 정리하는 것도 조경 관리에 드는 시간을 최소화하면서 집 주변과 마당을 깔끔하게 유지하는 방법입니다.

5) 목재 외장 및 데크 최소화

외장재가 목재 사이딩인 경우, 이 부분이 비에 노출된다면 1년 이내에 회색으로 변하게 되므로 처음 모습이 퇴색될 수 있고 취향에 맞지 않게 바뀔 수 있습니다. 이럴 땐 오일스테인으로 전체 칠을 다시 해야 합니다. 목재 사이딩 부분이 손에 닿는 부분 정도만 시공되어 있다면 상관없지만, 그 이상이라면 사다리 또는 장비가 필요하고 한 사람이 다하기에는 시간과 노력이 많이 소비됩니다.

또한, 목재 데크는 비교적 고가인 방킬라이, 이페, 멀바우와 같은 수축팽창이 잘 안 되는 하드우드로 시공하더라도 시간이 지나면 오일스테인을 일일이 발라주어야 하므로 너무 넓고 여러 군데 만들면 관리가 어렵습니다.

6) 관리 편한 외장재 사용

스터코의 경우 발수제가 도포되는 것이 좋고 창틀 등에 눈물자국 방지 후레싱이 되어 있어야 합니다. 이렇게 해도 몇 년이 지나면 노후되는 게 눈에 보이고, 다시 전체 도장을 하면 200만~300만원 정도의 비용이 발생하게 됩니다. 가격대비 효과가 좋아 건축가들이 즐겨 사용하기도 하지만, 오염에 취약하고 습식 시공이라 우천 시나 추운 겨울의 경우 시공이 어렵습니다.

고벽돌의 경우 오염에 덜 민감하고 벽돌이란 자재 자체가 세월이 지나도 멋스럽습니다. 단위 면적당 인건비가 높고 시공할 때 사람의 손길을 많이 타 시공팀에 따라 마감 품질에 차이가 날 수 있습니다. 스터코와 마찬가지로 눈물자국이 생길 수 있어 창문 부분의 눈물자국 방지 후레싱을 필요로 합니다.

일본산이 많은 세라믹 사이딩은 겉면이 오염되어도 비가 오면 씻겨 내려가는 특수 기능이 있는 제품이 있습니다. 이러한 세라믹 사이딩으로 시공된 집은 지어진 지 7~8년이 지나도 외장이 깔끔하고 큰 변화가 없습니다. 그러나 자재 자체가 인공적으로 만들어져 가까이서 보면 약간 부자연스러운 부분이 느껴질 수 있고 가격이 비교적 높습니다. 특히 코너 자재가 더 비싸 모퉁이가 많을수록 가격은 더욱 상승합니다. 최근 건축가들이 사용하는 경우는 거의 보지 못했습니다.

3장

나는 왜 도심의 단독주택 필지를 구매했는가

도심의 주택 필지
200평을 샀다
다시 판 이유

배우자를 찾듯이 땅을 찾아라

땅을 찾는 것은 결혼할 연인을 찾는 것과 같다. 겉모습의 화려함(멋진 경치)에 반해 내면의 실속(땅 본연의 기능)을 보지 못할 수도 있고, 내가 어떤 사람과 잘 어울리는지를 모르고 이상적인 상대만을 고르다 적합한 사람을 찾지 못해 방황하기도 한다. 모든 것이 멋진 사람뿐만 아니라 하자가 없는 평균 이상의 사람도 이미 임자가 있는 경우가 많다. 그렇다면 먼저 나 자신의 상황을 정확히 알고 내가 어떤 사람을 만나면 좋을지를 깊이 고민할수록 딱 맞는 상대를 만나 결혼할 확률이 높아진다.

건축가와 시공자와 건축주가 바라보는 좋은 땅에 대한 시선은 아래와 같이 서로 다를 수 있다.

- **건축가** - 사각으로 예쁘고 싼 땅, 허가가 쉬운 땅 : 배치가 자유롭고 쉽고 저렴한 땅은 건축비에 도움이 된다. 택지나 자신이 설계해본 동네의 땅은 허가에 대한 프로세스를 잘 알고 있으므로 설계와 허가를 모두 진행하기 쉽다.

- **시공자** - 옆에 자재 놓을 땅이 있거나 집들이 붙어있지 않은 땅, 도로가 크고 넓은 땅 : 집들이 붙어있지 않다면 민원 발생률이 낮고 장비 출입 역시 용이하고 시공성이 좋다.

- **건축주** - 입지가 좋은 땅, 남향에 반듯하고 예쁘게 생긴 땅, 수익성이 좋은 땅 등 : 건축주의 상황과 어떤 목적의 건물을 지을지에 따라 선호하는 땅이 다르다. 아이들이 모두 독립하고 은퇴한 부부의 경우 땅이 넓고 정원을 가꿀 수 있는 전원을 선호하고, 아이들이 어리고 맞벌이를 해야 하는 젊은 부부들은 땅이 작더라도 학교 및 직장이 가깝고 상권 이용이 편한 택지나 도심과 인접한 곳을 원한다.

결혼할 상대도 부모님이나 주변 사람이 아닌 자신과 잘 맞는 사람을 찾는 것이 중요하듯, 건축가와 시공자가 아닌 건축주 본인의 조건과 일치하는 땅을 구입해야 한다. 모든 땅에는 그에 꼭 맞는 주인이 있다. 계약이 될 것 같았다가 놓치기도 하고 운이 따라주어 가격대가 괜찮으면서도 좋은 조건의 땅을 잡게 되기도 한다.

지금부터 나에게 맞는 땅 예산 및 조건의 우선순위를 정하고 그 땅에서 필수적으로 확인되어야 할 요소를 알아보고자 한다. 직접 겪었던 시행착오를 함께 공유함으로써 금전적 손해 없이 단번에 우리 가족과 인연이 딱 맞는 땅을 찾길 바란다.

3-1
땅 구매 비용을 산정하는 법
(얼마짜리 땅을 살 것인가?)

전체 가용 예산에서 토지를 구매하는 데 사용할 비용을 먼저 산정할 필요가 있다. 그 이유는 현재 돈이 되는 대로 토지를 미리 사면 사람은 해당 시점에서 좀 더 좋은 것을 취하려는 심리가 작용하여 건축 비용도 제대로 안 남게 될 우려가 있다. 취득세를 포함한 정확한 토지 구매 비용 금액을 산정하는 공식은 다음과 같다.

①가용 가능한 예산 - ②필요한 집의 면적에 대한 건축 비용 = ③토지 구입비

여기서 건축 비용을 먼저 뺀 이유는 집에 필요한 최소 면적이 우선이고, 그 남는 금액으로 토지를 구입하는 것이 합리적이기 때문이다(①과 ②의 경우 앞 장의 〈건축주가 가장 궁금해 하는 10가지 질문에 대한 명쾌한 답〉에서 산정하는 구체적인 방법을 제시했다). 위 공식을 활용하여 예시 사례를 통해 토지 구입비를 계산해 보자.

현재 집의 가치 : 3억원 - 전세에서 대출을 제외한 순수 현금 금액
유동 현금 자산 : 3천만원
월급에서 생활비를 제외한 금액 중 월 이자로 가용 가능한 월 금액 : 45만원(1억원 대출 시)
가족 구성원 : 부부와 초등학교 고학년, 저학년인 아이 둘. 총 4명
아버지 직장 : 판교
현재 거주 지역 : 용인 33평대 아파트

① 가용 가능한 예산

3억원(집의 현금 자산) + 3천만원(유동 현금 자산) + 1억원(대출 시) = 4억3천만원

② 필요한 집의 면적에 대한 건축비

필요한 집의 면적 : 가족 구성원 총 4명 × 10평 = 40평

시공비 : 40평 × 600만원 = 2억4천만원

설계비 : 2억4천만원(시공비) × 10% = 2천4백만원

→ 시공비 + 설계비 = 2억6천4백만원

③ 토지 구입비

4억3천만원 − 2억6천4백만원 = 1억6천6백만원

이렇게 토지에 대한 금액이 산출되었다. 이 금액에서 우선 내가 살고 싶은 도심지 또는 택지의 땅 가격을 알아보면 된다. 먼저 일반적인 땅이나 남향의 땅을 알아보고 그 다음 작거나 못생긴 땅, 조건이 덜 좋은 땅을 알아본다. 그렇게 해도 땅의 가격이 맞지 않으면 점차 도심 기준점에서 떨어진 곳으로 가면 된다. 이때의 도심 기준점은 다음 요소들이 가까운 곳이다.

- 회사까지 최단 시간으로 가는 버스 정류장 또는 전철역 또는 IC
- 각종 병원이 있는 상가 또는 대형 마트

- 아이들이 3년 내에 다닐 학교

직장이 많은 서울 강남을 기점으로, 2017년 기준 가격의 오름차순(대지 조건 및 시세에 따라 변동될 수 있음)으로 정리하면 아래와 같은 순서로 땅의 위치를 예상할 수 있다.

    토지 구입비가 1억원대라면 동양평(용문역 근처), 여주, 이천의 전원주택 단지
    토지 구입비가 2억원대라면 용인 양지, 용인 기흥 쪽 전원주택 단지
    토지 구입비가 3억원대라면 용인 동백 택지지구, 구성 택지지구
    토지 구입비가 4억원대라면 용인 향린 동산
    토지 구입비가 5억원대라면 용인 죽전 택지지구
    토지 구입비가 6~7억원대라면 광교 택지지구
    토지 구입비가 10억원대라면 판교 택지지구

절대 도심의 입지를 포기하지 못하겠다면 앞서 소개한 듀플렉스 주택을 권한다. 토지를 반씩 함께 구입할 사람을 찾아 건물을 각각 40평씩 2채가 붙은 집을 짓는 것이다. 그러면 토지의 반 가격으로 해당 입지에 살 수 있다. 왼쪽 페이지의 예시를 적용해 1억6천6백만원으로 단독주택 대지를 구입한다면 이천의 자연녹지지역 약 150평대 땅에 집을 지을 수 있고, 듀플렉스로 짓는다면 용인 동백 택지지구 약 70평의 땅에 집을 지을 수 있다.

3-2
어떤 땅을 사야 하는가?
(나에게 맞는 땅의 조건)

땅은 쉽게 사고팔아지지 않는다

집을 짓기로 결심하고 가장 먼저 하게 되는 일이 땅을 보러 다니는 것이다. 이때 자신에게 적합한 땅을 찾는 것이 중요하다. 이를 위해 자신이 **건물을 어떠한 목적으로 짓는지부터 생각해야 한다.** 그래야 용도에 맞는 토지를 찾을 수 있다. 어떤 땅을 사야 하는가보다 어떤 건물을 지을 것인가를 먼저 생각해보라는 것이다.

예를 들어 단독주택을 짓는 주거용 토지는 상업용 토지와 그 성격을 달리한다. 네모반듯하고 남향에 코너 땅은 비싼데, 무조건 이러한 땅이 좋기만 한 것은 아니다. 상업용 토지는 접근성이 좋고 넓게 열려 있어 눈에 띄는 것이 중요하지만, 주거용 토지는 접근성뿐만 아니라 사생활 보호 측면과 주거 쾌적성도 고려해야 한다. 소음이 없고, 해가 잘 들고, 불쾌하거나 신경 쓰이는 냄새가 없고, 주변에 혐오시설이나 높은 건물로 인한 시각적인 피해가 없어야 한다. 이처럼 지으려는 건축물의 용도와 목적에 따라 토지가 조건에 맞거나 맞지 않는 경우가 있다.

일반적으로 전원주택 하면 넓은 정원과 멋진 조경수에 탁 트인 경치가 보이는 대지를 생각하는데, 살아보지 않고 이러한 고정관념에 따라 땅을 선택하면 땅을 치고 후회하는 결과가 나타날 수 있다. 따라서 그 땅이 가족이 편하게 지내기에 좋은 땅인지는 잘 고민해 보아야 한다. 또한, 봄과 여름에 땅을 보면 꽃과 싱그러운 잎들로 인해 왠지 더 좋아 보인다(봄의 땅은 '화장을 한 여인의 얼굴'이라고 한다). 그러나 겨울이 되어 앙상한 나뭇가지만 남았을 때 보이지 않던 것들이 보이기 시작한다. 즉, 땅은 민낯인 겨울에 보는 것이 좋다. 땅이 가진 화려한 면에 현혹되지 말고 땅의 기본적인 기능성을 먼저 볼 수 있도록 하자.

땅의 가격에는 여러 가지 요소가 영향을 미치는데, 이 요소들이 나에게 과연 가치가 있는 것인지 알 필요가 있다. 보통 내가 살고 싶은 땅은 가격이 높고, 좋다 싶으면 가격을 깎기도 어려워진다. 싱글에게 7인승 SUV가 필요하지 않듯 **나의 목적에 필수적이지 않은 요소는 과감하게 다이어트 한다.** 이렇게 하면 반드시 필요한 요소에 대해 우선순위를 정할 수 있다. 이 조건들과 내가 살 땅의 정확한 예산을 가지고 지역의 공인중개사사무소에 가면 그곳에서도 정말 땅을 살 손님으로 생각하고 어떻게든 맞는 땅을 찾아줄 확률이 높다. 내가 판교에서 가장 싼 땅을 찾고 바로 계약할 수 있었던 것도 이 땅이 우리 가족의 이야기를 충분히 품어줄 수 있는 땅임을 확신했기 때문이다. 보통 가장 싼 땅이라고 하면 왜 그러한지 단점부터 찾는다. 그러나 나는 조금 다르게 보았다. 해당 땅의 일반적인 단점과 우리 가족에게 필요한 조건만을 놓고 며칠을 분석했다. 그 결과 단점을 충분히 극복하여 오히려 장점으로 승화시킬 수 있는 땅이라는 확신이 들었다. **남에게 좋은 땅이 나에게는 나쁠 수 있고, 남에게 나쁜 땅도 나에게는 좋은 땅이 될 수 있다. 그렇게 만들 수 있는 여지는 설계를 통해 풀 수 있다.**

내가 살 수 있는 땅의 가격을 알고 나와 맞는 땅의 조건을 미리 체크해 둔다면 나에게 꼭 맞는 땅을 찾을 수 있다. 그러려면 어떠한 조건들을 정리해야 하는지 항목을 알아야 한다. 다음에 이어질 내용을 통해 세세히 알아보고 조건들을 선별해 보자.

3-3
땅의 가격 대비 가치 판단하는 법

세상에 돈만큼 정직한 것이 있으랴. 싼 것은 품질이 나쁠 확률이 높고 비싼 것은 품질이 좋을 확률이 높도록 경제 체계가 만들어져 있다. 그러나 비싼 차도 왜 비싼지를 알아야 그것이 나에게 진정한 값어치로 다가올 수 있고, 나에게 필요 없는 가치 때문에 비싸다면 값을 깎거나 다른 물건을 사는 것이 맞다. 아이 통학에 주로 차를 사용하는 사람에게는 빠른 10기통의 터보 엔진보다 넉넉한 실내와 포근한 승차감, 편하게 타고 내리는 것이 더 좋은 기능이다. 이처럼 땅도 여러 가지 조건으로 인해 가격이 형성되는데, 이 내용을 알면 나에게 꼭 필요한 조건과 필요 없는 조건을 명쾌하게 나눌 수 있다. 땅의 가격은 다음의 요인에 의해 결정된다.

땅의 가격 = 현재 가치(절대 가치+주변 가치) **+ 기대 수익률**(앞으로의 호재+건축 후에 얻는 수익)

현재 가치

1) 땅의 절대 가치 : **땅의 자체적인 기능에 대한 가치**, 기본적으로 인정되는 가치이다.

①면적 ②경사도 ③향 ④대지의 모양 ⑤기반 시설과의 접근성(수도, 전기, 가스, 오수처리)

그러나 위 요소 중 향과 대지의 모양은 설계로 어느 정도 극복이 가능하지만, 이 경우 건축비가 좀 더 상승한다. 향과 대지의 모양이 좋은 같은 지역의 더 비싼 땅을 사는 것보다 이를 극복하는 데에 드는 설계비와 건축비의 상승이 훨씬 적은 경우가 많으므로 굳이 돈을 더 주고 비싼 땅을 살 필요는 없다. 분양할 때는 면적 기준으로 분양가가 산정되기 때문에 가격이 비슷하지만, 분양받은 사람이 매도할 때는 장점으로 볼 수 있는 모든 요소를 땅 가격에 포함하기 때문에 가격 차가 많이 난다.

땅의 절대 가치에 대한 각 항목별 내용은 다음과 같다.

① 면적

면적이 클수록 땅의 가치 및 가격은 상승한다. 이는 땅이 가진 속성 중의 하나인 부증성(不增性, Unproductively)에 따른 것으로, 땅은 생산해서 만들어낼 수 있는 재화가 아니므로 양이 많아지면 그에 비례해 가격이 올라가는 것이다. 또한, 희소성에 따라 가격이 더 높게 책정되는 경우도 있는데, 예를 들어 70평 위주의 필지를 합하는 것이 허용되지 않는 택지지구에서 몇 안 되는 100평의 땅은 평당 가격이 1.2배 정도 더 높다.

그렇다면 일반적인 **단독주택에서 필요한 적절한 면적**은 어느 정도일까. 자연녹지지역이나 보전관리지역이 대부분인 **전원의 땅**은 건폐율이 20%이기 때문에 **90~100평이 땅의 최저 면적**이 된다(건폐율은 1층의 면적이라고 생각하면 이해하기 쉽다). 그러면 한 층에 최소 18~20평 정도씩 지을 수 있다. 40평의 단독주택을 짓기에 적절한 넓이의 땅이 되는 것이다.

도심의 근교 녹지의 계획관리지역이나 도심 택지 내부의 땅은 건폐율이 50% 정도로 더 높지만, 가격이 비싸므로 60~70평 내외가 된다. 한 층에 최소 30~35평 정도씩 지을 수 있고, 이러한 경우는 가족 구성원이 5명 이상의 집이나 듀플렉스 또는 캥거루 주택을 추천한다.

② 경사

경사는 '땅 크기 및 건폐율', '도로에서의 경사의 방향', '경사도'에 따라 가격 변동이 발생한다.

▶ 땅 크기 및 건폐율

도심이나 택지의 땅은 면적이 작아 주차장과 마당의 간섭이 생길 수 있다. 주차장 때문에 마당이 거의 없어지기도 하고 마당에 주차하기 싫어 비싼 자동차를 도로에 주차하는 경우도 많다. 또한, 2층으로 층수 제한이 있는 경우 경사지에는 도로에서 보았을 때 1층에 지하 주차장을 만들고 2층, 3층을 집으로 만들면 마당도 넓어지고 실내 주차장을 만들 수 있는 희소성이 생겨 땅의 가격이 약 10~15% 정도 높아진다.

반면 전원은 도심보다 땅이 크다 보니 주차장과 마당 넓이의 간섭이 덜하다. 따라서 경사지를 이용해 주차장을 만들 수 있는 요건이 된다고 해도 땅 가격이 무조건 비싸지는 않다. 오히려 토지 가격 대비 토목 비용이 증가할 것이라는 판단에 땅 구매를 피하는 경우도 있다.

▶ 도로에서의 경사의 방향

택지지구나 지하 주차장을 만들고 싶은 수요가 있는 지역의 대지는 도로에 면한 지점에서부터 경사의 방향에 따라 가격 차이가 발생한다. 도로에 면한 부분이 낮고 반대편으로 점점 높아지는 경사인 경우 지하 주차장을 만들기 쉬우므로 땅값이 더 비싸진다. 반대로 출입 도로가 앞에 있고 점점 내려가는 경사지는 반대쪽 낮은 부분에서 차가 진입할 수 없는 경우가 대부분이므로 지하 주차장을 만들 수 없고, 지하를 만들지 않으면 그 땅을 평평하게 매워야(성토) 한다. 성토한 땅은 그 위에 집을 짓는 데 약 3개월의 시간이 필요하고 그 시간을 기다리지 않으려면 줄기초나 파일기초방식으로 시공해야 해서 기초 공사 비용이 더 들어가게 된다. 성토하지 않고 1층 바닥에 단차를 만들어가면서 집을 짓는 경우가 있다. 이는 건축가의 설계가 가미가 되면 더 멋진 공간이 나올 수도 있지만, 내부의 크고 많은 단차는 라이프스타일에 따라 호불호가 발생할 수 있다.

만약 지하를 만들더라도 그 비용을 무시할 수 없다. 평당 약 500만원 이상 들기 때문에 10평의 지하인 경우 5,000만원이 넘는 추가 시공비용이 발생한다. 따라서 이렇게 **점점 낮아지는 경사의 땅은 어떻게 해도 평평한 땅과 비교해 시공비가 많이 든다.**

▶ 경사도

경사도는 평평한 땅이 기준이 되고 경사도가 15% 이상을 넘어가면 토목 비용이 비약적으로 상승하고 개발비도 많이 들게 된다. 이를 판단하는 기준은 눈으로 봤을 때 사람이 걸어서 오르기 어려운 경사도라면 구매에 대해 다각도로 고민을 해보는 것이 좋다.

③ 향

보통 땅의 방향을 말할 때 남향 땅, 북향 땅이라고 한다. 이는 땅에서 도로가 어디에 붙어 있는지를 가리킨다. 예를 들어, 남쪽에 도로가 면해 땅 바로 앞 시야를 가릴 것이 없어 일조량이 보장될 수 있는 땅은 남향 땅, 도로가 북쪽에 붙어 있고 남쪽에 다른 건물이 있다면 북향 땅이다. 북향 땅은 마당 또는 건물 1층으로 들어와야 할 빛이 앞의 건물에 의해 일정 시간 이상 가려진다. 특히 겨울철 일조량이 보장되기 어렵다. 따라서 **'남향>동향>서향>북향' 순으로 가격의 순위가 매겨진다.**

일조량의 간섭은 60~70평이 대부분인 택지지구나 도심의 땅에서 대부분 발생하므로 이곳에서 가격 차가 약 25~30% 정도 발생한다. 만약 인접한 남향 땅이 7억5천만원이라면 바로 뒤 북향 땅은 6억원 정도가 되는 것이다. 물론 일조량뿐만 아니라 거실에서 보이는 뷰가 건물이냐(북향 땅), 한가한 단지 내부의 도로와 하늘이나⁽남향 땅⁾에 따라서도 가격이 달라진다. 하지만 단독주택의 경우 빌라나 아파트에 비해 입체적인 구조와 다양한 높이 및 크기의 창을 내는 것이 가능하므로, **북향 땅이라도 중정이 있는 집이나 천창 또는 높은 창을 통해 태양 빛을 잘 받아들일 수 있도록 설계함으로써 일조량을 충분히 확보할 수 있다.** 또한, 라이프스타일에 맞게 일조량이 많이 필요한 공간과 덜 필요한 공간을 선정하여 실을 배치하면 된다. 따라서 남향 땅의 가격이 나의 예산을 벗어난다면 북향 땅도 충분히 고려해보고 설계로 일조량을 극복할 수 있는 여지를 둔다.

④ 대지의 모양

대지의 모양은 하늘에서 보았을 때 대지 경계선을 이은 땅의 형태를 말한다. 그 모양은 해당 필지의 주소를 포털사이트 지도에서 검색해보면 대략적인 땅의 경계와 형태, 도로 현황 등을 확인할 수 있다. 땅의 지목과 면적 및 더 구체적인 내용은 토지이용규제정보서비스 사이트⁽http://luris.molit.go.kr⁾에서 확인 가능하다⁽이용방법은 '3-5'에서 더욱 상세히 언급하기로 한다⁾.

같은 면적이라도 '사각형'의 땅이 짜임새 있게 활용할 수 있다. 건축비가 가장 적게 드는 사각형의 집을 같은 모양의 땅끝에 배치하면 마당도 크게 나오고 앞집과의 거리도 멀어져 사생활이 보호되고 일조량도 늘릴 수 있다. 다음 장의 그림처럼 보통 완전한 정사각형보다는 직사각형의 땅이 많은데, 이 중 왼쪽 그림과 같이 도로가 앞에 있고 옆으로 긴 땅의 가격이 좀 더 높다. 그 이유는 남향으로 공간을 더 배치할 수 있기 때문이다. 이때 정면이 무조건 남쪽으로 길다고 해서 좋은 것은 아니다. 옆면의 길이가 최소 10m는 되어야 건물을 배치하고 도로와 너무 붙지 않은 조그마한 마당의 여유 공간이 나올 수 있다.

직사각형이 아닌 모양의 땅은 같은 조건의 직사각형의 땅과 비교해 가격이 더 저렴할 수 있다. 이 경우 디자인을 통해 땅에 잘 맞는 독특한 구조의 집이 나올 수 있으므로 전문가에게 설계를 의뢰할 필요가 있고, 아무래도 일반적이지 않은 구조로 인해 같은 면적 대비 시공비가 조금 상승하게 된다.

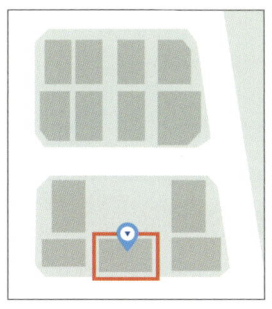 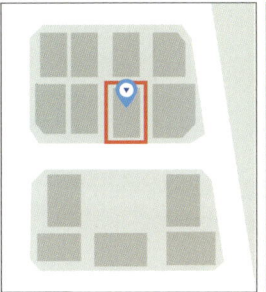 

양옆으로 긴 직사각형 땅과 앞뒤로 긴 직사각형 땅   직사각형이 아닌 모양의 땅

건축적인 감각이 있다면 먼저 집을 이리저리 그려보고 거실과 주방 등을 배치해보는 것도 좋다. 이 땅 위에서도 각 실이 충분히 제 기능을 할 수 있고 오히려 더 이점을 살릴 수 있는지 파악해 보는 것이다. 이 부분이 어렵다면 땅을 계약하기 전 건축 플래너에게 의뢰하여 규모 검토를 요청하는 것도 방법이다.

⑤ 기반시설과의 접근성

아무리 땅이 크고 예쁜 모양이라고 하더라도 **그 땅에서 살기 위해서는 땅에 도로가 연결된 것은 기본이고 수도, 전기, 가스, 오수처리시설 등이 연결되어야 한다.** 이는 마치 인간의 내장 기관에 동맥, 정맥의 혈관이 연결되어야 제 기능을 발휘할 수 있는 것과 같다.

    택지의 경우 수도관, 전기선, 도시가스관, 오수관이 땅과 연결할 수 있도록 되어 있어 이 시설들의 인입 비용은 전체 400만~500만원 정도 선에서 해결할 수 있다. 또한, 전봇대 없이 전기선이 땅속에 들어간 지중화 공사도 되어 있다. 반면, 전원의 땅들은 사정이 다르다. 땅만 분양하는 전원주택 단지의 경우 개발업자가 토목공사를 하고 필요한 기반시설인 수도, 전기 등을 땅 앞까지 제공하고 있는지를 확인할 필요가 있다. 뿐만 아니라 도시가스보다 LPG가스를 많이 사용하는데, 이는 단지 내에서 공용 LPG탱크를 쓰면 도시가스와 사용성 면에서는 큰 차이가 없다. 단, 필지별 LPG를 사용하면 개인이 직접 주문해야 한다.

    가스 외에도 확인이 필요한 부분은 정화조 사용 유무이다. 전원의 땅은 대부분 정화조를 사용하므로, 이 부분도 단지라면 필지별 정화조를 시공해야 하는지, 공용 정화조를 사용하고 필지에서는 오수관만 연결하면 되는지를 파악해야 한다. 필지별 정화조의 경우 정화조를 설치하고 허가받는데 300만~500만원 정도의 비용이 발생한다. 또한, 정화조에는 가스를 배출하는 굴뚝이 있는데, 이 굴뚝에서 나오는 냄새에 대한 방지책으로 정화조 브로와(Blower)를 켜 놓는 등의 조치를 고려해야 한다.

    개별 필지는 도로, 수도, 가스, 전기, 오수관 및 통신선을 끌어올 수 있는 것까지 확인이 요구된다. 땅만 저렴하다고 구매했다가 도로가 연결되어 있지 않으면 맹지가 되어 건축할 수 없다. 인접 도로가 개인 소유의 사도라면 임대료를 내는 등의 협상에 대한 어려운 절차도 거쳐야 한다. 이 밖에 수도관이 들어오지 않으면 허가를 받아 지하수 개발을 해야 하는데, 이에 대한 비용이 150만원에서 많게는 1,000만원까지 발생할 수 있다. 따라서 택지나 주택 단지가 아닌 토지를 구매할 경우 지목 확인부터 단독주택을 지을 수 있는지에 대한 기본적인 허가 관련 검토, **기반 시설의 인입 가능 여부와 인입 비용에 대한 산정**이 반드시 필요하다. 그렇지 않으면 준공이 안 되거나 인입에 예상치 못한 큰 비용이 들게 된다.

2) 땅의 주변 가치 : **땅의 외부 요인에 의한 가치**로, 사람과 지어진 건물에 따라 호불호의 차이가 있는 가치이다. 특히 이 부분은 공통적으로 적용되기 어렵고, 부동산 공급자 또는 중개인의 논리에 의해 과장되어 좋은 쪽으로 이야기되는 경우가 많으므로 **직접 그 주변 요소를 확인해보는 것이 좋다.** 이를 잘 알아보면 자기 목적보다 쓸데없이 높은 가격을 주고 매매하지 않을 수 있다. 주변 가치에 영향을 주는 경우는 다음의 요소들이 있다. 이는 일반적으로 많은 영향을 끼치

는 순서대로 나열한 것으로 개인에 따라 우선순위가 달라질 수 있다. 우선순위를 정하는 것이 땅을 선별하는 데 있어 매우 중요하다.

① 대중교통(전철, 버스정류장, 터미널, 고속도로 IC) 및 학교, 마트, 병원 인프라와의 접근성
② 큰 도로가 가깝거나 기타 외부의 소음이 있는 경우
③ 대지에 바람이 부는 방향과 세기
④ 축사가 근처에 있어 특정 계절에 냄새가 나는 경우
⑤ 높은 곳에 있거나 호수, 바다, 산이 있어 경치가 좋은 경우 또는 공원과 인접한 경우
⑥ 상권과 바로 인접하거나 안에 있는 경우
⑦ 무덤이 가까이 있거나 보이는 경우

① 대중교통(전철, 버스정류장, 터미널, 고속도로 IC) 및 학교, 마트, 병원 인프라와의 접근성

▶ 대중교통

대중교통의 경우 **부부의 직장이 기준**이 된다. 보통 맞벌이를 많이 하는데, 아내의 직장이 더 가까운 것이 좋다. 남편의 직장도 대중교통으로 1시간 이내의 땅을 우선순위로 보고 그것이 안 된다면 차로 1시간 이내의 땅으로 가면 된다. 앞으로는 자동차의 자율 주행으로 출퇴근 운전에 따른 피로도가 줄어들고, 자동차가 공유 경제 시스템으로 편입되는 적극적인 서비스가 늘어날 예정이다. 즉, 반드시 대중교통이 아니더라도 단독주택 신규 마을을 형성하고 있는 곳이라면 추천할 만하다.

▶ 인프라 접근성

가족 구성원 모두가 학교, 마트, 병원과 같은 인프라에 접근하기 좋아야 일상에서도 불편함이 없다. 아이가 다닐 학교와의 거리는 300m 내외, 중학교는 3㎞ 내외, 고등학교는 5㎞ 내외가 까지가 이상적이다. 이 정도의 거리

가 부모의 도움 없이 스스로 통학할 수 있는 거리가 된다. 전원으로 가는 경우는 학교에서 지원하는 셔틀버스 유무를 확인해 볼 필요가 있다. 대형 마트는 인터넷 주문 배달 서비스가 잘 되어 있지만, 10~20분 내의 접근성이 있으면 좋다. 병원은 아이를 위해 늦은 시간까지 하는 소아과나 응급실의 위치를, 3대가 함께 사는 주택이라면 부모님을 위해 대학 병원이나 대형 병원까지의 접근성과 거리를 파악해 둔다.

② 큰 도로가 가깝거나 기타 외부의 소음이 있는 경우

큰 도로 바로 옆에 있다면 소음과 미세먼지의 피해가 발생할 수 있어 순수 주거의 쾌적성을 침해받는다. 따라서 도로와 땅의 관계성을 볼 때 더 정확히 가치 판단을 하려면 도로가 가까이 있지만, 차가 얼마나 쌩쌩 달리고 시간대별로 교통량이 어느 정도인지를 봐야 한다. 특히 큰 대로변의 차의 속도, 신호등, 신호등에 멈출 때와 출발할 때 미세먼지와 소음의 원인이 되는 급정거와 급가속 차가 많은지 등을 확인한다. 버스가 많이 지나다닌다면 더 큰 소음과 진동에 노출될 확률이 높다. 하지만 3중 유리의 시스템 창호를 설치하고 기밀 시공만 잘하면 소음은 차단할 수 있고, 열교환자동환기장치로 미세먼지를 거른 외부 공기를 들여오면 이산화탄소 농도를 충분히 낮출 수 있으므로 창문을 계속 열지 않아도 쾌적한 집을 만들 수 있다.

따라서 도로와 가깝다고 해서 반드시 피할 필요는 없다. 도로가 붙어 있어 땅의 가격이 좀 더 저렴하다면 출퇴근 시간대에 직접 방문해 앞서 언급한 부분에 대해 점검해보도록 한다. 단, 도로가 갑자기 꺾이는 집이나 골목의 끝 집은 피하는 것이 좋고, 6차선 이상의 고속도로가 바로 앞에 있는 부지는 지양하도록 한다.

③ 대지에 바람이 부는 방향과 세기

대지에 들어섰을 때 바람이 어디서 불어오는지, 방향을 점검할 필요가 있다. 바람의 방위를 도구 없이 쉽게 측정하는 법은 손가락에 침을 묻히고 손가락을 들어 한 바퀴를 천천히 돌면서 어느 향에서 가장 손가락이 시원해지는지를 느껴보면 된다. 바람의 방향은 잘 바뀌지 않으므로 이에 맞춰 창의 방향을 고려하면 좋다. 또한, 이 바람에 맞서서 집을 짓는 것보다 바람과 같은 방향으로 집을 놓는 것이 겨울바람을 집이 직접 맞지 않게 하는 방법이다. 특히 산과 산 사이에 대지가 위치하는 경우 계곡을 따라 바람이 불어오므로 산과 평행하게 집을 배치하면 된다.

④ 축사가 인접하여 특정 계절에 냄새가 나는 경우

집이 먼저 지어진 후 축사가 들어서려 한다면 민원을 통해 막아 볼 수 있지만, 이미 축사가 있는 경우라면 방법이 없다. 따라서 부동산과 위성 지도를 통해 미리 근처에 축사가 있는지, 축사의 냄새가 바람을 타고 대지로 들어오는지를 파악해야 한다. 특히 비가 올 때 축사에서 오·폐수를 방류하는 경우가 있으므로 이때 방문해 보는 것이 좋다.

⑤ 높은 곳에 있거나 호수, 바다, 산이 있어 경치가 좋은 경우, 또는 공원과 인접한 경우

높고 경치가 좋은 곳에 위치한 건물 중 독일 베르히테스가덴(Berchtesgaden)의 히틀러 별장인 켈슈타인하우스(Kehlsteinhaus)과, 퓌센(Füssen)에 있는 디즈니 성의 모티브가 된 노이슈반슈타인 성(백조의 성, Schloss Neuschwanstein)이 대표적으로 꼽힌다. 직접 가보면 호수 위의 깎아지른 곳에 놓여, 그곳에선 무릉도원의 경치가 펼쳐진다.

카페나 펜션과 같은 상업적인 기능을 할 곳이라면 극단적인 주변 장치가 있으면 좋겠지만, 그곳에 사는 경우라면 몇 달 안 가 그 경치도 큰 감흥을 주지 못하게 된다. 특히 멋진 자연경관을 가진 곳은 대부분 보존권역으로 되어 그린벨트로 묶여 있거나 상수도보호권역으로 개발이 어려운 경우가 많다. 따라서 개발 가능 여부에 대해서는 반드시 확인할 필요가 있다.

평지라도 탁 트인 시야를 볼 수 있다면 그 방향이 북향이어도 상관없다. 오히려 낮에도 눈이 부시지 않게 경치를 감상할 수 있고 창으로 은은하고 차분한 빛이 들어온다. 공원 부지와 인접한 경우는 그 공원에 높은 건물이 들어설 일이 거의 없고, 해당 조경에 대한 관리를 지방자치단체에서 하므로 좋은 정원을 별다른 노력을 들이지 않고 볼 수 있다. 다만 해당 공원에 유동 인구가 많거나 놀이터와 가깝다면 프라이버시 문제가 있을 수 있다.

⑥ 상권과 바로 인접하거나 안에 있는 경우

순수 주거에 있어 상권과 접근성이 높으면 좋으나 집 바로 앞에 상권이 있다면 쾌적성에 문제가 될 수 있어 대지 가격이 낮은 경우가 있다. 하지만 저렴한 만큼 음식 냄새와 소음이 있을 수 있으므로, 상권과 너무 가까이 위치했다면 인접 가게가 어떤 업종인지 파악해 보고 낮뿐만 아니라 주말의 밤에도 직접 방문하여 소음의 정도와 외부 차량의 진출입량을 체크한다.

⑦ 무덤이 가까이 있거나 보이는 경우

유럽은 공동묘지가 공원처럼 형성된 경우가 많아 자연스럽게 도시 안에서 어우러져 있으나, 우리나라는 대개 정서적으로 피하는 추세다. 하지만 무덤은 주거의 쾌적성에 큰 영향을 미치지 않는다.

우리나라에서 지어진 지 오래된 아파트 중 가장 고가인 반포 주공1단지는 32평형이 2017년도 기준 27억을 호가한다. 그런데 이 아파트에서 큰 대로 하나만 건너면 16만5천여 묘역이 있는 현충원이 있다. 특히 주택에서는 설계나 조경 등으로 묘가 시야에 안 보이게 할 수 있으므로 무덤 때문에 저렴한 땅이라면 직접 보고 고려해볼 만하다.

기대 수익률

1) 앞으로의 호재 : 가격이 상승할 여력 또는 살기에 점점 편해지는 정도

이미 호재가 다 반영되어서 인프라가 좋아지고 살기 편한 곳(ex. 판교, 광교, 죽전 택지지구 등)에 집을 지으려 한다면 땅값이 현실적이지 않은 경우가 많다. 또한, 단독주택에 대한 높아진 수요로 인해 택지지구의 단독주택 부지 가격도 날로 높아지고 있다. '장화 신고 들어가서 유리 구두 신고 나온다'는 말처럼 처음에 들어갈 때는 공사판이지만, 호재가 실현되고 무엇보다 집들이 많이 지어져 부지가 몇 개 남지 않는다면 1)희소성과 2)이웃의 공사 현장들을 겪지 않고 3)발전 불확실성이 없어져 가격이 천정부지로 올라간다. 따라서 **신규 단독주택지 분양이나 기존의 땅 중 아직 호재가 실현되지 않은 땅을 고르는 것이 현실적이고, 집 자체에 투자하여 가장 중요한 집의 하드웨어를 더 좋게 해 짓도록 한다.**

앞서 언급한 '절대 가치'와 '주변 가치' 중 어느 하나 만족이 안 된다 하더라도 필지 주변의 발전 계획을 수집해 살면서 점점 편해질 수 있는 저평가된 곳을 찾는 것이 우선이다. 즉, 절대 가치와 주변 가치는 정보가 모두 공개되어 현재 가치 요인에 의한 가격이 고정되어 있지만, 미래에 있을 가치에 대한 것은 아직 반영이 안 된 땅들이 있다. 예를 들면 땅의 주인이 타 지역에 살 경우이다. 나대지인 땅들은 주인이 그 지역에 살지 않는 경우가 많기 때문에 정보가 약하다. 그러면 해당 땅의 호재에 대한 정보를 많이 알지 못하므로 부동산에도 매매가를 높게 고집하기 어렵다. 이는 매매로 나온 토지의 등기부 등본을 보면 땅 주인의 주거지를 알 수 있으므로 파악하기 쉽다.

이렇게 미래에 대한 호재는 있지만, 선반영이 안 된 땅들이 바로 우리가 찾아야 할 흙 속의 진주이다. 앞으로 발달할 호재를 보기 위해서는 다음 순서로 우선순위를 둔다.

- **교통 발전성 - ①전철역 ②고속도로, 자동차전용도로**

- **인프라 호재 - ①대형 병원 ②대형 쇼핑몰**(ex. 판교 현대백화점, 하남 스타필드 등)
- **학군**
- **공원 및 숲 또는 전망이 좋아지는 곳**

- **교통 발전성 - ①전철역 ②고속도로, 자동차전용도로**

교통 발전성 호재가 첫 번째 우선순위로 검토되어야 하는 이유는 직장 접근성 때문이다. 수도권을 기준으로, 직장 대부분은 서울에 있으므로 서울 접근성, 그 중에서도 강남 접근성을 본다. 강남에서 경부고속도로를 축으로 강남→분당→용인 수지→광교→기흥→동탄 라인으로 발전의 축이 있다.

이렇게 경기 남부는 첫 번째가 강남 접근성, 두 번째가 분당 접근성이다. 용인, 수원, 광주, 이천의 경기도 남부권역은 분당에 있는 병원·백화점 등의 주요 대형 인프라를 이용하기 때문이다. 특히 광주-이천-여주 라인은 분당의 접근성을 고려한 수요가 많고 최근 개통된 경강선과 성남-장호원 자동차 전용 도로는 그러한 수요에서 탄생했다(다른 지역의 지방은 회사가 많이 몰린 중심 지역을 기점으로 생각하면 된다).

상가주택 부지는 주거지 발전과는 양상이 다르다. 중심 상권으로 연결되는 교통이 좋아지는 경우 주거는 무조건 가격의 상승 요인이지만, 상권은 더 강력한 상권을 찾아가게 되기 때문에 교통이 좋아지면 오히려 상권이 약화될 수 있다. 이를 '빨대효과'라고 한다. 신분당선 개통 후 분당에서 강남으로 지하철이 더 빨라지자 정자동의 상권이 강남으로 흡수된 것이 그 사례이다. 이렇게 교통이 편리해지면 상권은 핵심 상권인 강남, 분당으로 흡수되고 중소형 주택 가격은 지방이 올라간다. 강남과 분당의 높은 집값이 감당이 안 되는 신혼부부의 수요가 편리해진 교통을 보고 지방으로 내려가는 것이다.

전철역과 같은 교통 호재의 경우 1)공사 확정 고시 시점, 2)착공 시점, 3)개통 시점 이렇게 3가지 시점을 통해 가격이 상승한다. 최근에는 정보 확산이 빨라 공사 확정 고시에 선반영되는 경우가 많으므로 부동산 관련 카페와 국토교통부 등에서 빠르게 정보를 수집하고 움직일 필요가 있다.

- **인프라 호재 - ①대형 병원 ②대형 쇼핑몰**(ex. 판교 현대백화점, 하남 스타필드 등)

인프라 호재가 두 번째인 이유는 병원과 쇼핑몰은 필수다 보니 수요가 항상 일정 이상 있고 대형 쇼핑몰의 경우 주말에는 주차장이 부족해 들어가기 힘들 정도로 사람이 몰리기 때문이다. 사람이 많이 모이고 접근성이 좋은 부지라면 가격 방어력이 크다. 단, 이러한 인프라의 바로 앞은 쾌적성이 떨어지고 가격도 높기 때문에 차로 10~20분 거리의 땅이 이상적이다.

- **학군**

학군이 세 번째인 이유는 학군 주변은 이미 시세가 높게 형성되어 있기 때문에 단독주택지로서는 접근이 쉽지 않고, 가정마다 아이의 수가 줄어 점차 학군의 중요도가 떨어질 수 있다. 즉, 학군은 미래 호재로 예측하기는 어렵다. 특히 특목고의 폐지 수순으로 인해 이를 보고 들어왔던 용인의 수요가 빠질 수 있다. 그러나 최근 고등학교 과열 현상으로 중학교를 잘 들어가는 것이 중요해졌고 중학교를 위해서는 초등학교가 중요하다. 이런 초등학교의 사례가 되는 것이 '혁신 학교 지정'이다. 예를 들어 판교의 보평초등학교는 남한산초등학교의 혁신 학교를 이끌었던 분이 교장선생님이 되고 열린 교육을 하는 것으로 소문이 나 보평초등학교 학군이라는 것까지 생겼다. 이곳을 들어갈 수 있는 아파트와 아닌 아파트의 매매가가 1억원이 차이가 나기도 했다. 혁신 학교로 지정되는 정보 또한 학군에 따른 지가 변동의 소지가 있는 것이다.

- **공원 및 숲 또는 전망이 좋아지는 곳**

네 번째는 최근 힐링 바람으로 건물만 보이는 답답함보다 호수나 강, 숲이 보이는 전망에 대한 열망이 있다. 강남의 한강 뷰, 광교의 호수 뷰, 공원이 근처에 있느냐에 따라 가격 차이가 난다. 즉, 앞으로 공원이 추가로 생기거나 뷰가 변화되는 곳이 중요하다. 일례로 분당-수서 간 도로의 소음을 방지하기 위해 방음벽이 아닌 도로 자체를 지하화하고 위를 사람들이 다닐 수 있는 길과 공원으로 만든 것이다. 서울의 고가도로나 강남의 지하도로도 비슷한 사례이다.

여기까지는 앞으로의 정보에 대한 부동산 호재이다. 이를 위해서는 빠른 정보 파악이 중요하다. 반면, 내가 이 대지와 집에 대한 가치를 높일 방법도 있다. **진정한 단독주택의 프리미엄은 대지에 꼭 맞는 설계로 잘 시공된 예쁜 집이거나 단지 자체가 잘 완성되어 있고 입주민들이 다 같이 마을을 잘 운영해 나갈 때 더 큰 가치가 나타난다.** 경기도 이천의 한 주택 단지를 예로 들면, 처음 입주할 때와 비교해 3년 뒤 집의 가격이 1억원 올랐다. 예쁜 집들로 단지가 구성되었고 합심하여 마을을 발전시키려는 노력이 있었기에 마을의 가치가 높아진 것이다.

건축 후에 발생할 수익

1) 건폐율, 용적률, 층수 제한과 가구 수 및 세대 수 제한

단독주택 중 듀플렉스 주택이나 캥거루 주택, 상가주택을 염두에 둔다면 건폐율, 용적률과 층수 제한에 대한 파악이 수익률에 있어 중요하다. 건폐율은 토지의 면적 대비 대략 1층의 면적 넓이라고 생각하면 되고, 용적률은 지하와 다락을 제외한 전체 바닥 면적의 총합이라고 생각하면 된다. 듀플렉스나 캥거루 주택의 경우 1층에 한 세대의 거실과 주방 이상이 들어가야 하므로 1층의 면적 넓이를 크게 할 수 있을수록 좋다. 즉, 건폐율이 높아야 한다. 또한, 용적률은 임대료를 가늠하는 기준이 된다.

대지의 법적 규제 사항에 따라 가구 수 또는 층수 제한이 있을 수 있는데, 판교의 상가주택은 3층, 3가구로 제한되어 있다. 이 경우 1층에 상가, 2층에 투룸 두 가구를 넣고 3층에는 주인 세대를 만들게 된다. 위례의 상가주택은 4층, 5가구 제한이 있으므로 1층에 상가, 2층과 3층에 투룸, 4층에 주인 세대를 넣게 된다. 이를 통해 수익률이 달라지는 것이다.

택지지구 세대 수 제한으로 인해 판교 단독주택지는 한 필지에 2세대까지 가능하므로 듀플렉스 주택을 짓는 곳도 많고, 위례나 흥덕지구의 일부 단독주택 필지는 3세대까지 가능해 세 가족이 모여 짓는 경우가 있다.

2) 상업건물 및 숙박 시설

전원에서의 음식점이나 펜션 또는 게스트하우스 등의 숙박시설은 계획관리지역인 땅을 찾는 것이 유리하다. 계획관리지역은 건폐율이 40%로 보전관리지역의 20%에 비해 배로 높아 작은 땅으로도 큰 시설을 지을 수 있고, 휴게음식점 등의 1종 근생 및 숙박시설의 허가가 쉽다.

3-4
나의 토지 매매 시행착오 이야기

모든 땅은 그 땅에 꼭 맞는 주인이 있다.

경기도 이천에 200평짜리 토지를 계약하고 시공사에 설계까지 의뢰했다가 결국 땅을 포기했다. 매주 직접 발품을 팔아가며 3년 동안 양평 전원주택 단지와 용인 향린동산, 동천동, 동백 등지를 다녀보다 결국 맞는 땅을 찾지 못한 채 고생만 하였고, 아내와 논의 끝에 판교에 아파트를 매매했다. 입주할 아파트에 마지막으로 들어가 보니, 그동안 수없이 보았던 집의 구조와 건축자재들이 주마등처럼 지나갔다. 이곳에서는 도저히 못 살겠단 생각이 들었다. 마침 매매한 아파

이천에 계약 했었다가 취소한 전원주택 단지의 땅 전경

트와 비슷한 금액의 땅, 판교에서 가장 저렴하다는 땅을 발견했고 그날 저녁 바로 찾아가 보았다. 운중동 끝자락에 정사각형은 아니지만, 북쪽으로 탁 트이고 뒤쪽에 성남시에서 관리하는 소나무 4그루가 있는 땅이었다. 예쁘게 생긴 것도 아니고 근방에 큰 도로가 있었지만, 남쪽으로 열려 있어 설계만 잘하면 오히려 경치 좋고 재미있는 집이 나오겠다 싶었다. 맞벌이하면서 이곳에 살기 위해서는 홀로 계신 장모님과 합가(合家)해야 한다는 결론을 내리고, 3대가 같이 사는 주택을 지어 함께 살기로 했다.

    일이 되려고 하니 아파트 매매도 잘 되었다. 당장 아파트 계약금으로 토지 계약금을 치렀다. 이후, 전에도 한 번 찾아간 적이 있었던 건축가를 다시 만났다. 그간 더욱 유명해져 설계비가 다소 올랐으나, 전에 느꼈던 인상만큼은 변함이 없었기 때문에 설계 계약을 했다. 추후에 안 사실이지만, 같은 동네의 두 땅을 놓고 고민을 하다 내 취향에 맞는 땅을 골랐는데 나머지 다른 땅을 이 건축가가 계약했다는 것이다.

    땅으로부터 받는 느낌은 사람마다 다르다. 결국, 땅이 주인을 찾는 것이다. 땅도 내가 적극적으로 찾아다니며 인연을 만드는 것이라는 생각이 들었다.

3-5
내 땅에 적용해본, 나에게 맞는 토지의 가치 파악

운중동 땅을 보았을 때 아래와 같이 조건의 가치를 평가해 보았다. 그리고 토지의 금액 대비 우리 가족에게 딱 맞는 집이라는 결론을 도출하여 바로 계약할 수 있었다.

현재 가치

1) 절대 가치

① **면적** – 74평 : 1층을 37평까지 만들 수 있어 1층의 대부분을 계단 이용이 불편하신 장모님 집으로 배치한다.

② **경사도** – 평평한 땅 : 처음부터 지하는 만들지 않으려 했고, 경사가 없어 1층을 평면적으로 앉힐 수 있다. 따라서 추가적인 토목 공사비용이 발생하지 않는다.

③ **향** – 인접한 도로 폭이 좁지만, 남동쪽으로 열려 있어 북향 땅이 아니다. 또한, 앞에 집이 가리지만 오히려 프라이버시가 보호되고 아늑한 중정의 느낌을 받을 수 있다.

④ 대지의 모양 – 마름모 형태였으나 'ㄱ'자로 집을 만들면 마당이 다른 집들보다 더 넓어질 수 있다.

⑤ 기반 시설과의 접근성(수도, 전기, 가스, 오수 처리) – 택지지구이므로 대지 출입구에 기반 시설이 완비되어 있다.

겨울에 본 운중동의 땅

봄에 본 운중동 땅과 인접한 공원 부지의 연산홍과 소나무 4그루 그리고 거실의 창에서 보일 것으로 상상되는 타운하우스들과 그 뒤의 둥글둥글한 청계산의 풍경

토지 지적도 등본을 통해 본 운중동 땅의 모양과 크기

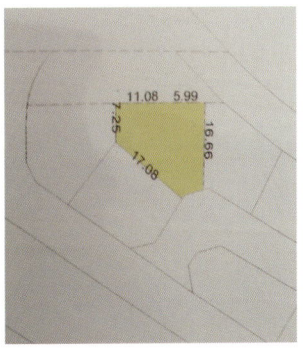

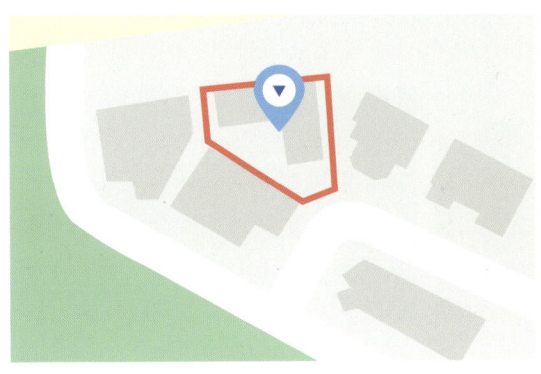

운중동 토지의 모양과 'ㄱ'자 건물의 배치 후 남는 마당의 공간

2) 주변 가치

- 장모님의 지인이 많은 경기도 부천과 부부의 직장인 이천의 중간에 위치한 판교는 대중교통이 편리해 출퇴근하는 데에 1시간이 소요된다.
- 이천 쪽 전철 및 자동차 전용도로가 개통해 교통이 좋아질 예정이다.
- 혁신 학교인 운중초등학교와 370m, 운중중학교는 740m로 거리가 양호하다.
- 분당의 인프라인 마트와 대형 병원을 이용할 수 있다.
- 4차선 도로가 가까이 있으나 도로와 필지 중간에 작은 공원 부지와 인도가 있어 어느 정도 완충 작용을 할 수 있다.
- 대지로 부는 바람은 동풍으로, 건물이 앉혀질 경우 직접적으로 바람을 맞지 않고 옆 건물이 바람을 가려준다.
- 근처에 축사가 없고 겨울과 봄, 여름에 방문했을 때 냄새도 없었다.
- 운중천 끝자락에 있기 때문에 창을 내어 하천과 단독주택이 늘어선 뷰를 확인할 수 있다. 또한, 북쪽에서는 단지와 도시의 전망을 가진다.
- 4그루의 소나무가 있는 작은 공원 부지 근처라 소나무 및 조경 공간을 직접 관리하지 않고도 집에서 가까이 볼 수 있다.
- 상권은 큰 길 건너에 있으므로 직접적인 소음 및 단지 내부의 외부 차량 유입 영향이 없다.
- 필지에서 무덤이나 송전탑 등이 보이지 않는다.

운중동 토지와 인접한 운중천과 건물 뷰

운중동 토지와 접한 공원 부지에 있는 소나무

기대 수익률

1) 앞으로의 호재
- 직장인 경기도 이천까지 연결되는 경강선 개통
- 이천까지 직통으로 이어지는 자동차전용도로로 무료 이용 가능한 성남-장호원 도로 개통
- 필지에서 1㎞ 거리에 월곶-판교선의 서판교역 2019년 착공, 2023년 완공 예정
- 대형 쇼핑몰인 판교 현대백화점 오픈
- 입시 결과가 좋은 낙생고등학교가 있고, 학군이 점차 발전할 예정
- 조망은 이미 완성되어 변동 없음
- 제2판교테크노밸리 착공으로 8만명의 직장인 추가 유입 예정

2) 건축 후에 발생할 수익
- 건폐율 50%, 용적률 100%, 세대 수 2세대 및 층수 2층 제한. 하지만 단독주택으로 지을 예정이므로 문제없음
- 단독주택으로 지을 예정이므로 상업 건물 및 숙박 시설에 관한 해당 사항 없음

3-6
토지 시뮬레이션 분석이란?

택지는 토지지적도 및 자료가 존재하지만, 전원주택 단지는 시행사에서의 자료 제공이 부실한 경우 직접 자료를 만들어 분석해야 한다. 땅이 형성되기 전 가계약을 하는 경우가 있는데, 해당 토지에 대한 향과 위치를 위성사진과 합성해보고 3D로 올려 전체 필지들의 모습 또는 경관과 각 건물 간의 간섭을 미리 시뮬레이션하는 것이다.

아래는 토지가 형성되기 전 시행사에서 토지의 경계를 알려주지 않아 GPS로 위치를 잡아 직접 그리고 위성사진에 합성해보았다.

전체 전원주택 단지 배치도를 실제 위성사진과 합성한 모습
전원주택 배치도 중 본인이 계약한 땅을 표시해보고 방위를 파악한 그림

이를 통해 위성사진으로 땅의 위치에서 보일 주변 상황을 정확히 가늠할 수 있었고, 겨울에 무덤이 보일 수 있음을 확인했다. 나무에 잎이 무성할 땐 무덤이 거의 보이지 않으나 11월 중순 이후부터 3월까지는 북동쪽의 무덤이 보였다. 다행히 메인 창을 동쪽과 동남쪽으로 설계하면 앞이 탁 트이고 시야의 방해가 없는 좋은 경치를 볼 수 있다고 판단하였다.

해당 필지에서 주변 상황을 위성사진으로 확대한 모습. 이를 통해 겨울에는 무덤들이 노출될 가능성을 확인했다.

무덤이 보이지 않도록 창을 내고 거실의 메인 창을 통해 볼 전망을 확정한 사진

이후 시행사에서 제공한 부지의 배치도는 평면적이라 각 주변 필지별로 어떤 고저 차가 발생하여 일조량 및 시야에 영향을 주는지 판별하기 어려웠다. 그래서 직접 3D로 그려보았다. 이는 시행사를 통해 받은 토목 도면에 해당 필지당 레벨 값이 존재하므로 기준 레벨을 잡고 그 레벨보다 몇 미터가 차이 나는지를 3D로 표현하면 된다. 이때 사용한 프로그램은 스케치업인데 생각보다 사용하기 쉬우므로 직접 다음 장에서와 같이 그려볼 수 있다.

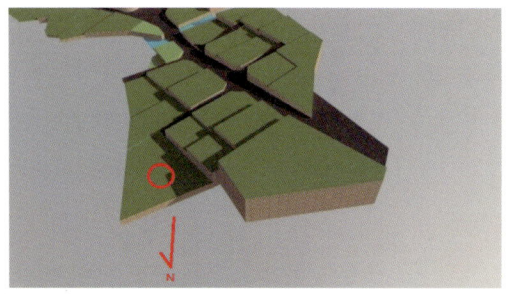

해당 필지와 주변 필지 및 도로의 모양과 고저 차를 3D로 표현한 그림

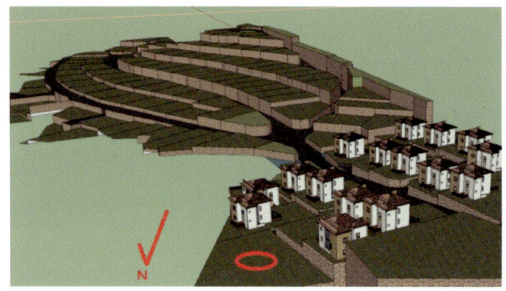

주변 필지에 예정된 설계의 건물이 들어섰을 경우 일조량 및 경관에 대한 검토

3D로 그려보니 남서쪽의 집들에 비해 지대가 낮아 주변 집들로부터 프라이버시가 보호되어야 함을 알 수 있었다. 또한, 낮 시간대 앞집의 일조량 침해에 직접적인 영향이 없도록 남쪽보다는 대지 뒤쪽으로 건물을 붙이면 해결될 수 있다는 것도 알았다.

이러한 방식으로 집의 방위를 결정할 수 있고 주변 집들과의 관계성을 시뮬레이션하여 창의 위치를 정하고 뷰를 먼저 확인해볼 수 있다. 보통은 건축가가 해주지만, 개인적인 설계 없이 시행사에서 지어주는 타운하우스 부지를 구입하려 하는데 이 같은 자료가 없다면 스스로 만들어서라도 확인이 필요하다.

미리 파악해 두어야 하는 이유는 주변에 건물들이 들어서면 완전히 다른 느낌이 되고, 마당의 일조량이 줄어들거나 뷰가 나빠질 수 있기 때문이다. 추후 모습까지 가늠하고 부지를 구입해야 이 땅에 대한 적절한 값어치를 스스로 산정해 볼 수 있다.

토지는 평생에 구매하는 물건 중 그 가격이 가장 비싸다. 게다가 개별 대지마다 각 조건이 모두 다르므로 일반 물건처럼 참고할 리뷰나 나에게 맞는 가치를 분석하는 보편적인 툴도 없다. 대지의 건축 허가 및 일조량과 창문의 방향 등에 관련된 검토는 건축가에게 의뢰할 수 있지만, 대지의 투자성과 전체적인 쾌적성과 주변 환경과 미래의 모습까지 검토하기는 어렵다. 따라서 혼자 하기 힘들다면 건축 상담 플랫폼을 통해 이해관계가 없는 전문가에게 땅의 시뮬레이션을 의뢰하고 직접 눈으로 확인해 보는 것이 좋다.

3-7
땅 보러 갈 때 미리 준비할 점과
땅에 들어갔을 때 확인할 점

땅을 보러 실제로 현장에 가보는 것을 '임장(臨場)'이라고 표현한다. 발품을 자주 파는 것도 좋지만, 현장에 가기 전 미리 확인해보면 쓸데없이 보내는 시간을 줄일 수 있다. 또한, 땅에 대한 지식을 부동산에 말하여 해당 필지에 대해 개인적으로 조사했음을 알릴 수 있다. 땅 보러 가기 전 해당 필지의 주소를 받아 아래의 두 서류를 먼저 확인해 본다.

등기부 등본 확인 www.iros.go.kr

등기부 등본에서는 아래 사항만 확인하면 된다.

① **과거 얼마에 거래되었는지, 거래가 몇 번 진행되었는지**(손 바뀜이 몇 번 있었는지)
과거 토지 가액을 확인하고 현재 시세와 비교해 보면 몇 년 동안 얼마나 가치가 상승했는지 또는 금액을 과하게 부르는 것은 아닌지를 알 수 있다. 또한, 거래가 많이 진행되었다면 적어도 해당 토지의 취·등록세(농지가 아닌 경우 최대 4.6%) 이상씩

가격이 올랐다는 뜻이고, 이렇게 되면 더욱 손해를 보지 않으려는 심리가 생겨 토지 가격을 깎기 어렵다.

② 현재 땅의 토지 담보 대출 내역

현재 땅의 토지 담보가 얼마나 있는지를 파악하면 토지 소유주가 이자를 어느 정도 내는지, 토지를 판매하는 이유 등 가늠해볼 수 있고 아무래도 급매라면 토지 가격을 깎기도 쉽다. 단, 토지 담보가 별로 없다면 토지 소유주는 판매 기간에 더 여유로울 수 있다.

③ 토지 소유자의 나이 및 주소, 소유한 기간 확인

토지 소유자의 나이 및 주소를 통해 토지 소유자가 어디에 거주하는지를 파악하여 현재 토지에 대한 정보를 잘 알고 있는지 추측해 볼 수 있다.

토지이용규제정보서비스 http://luris.molit.go.kr

토지이용규제정보서비스의 홈페이지에서 해당 주소로 검색하면 다음과 같은 정보를 확인할 수 있다.

토지이용규제서비스에서 확인 가능한 정보 예시

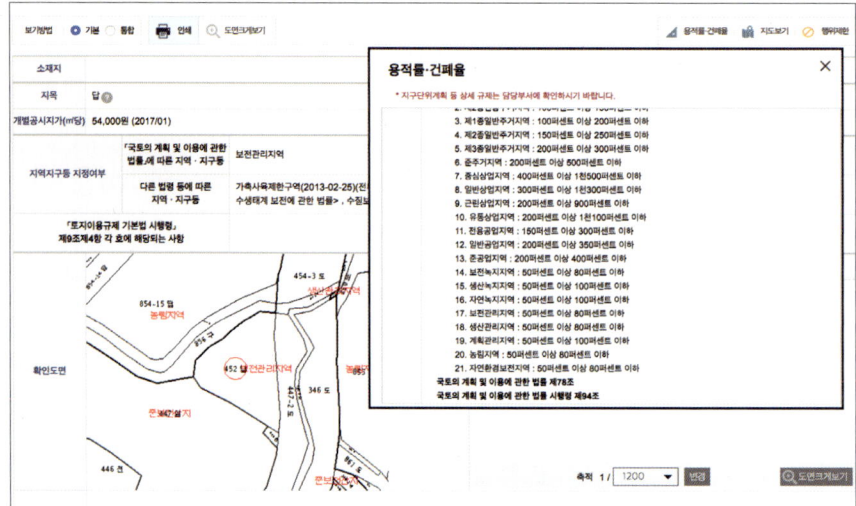

여기서 확인이 필요한 내용은 아래와 같다.

- **지목이 '대'인지** : 만약 지목이 '전' 또는 '답'인 경우 지목 변경에 대한 절차와 시간, 비용이 필요하다.

- **개별 공시지가는 얼마인지** : 매매 가격보다 공시지가가 낮지만, 이것보다 내려가기는 어렵다고 생각할 수 있는 기준 가격이 된다.

- **지역·지구 등 지정 여부에서 「국토의 계획 및 이용에 관한 법률」에 따른 지역·지구** : 보전관리지역인지, 자연녹지지역인지, 계획관리지역인지, 제1종전용주거지역인지 등에 따라 지을 수 있는 건물의 종류 및 제한 사항과 용적률·건폐율이 달라진다. 자세한 용적률·건폐율은 도시마다 다를 수 있는데, 기본적인 사항은 왼쪽 그림처럼 〈용적률·건폐율〉 마크를 클릭하면 확인 가능하다.

- **지역·지구 등 안에서의 행위 제한 내용에서 건축할 수 있는 건축물의 리스트에 내가 지을 건축물이 있는 지를 확인**

  → 단독주택을 지을 예정이라면 해당 사항 리스트에서 '단독주택'을 확인해야 한다. 행위 제한 정보 탭에 주소를 입력하고 토지 이용 행위 항목에 단독주택을 입력하면 단독주택 건축이 가능한지를 확인할 수도 있다.

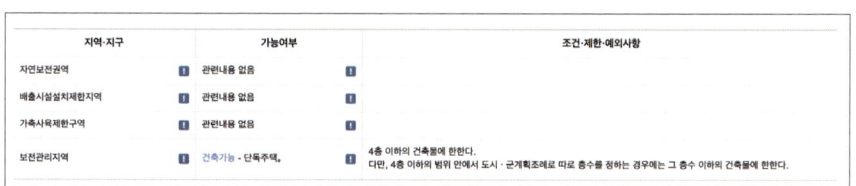

토지이용규제서비스에서 행위 제한 정보

본 고시 내용을 참고하여 용적률과 건축 가능한 시설 등을 확인 후 토지 매매 시 공인중개사 또는 건축사무소에 규모에 맞는 정확한 건축 가능 사실 여부를 확인한다. 상기 사항에서 단독주택을 짓기 위한 좋은 땅은 지목이 '대'이고, 건폐율이 높을수록 좋다. 단독주택 규모의 경우 용적률을 모두 채워 지어야 하는 일은 거의 없고, 만약 더 필요하다면 지하나 다락 등으로 용적률에 포함되지 않는 건축면적을 추가할 수 있다.

이를 파악한 다음, 현장에 임장하면 대지가 도로와 접해 있는지, 도로보다 낮은지, 붙어 있는 도로가 사도인지, 성토된 곳인지, 물이 침수되는 지역인지를 공인중개사와 함께 확인한다. 대지에 임장할 때 단독주택과 관련한 모든 사항을 빠짐없이 알아보기 위한 체크리스트를 공유한다.

✓ **토지를 보러 갈 때의 체크리스트**

- [ ] 해당 필지는 도로와 접해 있는가?
- [ ] 해당 필지와 접한 도로는 공도인가, 사도인가?
- [ ] 해당 필지는 평평하게 다져져 있는가, 경사가 있는가?
- [ ] 해당 필지와 가장 가까운 전기, 가스, 수도, 오수관, 통신선은 어디에 있는가?
- [ ] 해당 필지의 용적률과 건폐율은 어떠한가?
- [ ] 해당 필지의 층수 제한 또는 세대수 제한은 어떠한가?
- [ ] 해당 필지에서 학교, 마트, 병원, 직장까지의 거리 및 접근성은 어떠한가?
- [ ] 해당 필지에서 쓰레기 버리는 곳과 분리수거하는 곳까지의 소요시간은 걸어서 몇 분인가?
- [ ] 해당 필지의 근처에서 악취가 발생하여 해당 필지에서 맡게 되는가?
- [ ] 해당 필지의 소음 정도는 견딜만한가?
- [ ] 해당 필지의 남쪽 앞에는 건물이 올라갈 만한 땅인가?
- [ ] 해당 필지의 과거 위성사진을 확인하면 저수지였는가?
- [ ] 해당 필지의 건축할 수 있는 부분과 없는 부분은 어디인가?
- [ ] 해당 필지에 오전 7시부터 오후 7시 사이의 일조량은 어떠한가?
- [ ] 해당 필지의 바람이 어느 방향으로 불어오는가?
- [ ] 해당 필지에서 보이는 전경에 혐오시설이 있는가?
- [ ] 해당 필지 근처의 조경과 나무들이 해당 필지로 침범하지는 않는가?
- [ ] 해당 필지 주변의 땅 들에서 해당 필지로 침범하는 것은 없는가?
- [ ] 해당 필지에 경작되고 있는 농산물이나 다른 물건이 있는가?
- [ ] 해당 필지의 옆집 창문은 어디에 위치해 있고 사생활 침해는 없겠는가?

3-8
시행착오 안 겪는
부동산 토지 계약 시 주의할 점

택지를 공인중개사를 통해 계약할 때, 매도인의 신분 확인 및 토지 담보가 있는 경우 말소 처리를 한다는 내용이 있으면 큰 문제 없고, 등기가 잘 넘어오는지만 확인하면 된다. 그러나 전원주택 단지 또는 전원의 땅의 경우 토지 계약 시 몇 가지 확인 및 특약 사항으로 들어가야 할 부분이 있다.

전기, 수도, 오폐수, 도로 등의 기반 시설이 땅으로 연결되는지

전원주택 단지의 땅만 분양하는 경우 이러한 기반 시설 확인이 중요하다.

▶ **전기나 수도가 해당 필지에 지어질 건축물과 연결되는 데 문제가 없고 해당 필지 앞까지 전기선을 공사하는지** : 보통 해당 필지 앞까지 끌어오는 비용은 시행사에서 부담하여 땅값에 포함이 되고, 대지 앞에서 건축물로 인입하는 비용은 건축주가 부담한다. 특히 전기는 지중화 처리된 것이 좋다.

▶ **오수관을 연결하는지 또는 정화조를 묻는지** : 공용 정화조로 오수관을 연결하면 오수관을 해당 필지 앞까지 연결해야 한다. 이때 공용 정화조에

대한 관리 및 소유권 확인이 필요하다. 만약 개별 정화조로 한다면 그 비용은 누가 내는지, 분양가에 포함되어 있는지 체크한다.

▶ **도로의 경우** : 단지 내의 도로가 기부채납되어 국가에서 관리한다면 도로 지분이 필요 없지만, 사도일 경우 단지 내의 도로에 대한 소유권은 누구의 소유인지 확인해야 한다. 보통 도로 지분에 대한 소유권을 계약자가 넘겨받거나 단지 마을 조합에서 도로 지분을 관리한다. 또한, 흔치 않지만 단지 내 도로에 열선이 있다면 열선에 대한 공용전기료로 단지 관리비 및 초기 설치비의 부담이 있을 수 있다. 이에 대한 관리비 및 운영 주체 확인이 필요하다.

필지 분할이 완료되었는지, 개발 부담금은 땅값에 포함되어 있는지 또는 누가 내는지

분양받는 필지가 분할이 완료되어 개별 지번이 나오는지에 대한 확인이 필요하다. 지목이 '대'가 아니면 집을 짓고 준공이 나면서 '대'로 변경되는데, 이때 '개발 부담금'이란 세금이 부과된다. 이를 누가 내는지, 토지 분양가에 포함되어 있는지 알아두어야 추후에 예상치 못한 세금에 대한 걱정을 덜 수 있다.

상기 사항들이 계약서에도 명시되어 있는지를 꼭 확인하고 만약 명시되어 있지 않다면 무조건 특약에 넣고 계약한다. 시행사가 구두로 말한 것은 법적 효력이 없기 때문이다. 특히 전원주택 단지나 전원의 땅의 경우 단독주택으로 허가가 안 날 수 있으므로 이를 대비하기 위해 아래의 내용을 특약 사항으로 넣는다.

"본 매매인의 본 토지의 매매 목적은 '단독주택'을 짓는 것이다. 따라서 본 토지에 있어 '단독주택'을 짓는 것에 대한 법적 결격 사항이 있을 경우 계약은 본 매수인에 의해 취소될 수 있고 매도인에게 납부된 모든 금액은 반환된다."

TIP
자신에게 딱 맞는 땅 찾는 법

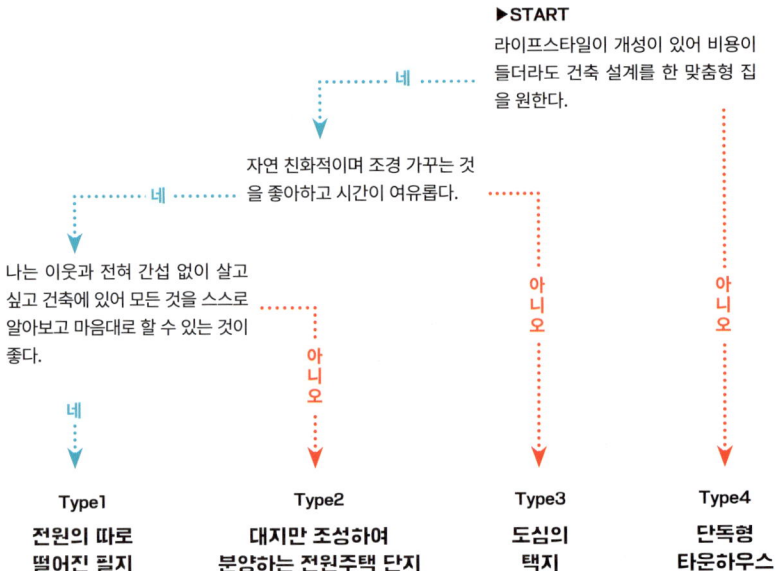

1. 넓은 전원주택 땅 vs 작은 도심 택지 땅?

넓은 전원의 땅은 도심과 비교해 평 단가는 저렴하지만, 벌레와 잡초 등의 마당 관리에 시간이 더 필요하고 도시 인프라가 멀다. 대신 환경적으로 좀 더 자연에 가까워 아이들을 친환경적으로 키울 수 있다. 반면 작은 도심 택지의 땅은 보통 60~70평이지만, 단독주택으로 짓고 나면 생각보다 작지 않은 아담한 마당을 둘 수도 있다. 쓰레기 처리와 분리수거도 편리하고 무엇보다 학교, 학원 및 병원과 상권 인프라가 가깝지만, 그만큼 가격이 비싸다. 집을 짓는데 인근 33평형 아파트의 2배 이상이 든다.

평생 아파트에서만 살다가 단독주택에 처음 살아본다면 단독주택에 전세로 살아보는 것도 좋다. 가격이 맞고 내부 인테리어나 설계가 마음에 든다면 복잡한 과정을 겪지 않아도 되는 단독형 타운하우스를 권장할 만하다. 단지에서 관리가 되므로 단독주택과 아파트의 장점을 동시에 가진다. 가족의 라이프스타일에 맞게 설계하고 싶고 맞벌이의 젊은 부부라면 도심 택지의 듀플렉스 또는 캥거루 주택을 추천한다.

옆 페이지의 질문에 답변해보며 자신에 맞는 타입의 대지를 찾아보도록 한다.

2. 자신의 신체에 맞는 땅을 찾는 법

땅도 주인이 있다고 했는데, 특히 자신의 신체에 맞는 땅이 있다. 바로 오감+α를 만족하는 땅을 뜻한다. 일반적으로 다음의 조건이면 각 오감을 만족할 수 있다.

- 촉각 – 겨울에 바람이 세차게 불지 않고 해가 잘 들어오는 아늑한 곳
- 청각 – 소음이 없고 한적하고 조용한 곳
- 시각 – 탁 트여 멀리까지 볼 수 있거나 경치가 좋은 곳
- 후각 – 해당 필지나 주변에서 악취가 나지 않고 좋은 흙 냄새가 나는 곳
- 미각 – 땅의 흙이 비옥한 곳

이 오감의 조건들은 앞서 언급한 '땅의 현재 가치'에 해당하는 조건을 충족하면 되는 것이다. 그렇다면 +α는 무엇일까? 바로 땅에 들어갔을 때 느껴지는 것이다.

단독주택은 땅과 호흡하며 산다. 유럽에서는 고층 아파트를 그다지 선호하지 않는다. 그만큼 땅의 기운을 받고 사는 것이 중요하다고 생각하는 것이다. 특히 단독주택의 경우 그 땅 위에서 먹고 자며 땅의 기운을 물씬 받고 살게 된다. 따라서 그 땅에 살 사람이 직접 땅 위에 올라가 눈을 감고 각 실의 위치를 상상하며 그 부분에 서거나 앉거나 누워서 느껴보는 것이다. 이때 주의할 점은 집 안에 있다고 생각해야 한다. 차량 소음 등은 내부에서 거의 느껴지지 않기 때문이다. 이렇게 했을 때 기분이 좋고 마음이 차분해지는 땅이라면 합격이다. 그렇지 않고 불안한 느낌이 들거나 습하고 어두운 느낌이 들면 본인에게 맞지 않는 땅일 수 있다. 사람마다 이 민감도가 달라 잠재의식 속에서 알게 모르게 계속 영향을 줄 수 있으므로 가족 구성원 모두가 이 과정을 거쳐보

는 것이 좋다. 오감+α를 미리 체험해보려면 아침에 일어나는 시간대인 오전 6~8시, 활동하는 오후 2~4시, 잠이 드는 밤 10~12시 등 세 번에 나눠 간다. 해의 방향, 시간에 따라 변화하는 주변의 소리와 경치의 변화 등으로 오감+α를 느껴보는 것이다.

3. 경매로 나온 단독주택과 땅

경매는 물건에 대한 적절한 입찰가 분석, 권리 관계가 적절하여 쉽게 소유권을 받을 수 있는지 여부 등을 파악해야 한다. 이를 직접 하려면 많은 공부가 필요하다. 따라서 대부분 경매 대행을 의뢰하는데, 보통 대행 계약 비용은 50만원 선이다. 임장, 물건 분석, 권리 분석, 물건 상담(가격 및 입찰금 컨설팅), 입찰 대행을 한다. 입찰에 성공한 경우 감정가의 1% 또는 최저매각가격의 1.5% 내에서 협의하여 비용을 지불하게 되는데, 시장 가격보다 좀 더 싸게 구입했다면 이를 부동산 중개비라 생각하면 된다.

최근 경매는 정보를 쉽게 접할 수 있어 아파트는 거의 시장가와 비슷하게 낙찰받는 경우가 많다. 단독주택은 내부를 볼 수 없어 실제 구조 및 인테리어 상태 파악이 쉽지 않다. 또한, 방치된 단독주택의 경우 감정가의 최소 10% 이상의 리모델링 비용을 감안해야 한다. 택지의 단독주택은 인기가 많아 입찰가가 높고 경매 전에 채권을 사버리는 경우가 있어 괜찮은 물건은 경매까지 가지도 못한다.

토지 경매는 바로 건축할 것이 목적이므로 지목은 대지가 좋고 나머지는 땅 보는 것과 동일하다. 그러나 전원의 따로 떨어진 땅은 경매로 사는 것을 그다지 추천하지 않는다. 인프라를 끌어오기 어렵고 만약 전원주택 단지라면 부도난 것이므로 입주해도 마을 분위기가 좋지 않을 확률이 높다. 특히 건물의 공사가 어느 정도 된 경우 유치권을 걸어버리는 사례가 많으므로 집을 짓기 전부터 복잡해질 수 있다. 단, 택지에서 대지 경매가 나온 것이나 LH 미분양건이 있다면 직접 땅을 찾아가 보고, 권리 관계까지 복잡하지 않다면 구매를 고려해볼 만하다.

고급 고분양가 단지에서 나온 경매 건은 투자가치가 좋을 수 있다. 이러한 물건은 특수 시장가가 형성되어 있는데, 대지면적과 건축면적만 보고 일반 시장 가격으로 감정가가 나오기도 한다. 이를 경매로 받은 후 손을 보거나 리모델링해 특수 시장가에 판매하거나, 거주했다가 매매하면 차액이 크게 발생할 수 있다.

TIP　　자신에게 딱 맞는 땅 찾는 법

4장

나는 왜 건축가에게
설계를 의뢰했는가

시공사 설계팀에게
의뢰했다가 날린
착수금 천만원

"위대한 건축은, 측정할 수 없는 것에서 시작하며,
설계과정에서는 측정할 수 있는 것을 통하여 진행되지만,
마지막에는 다시 측정할 수 없는 것으로 끝나야 한다."
— 루이스 칸(Louis Kahn)

건축가와 시공자와 건축주가 생각하는 자신들 관점에서 선호하는 설계에 대한 시선은 아래와 같이 서로 다를 수 있다.

- **건축가** - 포트폴리오에 올릴 만한 새로운 작품 / 자신만의 건축 DNA를 입혔지만, 기존 작품과 차별화되는 디자인 요소 / 색다른 스토리가 있는 집 / 사진 찍을 때 잘 나올 만한 깔끔하고 멋진 공간

- **시공자** - 간단하고 넓은 구조의 시공이 편한 집 / 오픈 천장이나 좁은 다락이 많으면 시공 난이도가 높아지므로 이러한 것들이 없는 집 / 유명 건축가의 작품으로 이력에 도움이 되는 집 / 기존에 해봤던 자재와 구조로 설계된 집

- **건축주** - 남들보다 멋지고 웅장하면서도 시공비가 적게 드는 설계 / 동선이 최적화되어 있고 가족 구성원 모두가 생활하기 편리한 설계 / 돈 들인 티가 나게 나의 미적 관점에서 주변의 집보다 멋진 집

땅을 샀다. 이제 건축가를 찾아가야겠다!

운중동에 땅을 산 후 판교에서 자주 산책했다. 그전에도 여러 번 오픈하우스 때문에 왔었지만, 이제는 내 동네라는 느낌에 더 정겹고 달리 보였다. 판교에도 과시욕으로 높고 의미 없이 크게 만들어 놓은 집이 많은데, 마치 명품 로고가 눈에 띄게 새겨진 옷과 장신구를 하고 있는 것처럼 느껴진다. 덩치 큰 집이 많으니 오히려 아담하고 낮은 집이 눈에 들어오고 오래 보아도 질리지 않았다. 담백하고 멋졌다.

주변과의 조화를 이룬 가운데 개성을 가진 집이 가장 잘 빚어낸 작품이라 생각한다. 유타건축사사무소 김창균 소장님의 보성주택을 보고 감탄을 한 것도

바로 그 때문이었다. 이층집이 아닌 단층에 풍광과 잘 어우러지고, 나 신축 고급 집이요~! 하지 않는 단아한 매력이 현대적이지만 한옥을 닮은 듯했다.

내가 원하는 집은 이런 집이었다. 새로 지었어도 예전부터 그곳에 있었던 것 같은 집. 그러한 집을 짓고자 건축가의 홈페이지에 적힌 연락처로 전화부터 했다.

건축가 김창균의 보성주택

4-1
설계가 왜 필요한가?

"당신은 진보적인가? 보수적인가? 라는 질문을 자주 받는다.
그러나 건축에서 중요한 것은 무엇보다도 인간적이어야 하는
것이고 인간을 위한 건축이지 않으면 안 된다."
— 알바 알토(Alvar Aalto)

우리나라는 우선 설계비에 대해 인색하다. 건축 설계 문화만 잘 발달하여도 우리나라 도시의 풍경은 해외 어느 곳보다 아름답고 단정해질 것이다. 유럽이나 일본의 경우 건축 디자인이 가진 힘을 인정하고 존중하는 분위기이다. 일례로 스위스는 건축가인 르 꼬르뷔지에가 지폐에 그려져 있을 정도다. 그러나 우리나라에서는 일단 설계가 크게 고려되지 않는 경우가 많다. 그 이유는 대부분의 건축주들이 전체 공사비는 '땅+세금+평당 공사비'로만 생각하기 때문에 설계비는 그저 생각하지 못했던 추가 비용으로 여겨진다.

최근에는 인터넷과 각종 매체에서 멋진 집을 많이 접할 수 있으므로 그런 집을 짓고 싶어 건축주가 되기로 결심한 경우도 많다. 하지만 막상 용기를 내 건축가를 찾아가 설계비를 듣고 나면 생각지도 못한 큰 금액이라고 느껴진다. 건축주가 생각한 건축비는 한정되어 있으므로 결국 집을 5~7평 이상 줄여야 된다고 하면 설계를 포기한다. 설계가 잘된 주택을 직접 체감하지 못해 이런 일이 발생하는 것이다.

집은 세 번 지어봐야 잘 짓는다고 하지만, 한 번 지을 때마다 건축주의 수많은 노력과 땀, 비용이 들어가므로 한번에 좋은 집을 지으려면 가족에게 딱 맞는 설계가 반드시 필요하다. 건축 설계는 허가와 관련된 서류만 만드는 것이 아니라 그 건물을 사용할 사람의 라이프스타일을 담아줄 수 있는 실용적인 그릇을 만드는 설명서를 그리는 것과 같다. 따라서 좋은 설계는 건축주가 원하는 기능적 사항을 담고, 사용하기 편리한 구조, 심미성, 시공에 필요한 세부적인 사항이 명기되어 있어야 한다. 집을 지을 때 이러한 좋은 설계가 반드시 있어야 할 이유는 다음과 같다.

1) 시공법과 자재 등 세부적인 사항이 표기된 도면은 시공비 정산 폭탄을 막아준다.

허술한 요리 레시피로는 만드는 사람마다 맛이 달라지듯, 실시도면이 구체적이지 않다면 그 두리뭉실한 부분은 시공 상황에 따라 변동될 여지가 생긴다. 이러한 여지는 추후 시공비 정산 시 시공비 상승의 요인이 되어 예상치 못한 지출이 발생하게 된다. 그러나 구체적인 세부 도면은 그대로 공사만 하면 되므로 시공사도 혼동될 여지가 없다. 정확한 레고 조립설명서처럼 건축가의 의도대로 구현할 수 있는 확률이 높아진다. 또 상세하게 견적을 낼 수 있어 자재 로스율을 줄이고 변동의 여지가 없어 그대로만 시공된다면 최종 시공비용은 처음 받은 견적 금액과 거의 차이가 없게 된다.

2) 최근 트렌드에 맞는 질리지 않고 멋진 집을 합리적인 가격으로 지을 수 있다.

단독주택이 많은 판교나 광교, 동백, 동탄 등의 택지지구에 가서 집들을 둘러보면 깔끔하고 심플하면서도 멋있는 집을 많이 볼 수 있다. 이러한 집은 대부분 건축가에게 설계를 의뢰한 집이고, 설계가 들어가지 않은 집과 비교해 보면 그 차이가 한눈에 드러난다.

내가 처음 설계비를 언급했을 때, 장모님은 놀라시며 그 돈으로 집을 크게 짓거나 더 좋은 자재를 쓸 수 있지 않겠냐고 말씀하셨다. 그래서 직접 모시고 의뢰한 건축가가 설계한 집을 방문했다. 구조가 아기자기하고 깔끔한 느낌이라며 주변 다른 집들과 비교해도 단연 건축가가 설계한 집이 더 좋다고 하셨다. 직접 보면 어르신들도 그 차이를 확연히 알 수 있을 만큼 잘 지어진 집이 바로 설계에 힘을 준 집이다.

세계 3대 진미 중 하나인 캐비어(Caviar)도 그냥 음식에 넣는 것과 정확하게 쓰는 방법을 알고 그 풍미를 극한으로 끌어내는 것과는 맛에 엄청난 차이가 있다. 이처럼 같은 자재라도 디자인을 가미하여 정돈되게 쓰면 비용을 아끼고 심미성도 확보하는 가장 좋은 방법이 되는 것이다. 추후에 집을 팔아도 이런 차이가 집의 가격에 영향을 미친다.

3) 시공사 및 자재 선정에 있어 믿을 수 있는 변호인이 생긴다.

건축가는 비전문가인 건축주보다 시공 견적의 불합리한 점이나 자재의 합리성에 대해 더 잘 알고 있으므로 전문적인 시각에서 견적과 시공, 자재에 대해 조언해 줄 수 있다. 또한, 시공 감리에서 디자인적인 부분뿐만 아니라 시공 품질에 대해서도 함께 확인할 수 있어 건축주가 보지 못하는 시공상의 문제점을 찾는 데 도움이 된다. 이를 통해 시공 결함이나 실수를 방지하고 시공사가 설계대로 시공하는지를 알 수 있으니 몇천만원 이상의 가치가 발생한다. 아무리 공부하더라도 시공사보다 비전문가일 수밖에 없는 건축주는 든든한 내 편이 생긴 것이다.

4) 대지에 딱 들어맞는 최적의 효율적인 공간을 만들어 낼 수 있다.

대지를 구획에 맞춰 정확하게 잘라 놓았다는 택지지구도 어쩔 수 없이 특이한 형태의 땅이 나오는데, 하물며 전원의 땅은 어떠할까? 더욱 그 모양이 가지각색이다. 삼각형이나 마름모 등의 대지는 시공사가 가지고 있는 일반적인 도면을 적용하기 어렵다. 그러나 모든 프로젝트가 자신의 작품이라고 생각하는 건축가는 이러한 모양의 땅이 창의적인 도전 과제가 되고 이 같은 포트폴리오가 그들의 커리어에 도움이 된다. 따라서 대지의 가능성을 극한으로 끌어올리고 건축주의 라이프스타일을 살린 최적의 건물은 이런 건축가를 통해 설계될 확률이 높다.

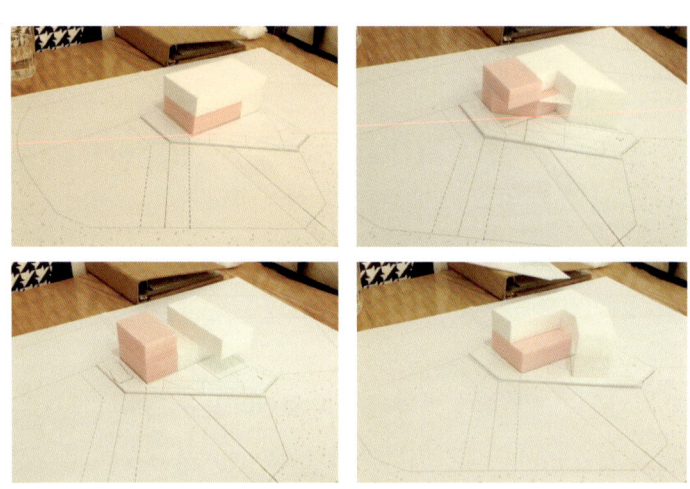

대지에 맞게 계획된 여러 가지 형태의 집 모형

5) 디자인과 치수에 대해 건축주를 이해시키고 건축 허가와 관련된 일체의 서류를 만들어 준다.

건축가가 제안하는 여러 가지 디자인과 구조에 대해 건축주는 이해가 쉽게 되지 않는다. 3D 구조를 말로 설명하기란 어려운 일이다. 따라서 건축가는 모형과 3D 그래픽으로 설계된 건물을 미리 구현하여 건축주의 이해를 돕는다. 이 과정을 통해 건축주가 지어질 건물의 구조와 사이즈에 대해 완벽하게 이해할수록 완공되었을 때 오해가 없다. 막상 지어진 집이 건축주가 상상했던 것과 괴리감이 있다면 그만큼 큰일도 없다. 평면도로만 소통하는 경우 이러한 일이 발생할 가능성이 높다. 특히 최근에는 건축물을 3D로 구현한 후 VR 헤드기어를 착용하고 실제 그 공간에 들어가는 것처럼 체험해보는 플랫폼이 나타나고 있다. 이러한 발달된 기술을 적용하여 건축주가 설계된 건물의 구조를 최대한 느껴볼 수 있게 만드는 것이 건축가의 역할이다.

이외에도 건축가는 건축 허가와 준공에 관련된 여러 가지 서류를 작성하는 일을 한다. 건축 허가와 준공을 위해서는 단순히 평면도뿐만 아니라 입면도나 소방, 전기, 설비 도면 등의 많은 서류가 필요하다. 즉, 이에 대한 서류를 만들고 제출해 준공까지 잘 처리될 수 있도록 하여 입주에 문제없게 한다. 집이 건축 허가 도면과 법적·안전 기준에 맞게 시공되었는지 까다롭게 검토되는 경우가 많은데, 건축사는 적절한 조치를 취할 수 있다.

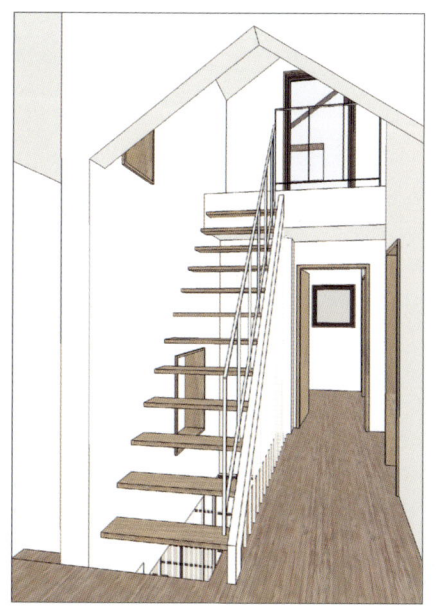 

설계 단계에서 3D로 본 내부 구조와 그대로 건축된 실제 집 내부 사진 : 3D 도면이 있어 내부 구조를 쉽게 이해할 수 있다.

4-2
시공사 설계팀 vs 전문 건축사무소

"건축가에게 당신 최고의 작품이 뭔지 물어보라.
아마 대부분 이렇게 대답할 것이다. 다음 작품요."
— 에밀리오 암바즈(Emilio Ambasz)

시공사에서도 설계해준다고 하는 경우가 있다. 건축주 입장에서 건축가의 설계비가 생각보다 높거나 시공사를 먼저 찾아갔을 때, 원하는 대로 설계를 할 수 있다고 하면 솔깃하기 마련이다. 게다가 처음에 설계비를 받고 해당 시공사에서 집을 짓게 되면 다시 그 금액을 돌려준다는 방식으로 운영하는 곳도 있다. 지금까지 본 것도 많고 공부한 것도 많은 데다 설계비도 저렴하거나 거의 안 받겠다고 하니 건축주에겐 이보다 더 좋을 순 없다. 그렇다면 과연 좋기만 한지 시공사 설계의 장단점을 알아보자.

✓ **시공사에서 설계할 경우**

장점
① 설계비가 저렴하거나 거의 없다.
② 샘플 설계도면이 준비되어 있어 빠른 착공이 가능하다.

③ 인테리어나 외장재를 나의 취향대로 아무거나 정할 수 있다.

단점
① 땅에 딱 맞는 설계가 어렵다. 특히 대지가 특이할 경우 최적화된 설계를 기대하기 쉽지 않다.
② 인테리어나 외장재의 미적 통일성이 떨어지거나 조합이 예쁘지 않을 수 있다.
③ 지붕 구조가 복잡하거나 도면과 외부의 선들이 정리되어 있지 않고 복잡하게 보일 수 있다. 기능적인 내부 구조만 맞추다 보면 지붕 구조가 깔끔하지 못한 경우가 있다.
④ 내부 공간은 시공 편의성을 고려하여 단순하게 가려는 경향이 있다.

건축사무소도 금액대로 서비스를 제공하는 것이므로 모형과 3D 도면으로 보여주는 등 인력과 노력은 비용만큼 들어간다. 따라서 남들과 비슷한 일반적인 집을 짓고 싶다면 시공사 설계팀으로, 가족만의 이야기가 담기고 조금 특별한 집을 짓고 싶다면 건축사무소에 설계를 의뢰한다.

4-3
건축사무소 타입별 장단점

"건축가의 임무는 외관을 스케치하는 것이 아니라,
공간을 창조하는 것이다."
— 헨드릭 베를라허(Hendrik Petrus Berlage)

지역 건축사사무소

허가 비용만 받는 경우 약 400만원대. 일명 '허가방'이라고 부르는 곳도 있다. 일반적인 형태의 평면도는 구성할 수 있으나 새로운 스타일을 기대하기 어렵고 시공 도면도 간단하게 나올 수 있어 시공사의 역량에 따라 마감의 갭이 커진다. 이런 경우 시공 편의성에 치중하게 되어 기대 이하의 마감이 되는 경우가 많다. 정확한 디테일 마감 등에 대한 디자인 감리가 없기 때문이다.

시공사의 설계 또는 인테리어 팀

① 기계적으로 찍어내는 많은 시공도면(단독주택 대형 시공사 : 시공 사례 책자가 나오는 곳) : 지역 건축사무소와 비슷하나 외장이 복잡하고 여러 가지 재료를 쓰게 된다.
② 건축을 전공한 디자인 관련 인력이 있는 팀 : 설계비는 1,000만원 정도이다. 이런 경우는 드물지만, 기존 시공사 설계보다는 디자인적으로는 정리가 된다. 그러나 딱 맞는 설계를 기대하기 어렵고 시공사가 자주 하는 마감을 사용한다.

신진 건축사무소

설계비는 약 1,500만~3,000만원 대이다. 30, 40대의 젊은 건축가로 외형이나 디자인이 최근 트렌드를 잘 따라가지만, 경험이 부족해 문제가 생기기도 한다. 젊은 건축가상 등 국내에서 건축 관련 상을 받은 건축가를 찾아보는 것도 방법이다.

교수 직함이 있는 건축가

설계비는 약 3,000만~5,000만원 이상이다. 자신만의 디자인 철학이 있어 건축주가 끌려가게 되는 경우가 많다. 또한, 시공사 선정도 그들과 협업하는 시공사와 진행하게 될 확률이 높다.

유명 건축가

설계비는 약 1억원까지 가는 경우가 있다. 국내 웬만한 곳에서 쉽게 보기 힘든 전위적이고 독특하거나 매우 고급스러운 설계가 나온다. 이러한 건축가는 시공사가 먼저 손을 내밀지만, 고가의 건축비를 견적 받게 된다.

4-4
건축가를 매료시키는
설계비 협상의 비법

"건축은 그림이나 음악의 감각을 배우는 것과 같은 방법으로
공부해야 한다."
― 필립 존슨(Philip Johnson)

설계비는 어느 정도로 책정하는 것이 좋을까? 기본적으로 건축비의 10% 정도라고 이야기한다. 35평의 집을 약 2억원에 짓는다고 하면 설계비는 2천만원 정도인 것이다. 부가세를 포함하면 2천2백만원이 된다. 그러나 프로젝트의 규모와 상황에 따라 다를 수 있으므로 정확한 건 건축가와 직접 만나 이야기해보는 것이 좋다. 이때 건축주를 만나지도 않는 건축가라면 피하는 것이 낫다. 설계에 있어 소통은 가장 중요하고 기본적인 요건이기 때문이다. 이제 건축가와 만나 협상하는 노하우를 공개한다.

건축가는 자신의 포트폴리오가 중요한 자산이 된다. 어떤 종류나 성격의 프로젝트를 했는가에 따라 들어오는 일의 종류가 달라진다. 예를 들면 상가주택을 잘 설계한 사례가 남은 건축가는 상가주택 설계가 많이 들어올 수밖에 없다. 또한, 건축가가 원하는 것은 돈뿐만 아니라 자신이 하고 싶은 새로운 이야기가 담긴 작품을 남기는 것이다. 자신에게 독특한 사연이 있거나 남다른 주거 형태를 유

지해왔다면 그것을 가지고 건축가를 찾아가 보자. 특별한 이야기를 담은 건축물은 언론과 미디어에서도 관심을 가지므로 건축가에게도 입신양명의 기회가 될 수 있다.

이렇게 자신만의 이야기를 가지고 설계비를 좀 더 절약하고 싶다면 뜨기 직전의 건축가에게 찾아가서 모험하는 것도 방법이다. 이러한 경우 건축가는 정말 열심히 작품에 임한다. 건축가는 유명해질수록 설계비가 올라가기 때문이다. 그러나 주택 작품이 단 한 채도 없는 경우는 주의가 필요하다.

가설계를 먼저 요청하는 것은 지양하는 것이 좋다. 왜냐하면 가설계도 설계이므로 시작하는 데 초기 인력과 비용이 발생한다. 그렇게 노력을 들여 건축가가 가설계를 내놓으면 그 아이디어를 가지고 시공사와 직접 연락하여 집을 짓는 경우가 있다. 하지만 그 설계대로 계획을 잘 살린 결과물이 나오는 것은 거의 불가능에 가깝다. 가설계는 건축주와 건축가에 있어서도 불합리하고 리스크(Risk)가 있는 요구가 되는 것이다. 마치 나의 입맛에 맞는 음식을 주문하여 일단 반쯤 먹어보고 값을 지불하겠다는 요청과 마찬가지다.

4-5
우리 가족에게 꼭 맞는 집을 설계해줄 건축가 찾는 노하우 (시간을 절약하고 시행착오를 줄이는 건축가 필터링 기법)

"서로 다른 나무의 기억에서 각각의 특성을 신념 있게 묘사할 수 있는 사람이라면 훌륭한 건축가가 될 것이다."
― 프랭크 로이드 라이트(Frank Lloyd Wright)

건축가를 어떻게 찾는 것이 좋을까?

우선 건축가의 홈페이지에서 지금까지의 프로젝트를 찾아본다. 단독주택 건축이 많은 판교나 광교 단독주택 관련 인터넷 카페에서도 건축가 또는 시공사의 오픈하우스 소식을 찾아볼 수 있다. 이때 직접 오픈하우스를 방문해보는 것이 가장 좋다. 오픈하우스에서는 마감이나 공간의 느낌 등 다양한 취향을 실제로 느껴볼 수 있으므로 적극 추천한다. 건축사무소로 전화하여 해당 건축가가 추천하는 작품이나 현재 시공 중인 곳을 방문할 수 있는지를 물어보는 것도 좋은 방법이다.

우리나라에만 해도 수많은 건축가가 있으므로 시간을 절약하기 위한 필터링이 필요하다. 특히 단독주택을 지으려는 건축주 입장에서 좋은 건축가라고 생각되는 조건을 알아본다.

1) 단독주택을 주로 설계한 건축가

단독주택은 허가 문제 및 규모에 따른 구조 등이 다르므로 단독주택의 경험이 많은 전문가가 설계하는 것이 좋다.

2) 작가주의만 강조하지 않는 건축가 (건축주의 생각을 잘 듣고 이해해주는 건축가)

어떤 건축가는 외장재나 구조 설계를 자신만의 기준으로 제한을 둔다. 그러나 지금 설계하는 것은 건축가의 작품집 속 사진이 아니라 내가 살 집이므로 건축주의 의견을 잘 들어주어야 한다. 또한, 정말 반영하지 말아야 할 단점이 있으면 설득하여 방향을 잘 잡아주는 건축가가 좋다. 건축주도 욕심과 자기만족에 취해 잘못된 방향으로 흘러갈 수 있는데, 이 부분을 잘 이끌어주는 건축가가 좋은 집을 설계한다. 따라서 건축주도 건축가가 왜 그러한 말을 하는지 설명을 귀담아 들어 볼 필요가 있다.

3) 미적 기준에 자신만의 철학이 있고 단정한 그림을 그리는 건축가

심플한 설계는 현대 건축의 트렌드일 뿐만 아니라 질리지 않고 미적 가치가 오랫동안 변하지 않는다. 또한, 시공비도 합리적일 수 있다.

4) 기능과 건축비 면에서도 합리적인 지점을 찾는 건축가

미적인 것만 고려하면 건축비도 올라가고 기능적으로도 편리하지 못하다. 그러므로 용도에 맞게 실제 살 사람이 편한 집을 만드는 것과 같이 균형을 맞추는 건축가가 좋다. 즉, 미학과 실용성과 적당한 건축비의 아슬아슬한 줄타기를 잘하는 건축가이다.

5) (목조주택을 짓고 싶다면) 목조주택을 많이 설계한 건축가

목조주택은 목구조의 특성을 고려한 설계가 필요하다. 따라서 목구조의 집을 여러 번 설계하고 시공한 사례가 있는 건축가가 적합하다. 목구조에서는 풀기 어려운 공간이 있고, 공학용 목재나 개별 주문형 자재들이 필요하므로 시공비가 많이 증가할 수 있기 때문이다.

6) 자신이 설계한 단독주택에 살고 있는 건축가

단독주택을 주로 설계하면서도 아파트에 사는 건축가가 대부분이다. 단독주택의 특성, 건축주가 되어본 경험을 몸으로 체감하면서 이해할 수 있는 사람을 만나고 싶다면 주택을 설계해 직접 살고 있는 건축가를 찾아야 한다.

7) 디테일이 많고 쌓아온 데이터가 많은 건축가

'랜드로버(Land Rover)'라는 자동차 브랜드는 수십 년 동안 SUV만 만들어 왔다. 따라서 오프로드와 온로드의 노면 상태에 따른 주행성과 돌파력 등 SUV에 필요한 기능에 대해서는 다른 회사와 비교되지 않을 수많은 축적된 데이터를 가지고 있다. 현실세계에서 자연의 법칙과 싸워 이겨내 얻은 경험치는 강한 신뢰성을 가진다. 건축가도 마찬가지다. 많은 시공사와 협업하며 만들어온 자신만의 데이터가 쌓인 건축가는 최상의 퀄리티를 안정적으로 표현해줄 가능성이 높다. 집은 조각 작품이 아니라 관리하며 손을 보아가며 살아가는 삶의 공간이기 때문이다. 특히 우리나라는 여름과 겨울의 온도 차가 크고 장마와 태풍, 추위를 이겨내야 하므로 이런 내용을 실제로 구현해본 경험 많은 건축가가 좋다.

8) 실시도면이 구체적이고 감리가 가능한 건축가

모터쇼에서 발표되는 콘셉트카(Concept Car)와 대량 생산되는 양산차(量産車)는 서로 가격과 디자인에서 차이가 난다. 콘셉트카가 꿈을 심어준다면 양산차는 더 현실적이다. 주택도 처음 콘셉트 디자인에서 점점 실제 디자인으로 변화해간다.

감리란 시공 중간에 건축가가 의도한 디자인에 맞게 시공이 되고 있는지를 확인하는 작업이므로, 감리를 잘하는 건축가가 실용적이면서도 최대한 콘셉트카에 가까운 퀄리티를 보장해 준다. 콘셉트카에 놀라고 양산차에서 실망하면 안 되듯, 건축물도 건축주와 건축가가 함께 그린 그림대로 구현되는 것이 중요하다.

9) 자기 복제를 하지 않는 건축가

건축가가 유명해지면 여기저기서 프로젝트 의뢰가 많이 들어온다. 이때 직원을 갑자기 늘리기에는 리스크가 발생하므로, 결국 시간과 노동력 절약을 위해 자기 복제를 하게 되는 경우가 생긴다. 그럴 때 작품 사례를 보면 거의 비슷비슷하다. 건축가의 작품 철학이나 성격이 집마다 유사할 수는 있으나 우리 가족의 개성이 담긴 집을 짓고 싶은데 매번 똑같은 마감과 재료를 써서 복사해 붙여넣기식의 집이 된다면 아쉬울 수밖에 없다. 물론 건축주들이 건축가의 유명한 작품을 보고 오기 때문에 그전에 했던 집처럼 요구하기도 한다. 이럴 때 건축가는 현재 집에 더 잘 맞는 새로운 선택을 보여주고 다른 시도를 할 수 있도록 제안하는 과정이 필요하다. 매번 발전하는 건축가는 설계비를 과감하게 올릴 자격이 있다.

10) 제시된 시공비를 잘 지키는 건축가

설계는 연애와 같고 시공은 결혼과 같다. 설계는 꿈이고 시공은 현실이다. '정말 이런 집을 지을 수 있을까?' 상상하며 모형과 3D 도면까지 눈앞에 나타나면 가슴이 벅차고 새로운 꿈을 꾸게 된다. 그러나 건축물은 실제로 세상에 놓일 때 의미를 가진다.

공대 출신인 내가 보기에 건축학과가 공대에 있는 이유는 다음과 같다. '엔지니어링'이란 한정된 자원에서 최상의 퀄리티를 가진 제품을 세상에 만들어내 제대로 동작하게 만드는 것이다. 건축 또한 제한된 건축비와 시간을 투자해 건축주 의견과 심미성을 반영하여 제대로 된 기능의 건축물을 탄생시킨다. 꿈만 크게 꾸도록 만들다가 현실에 와서 시공비를 받아보면 건축주는 뺨을 맞고 잠에서 깬 듯 놀라고 허망할 수 있다. 따라서 주어진 시공비에서 크게 벗어나지 않도록 설계하는 것이 중요하다.

11) 의뢰할 땅과 같은 동네 또는 같은 시에 설계해본 건축가

지역마다 인허가, 사용승인과 준공에 대한 처리 요령이 다를 수 있으므로, 그 지역만의 건축 조례를 잘 이해하고 경험해본 건축가는 한번 해봤기 때문에 일의 진행이 수월하다. 이 경우 큰 변수 없이 허가와 준공이 날 확률이 높다.

12) 건축사 자격증이 있는 건축가

건축사 자격증이 있다고 단독주택 설계 실력이 무조건 좋다고는 할 수 없다. 특히 이 부분에 대해서는 이견이 있을 수 있으나 건축주가 알아야 할 부분이다. 건축가라 불린다고 해서 모두 허가를 낼 수 있는 것은 아니다. 건축사 자격증을 갖춘 건축사사무소여야만 허가까지 진행할 수 있다. 물론 이러한 건축사사무소도 다른 지역이나 지방의 대지 허가를 진행할 경우 디자인 설계만 맡고 허가는 해당 지역 건축사사무소나 일명 지역 허가방을 이용하기도 한다. 아무리 외국에서 공부한 건축가라도 건축사 자격증이 없다면 자력으로 허가 관련 업무를 진행할 수 없고, 도장을 찍어주는 건축사사무소와 별도 계약이 반드시 필요한 점을 인지하는 것이 좋다.

이렇게 일생에 한 번 지을까 말까 하는 집을 지을 때는 설계가 가장 중요한 첫 단추가 된다. 따라서 위의 조건들을 잘 살펴보고 건축가를 선택하는 것이 시행착오 없는 우리 가족만을 위한 집을 지을 수 있는 지름길이다.

4-6
건축가와 첫 만남 시 준비해야 할 점
(건축가에게 우리 가족 라이프스타일
전달하는 법 - 건축도 기획이다)

"당신은 나의 제1의 연인이 건축이라고 하는 것을
이해해주므로 나와 결혼할 자격이 있다."
― 에로 사리넨(Eero Saarinen)

일반적으로 건축가와 첫 만남 전에는 보유한 토지 주소를 전달한다. 그런데 그것보다 더욱 중요한 것이 있다. 바로 건축주의 사연을 잘 전달하는 것이다. 앞서 말한 것처럼 건축가도 꿈꾸게 할 정도의 특별한 사연이라면 좋겠지만, 그렇지 않더라도 가족만의 솔직한 이야기와 라이프스타일은 모두 있을 것이다. 이 솔직한 이야기가 그림의 소재가 되고 건축가는 이를 통해 적절한 재료와 형태로 그림을 표현하고 채색할 수 있다. 이 그림이 완성되었을 때 건축주의 마음에 들지 않는다면 건축주가 처음 및 중간과정에서 솔직하지 못했거나, 건축가가 소통이 부족했거나, 건축비가 자신이 꿈꾸는 집과 맞지 않거나 이 셋 중의 하나이다. 따라서 건축주의 구체적인 요구사항을 처음부터 제대로 전달하면서 가족 구성원에 대한 이야기도 같이해야만 서로 만족할 수 있는 설계가 효율적으로 나올 확률이 높다.

　내가 직접 만나본 건축주 중에서는 집에 대해 정리한 생각과 스크랩한 사진을 모은 책 한 권을 건축가에게 주었다는 사람도 있고, 파워포인트로 파일을 만들어 직접 건축가에게 프레젠테이션했다는 사람도 있었다. 반면 '그냥 텔레비전에 나올 만한 집을 지어주세요'라고 말하는 사람도 있다. 전달하는 방법은 다양하겠지만, 결국 중요한 것은 건축주가 단독주택에서 원하는 삶을 건축가에게 이해시키는 것이다.

현재 가족들의 평소 모습과 주택을 지은 후 살고 싶은 생활방식, 그리고 집을 짓는 이유를 정확히 건네고 이때 각 공간별, 가족별 요구사항을 사진과 곁들여 보내면 좋다.

다음은 내가 건축가와의 첫 만남 전, 그에게 보낸 메일의 내용이다.

New Message

To: 건축가

Subject: 따로 또 같이, 삼대가 함께하는 집을 의뢰합니다.

안녕하세요. 운중동 집 건축주 손창완입니다.

구정은 잘 보내셨는지요? 2015년 한해도 새해 복 많이 받으세요.^^
저희 가족이 생각하는 우리 집은 '따로 또 같이'입니다.

가족 구성원은 장모님(67세), 남편(독일 자동차 부품 회사 연구원, 31세), 아내(고등학교 영어 교사, 31세), 아이 둘(14개월, 예정)입니다.

장모님 집 : 저희 집 = 3 : 6~7 정도의 비율로 듀플렉스 하우스를 생각하고 있습니다.

장모님 집은 관리하기 편한 정도의 공간이면 좋겠습니다. 임대 쪽은 아직 고려하고 싶지 않습니다.

개개인의 Privacy가 존중되면서도 가족 화합을 동시에 추구할 수 있는 집을 원합니다. 저희가 맞벌이를 하므로 두 아이가 어린이집 또는 유치원을 다녀오는 시간 외에는 아이들이 장모님 집에서 지냅니다. 퇴근하면 주로 장모님 집에서 식사하고 저희 집으로 아이들을 데려가는 형태가 될 것입니다. 온 가족이 모이는 시간은 대체로 퇴근 후 장모님 집에서의 저녁 식사 시간으로 예상됩니다.

아이를 출퇴근 시에 맡기는 시간과 저녁 식사 시간 외에는 저희 집에 가는 것으로 일단 규칙을 정했습니다. 이는 장모님께 개인적인 공간과 시간을 보장해드리기 위함입니다.

<장모님 집> 넓어 보이는 집

장모님 댁에 필요한 공간은 거실, 주방, 화장실, 안방입니다.
무릎이 좋지 않으셔서 모두 1층에 필요합니다.
공간과 동선이 효율적인 것이 중요합니다. 또한, LDK가 통합되어
아이를 보면서 주방 일을 볼 수 있고, 넓어 보이는 공간감을 원합니다.

- **거실** : 거실에서 시간을 가장 많이 보내십니다. 따라서 주로 TV를 보면서 아이와 같이 있을 수 있는 편안한 거실이 필요합니다. 넓어 보이는 공간감을 위해 거실의 층고는 조금 높은 것이 좋겠습니다. 낮 동안에도 주로 집에 계시니 채광이 중요합니다. 두 번째 취미는 화초 가꾸기이므로, 화분을 기르고 배열하기에 좋은 거실이라면 금상첨화입니다. 아파트의 거실 베란다 같은 공간에 화초를 놓고 싶다고 하셨습니다.
- **주방과 다용도실** : 조리 과정과 조리 후 식탁까지 많이 움직이지 않아도 되는 실용적인 동선의 주방을 원합니다. 주방 옆 다용도실에는 김치 냉장고를 놓을 공간이 필요합니다.
- **화장실** : 일반적인 양변기와 샤워기, 욕조가 있는 습식 화장실이면 됩니다.
- **안방** : 드레스룸 없이 붙박이장만 놓고 싶습니다.
- **세탁기 놓을 공간**
- **툇마루**

<부부와 아이들 집> 쉬고 노는 집

저희 부부가 필요한 공간은 주방, 식당, 멀티 공간, 아이들 방, 안방, 화장실입니다. 이 중 공적인 공간과 사적인 공간을 층 나눔 등의 방법을 통해 구분하고 싶습니다.

공적인 공간 : 주방, 식당, 멀티 공간, 손님 화장실
사적인 공간 : 아이들 방, 안방, 가족 화장실

맞벌이인 저희 부부가 집에 거주하는 시간은,
평일은 저녁부터 아침까지, 주말은 온종일입니다.
저희 부부가 집에서 얻고 싶은 느낌은 'Relax & Enjoy'입니다.
평일 출퇴근과 회사의 피로함을 편하게 해소하면서, 여가를 즐기는 공간으로 사용하고 싶습니다.

공적인 공간
- **주방** : 평일에는 거의 사용되지 않고, 실용성보다는 인테리어적으로 멋진 주방이었으면 좋겠습니다. 십일자 주방을 선호하며, 반도가 아닌 완전한 형태의 아일랜드 주방을 원하고 있습니다.
- **식당** : 긴 테이블을 놓을 예정입니다. 그 용도로는
   1) 손님 방문 시 차 대접 2) 모임, 회의 및 강의 3) 주말의 기분 내는 가족 식사

또한, 카페와 같은 느낌의 공간으로 꾸미고 싶습니다. 주방과는 가급적 분리가 되었으면 합니다. 식당과 주방은 슬라이딩 도어로 분리가 되거나 열어 놓아 유동적으로 공간을 활용하면 좋겠습니다.

- 멀티 공간 : 저희 부부의 공통적이며 마니아적 취미는 영화 감상입니다. 영화를 다 함께 볼 수 있는 공간을 원합니다. 그래서 아래 사진처럼 객석과 벽이 있는 공간이면 좋겠습니다. 영화를 보지 않을 때는 아이들의 무대가 되고 책장과 함께 멀티미디어+라이브러리 공간이 되었으면 합니다. 일종의 텔레비전 없는 거실과 같은 용도입니다. 공적인 공간과 사적인 공간을 연결하는 집의 중심과 같은 공간을 원합니다.

- 손님 화장실 : 공적인 공간이 1층에 있을 경우 자투리 공간에 양변기와 작은 세면대가 있는 손님 화장실이 있으면 좋겠습니다(청소나 발을 씻을 목적으로 샤워기도 있으면 좋겠습니다).

사적인 공간
- 아이들 방 : 어릴 때는 두 아이가 넓게 함께 쓰며, 방으로 나누고 싶을 땐 슬라이딩 도어로 구분 하도록 하고 싶습니다.(아이들 장난감, 의류 수납장이 필요합니다).
- 안방 : 안방은 주로 수면과 텔레비전 시청의 공간으로 쓸 예정입니다.
- 욕실 및 화장실 : 복도뿐만 아니라 안방 드레스룸과도 연결하고 싶습니다.
- 그 외 집안의 자투리 공간을 활용한 책상이 있는 곳

<기타>
- 세탁기와 가스건조기는 주생활 공간인 2층을 선호합니다.
- 넓은 현관을 두 집이 공유하는 형태면 좋겠습니다. 아이를 장모님 집에 데려다줄 때 밖으로 나가지 않고 집이 넓어 보였으면 하기 때문입니다.
- 이불 등 빨래를 볕에 말릴 수 있는 장소가 있으면 좋겠습니다.
- 남서쪽 인접 부지에 이웃집이 신축되면 일조량이 많이 감소할 것 같아 걱정입니다. 신축되는 집의 영향을 최대한 받지 않도록 볕이 잘 드는 집을 바랍니다. 특히 아이 방, 안방은 채광이 좋아 습하지 않고 보송보송하게 살균되는 방이 되도록 하고 싶습니다.

볕이 잘 들어왔으면 하는 순서는 아이 방, 안방, 주방, 식당 순서입니다. 식당은 부딪혀 들어오는 간접 주광도 좋습니다. 볕이 잘 차단되었으면 하는 곳은 멀티 공간, 서재 공간입니다.

- 북쪽의 레스토랑과 산, 타운하우스 쪽 조망과 동쪽의 운중천 조망을 즐길 수 있었으면 합니다.
- 비나 눈을 피할 수 있도록 차 한 대 정도 들어갈 만한 공간이 있으면 좋겠습니다.
- 약 300~400장의 블루레이 컬렉션을 전시할 만한 공간과 그 외 취미 생활(와인, 타로카드, 카메라, 아기와 관련된 사진이나 기념품)을 전시할 곳이 있으면 좋겠습니다. 현재 수집한 영화 블루레이들은 더는 둘 곳이 없어 거의 쌓아 놓은 상태입니다.
- 사진이나 기념되는 문서를 전시할 갤러리 공간과 아이들이 낙서할 칠판 벽면이 있으면 좋겠습니다.

<인테리어>

- 깔끔하고 쓸데없는 선이 절제된 인테리어(이왕이면 과감한 공간은 몰딩이 없는 것도 좋습니다.)
- 공적인 공간과 사적인 공간을 인테리어 적으로도 구분. 공적인 공간(주방, 식당, 멀티 공간)은 상업적인 공간처럼 과감하게, 사적인 공간(개인 방)은 집답게 아늑하고 심플한 느낌으로.
- 낮에는 주광이 환하고, 밤에는 간접 조명으로 은은하고 아늑한 분위기
- 욕실은 호텔 같은 느낌의 어두운 계열의 무광 타일로.
- 밖에 나온 물건들을 숨길 수 있고 잘 정리할 수 있는 곳곳의 수납 공간(드러나지 않는 곳에도 수납 공간이 많으면 좋겠습니다.)

4-7
건축가 설계 미팅 시 소통하는 방법과 설계 시 건축주가 챙겨야 할 점

"건축은 첫째로 누군가의 요구를 만족시키는 것이며,
그 요구가 무엇인가를 완전히 이해하도록 노력하는 것이고
그리고 그것을 해결하도록 노력하는 것이다."
— 케빈 로체(Kevin Roche)

우리나라에는 자신만의 규칙을 만들려고 하는 정서가 있는 듯하다. 예를 들어 횡단보도의 신호등이 고장 나거나 너무 오랫동안 켜지지 않으면 그냥 건너는 것처럼 말이다. 건축 설계도 쉬워 보이지만, 그러한 공간을 만들기 위해 건축가는 다각도에서 고민했을 것이다. 그래서 건축가에게 설계를 맡기고 너무 꼼꼼하게 평면도를 건드리는 것은 지양하는 것이 좋다. 한 공간을 건드리면 다른 공간도 무너질 수 있기 때문이다. 특히 건축주가 도면을 손보고 많이 간섭할수록 이상한 집이 되는 경우가 많다. 건축가가 되어 건축사사무소를 개업하려면 대학에서 5년, 실무 3년을 해야 건축사 시험에 응시할 수 있다. 최소 8년 이상 공부한 시간을 이길 수는 없고, 이길 필요도 없다. 다만 내가 소개한 가족의 라이프스타일과 필요한 공간에 대해 건축가가 풀어낸 것을 잘 선택하기만 하면 된다.

마음에 들지 않는다면 건축가에게 장단점을 정확하게 물어본다. 단독주택에 살아보지 않은 경우 갤러리 같은 집을 만들기 위해 크고 넓은 공간이나 대형 창문을 넣고 싶어 한다. 이는 건축가에게 있어 멋진 사진을 남길 기회가 될 수

도 있지만, 그곳에 살아갈 건축주라면 꼭 필요한 공간에 꼭 필요한 창문만 내는 것이 가장 좋다. 어차피 큰 창문은 너무 강한 햇살이나 사생활 보호 때문에 블라인드를 치게 되고 아무리 좋은 창문을 써도 집에서 가장 추운 공간은 창문 근처가 된다. 따라서 건축가가 이러한 거주성까지 고려해서 창문을 작게 낸다면 오히려 좋은 건축가다. 꼭 보고 싶은 풍경과 창문을 내야 할 부분이 있으면 위치만 말하고 크기와 형태는 건축가의 재량에 맡긴다. 특히 창문은 외관 디자인을 결정하는 큰 부분이기 때문이다.

건축가는 디자인만 결정하는 것이 아니라 집의 기능적인 부분도 설계하므로 이러한 자재와 단열재도 같이 협의하여 선정하는 것이 좋다. 집의 구조재에 관한 부분(목구조로 할 것이냐 콘크리트구조로 할 것이냐)이나 옥상정원 및 테라스를 넣을 것이냐 등은 초반에 미리 결정한다. 이러한 부분들이 건축주 변심으로 중간에 자주 변경된다면 지금까지 설계했던 노력이 허사로 돌아가고 다시 설계해야 한다. 이렇게 되면 기존 설계와 맞지 않게 될 확률이 매우 높아진다. 또한, 건축주는 스케치업(SketchUp) 파일을 건축가에게 받아 스케치업 뷰어로 파일을 직접 돌려가며 검토해 볼 필요가 있다. 설계된 집의 구조를 미리 체험하여 내·외부 구조를 완전히 이해할 수 있기 때문이다.

4-8
설계 용역 계약 시 주의할 점

"우리는 건물을 만들고 그 다음에는 건물이 우리를 모양 지어 갑니다."
― 윈스턴 처칠(Winston Churchill)

보통 건축가의 설계비를 들으면 깜짝 놀라는 경우가 많았는데, 최근 건축주들은 설계비와 설계에 투입되는 인력 및 노동량에 관한 내용을 이해하는 추세다.

설계 용역 계약서에 한 사인

(갑)	성 명	손 창 환		
계약자(을)	상 호	(주)유타건축사사무소	사업자등록번호	106-86-58819
	주 소	서울특별시 광진구 능동 283-4 원광빌딩 4층	전화번호	(02)556-6903
	대표자	김 창 균		
비 고	- 측량, 개발행위허가, 각종 인입비용, 허가수수료 준공검사비 및 세금 제외 임. - 토지담보 대출이 있을 경우 허가 시 '지상권 사용동의서' 첨부 필요함.			

설계비는 처음부터 그만한 목돈을 한꺼번에 내는 것이 아니라 거의 6개월에 걸쳐 나누어 낸다. 설계비의 정산 시기는 상황에 따라 변동될 수 있지만, 일반적으로 처음 설계 용역 계약 시 30%, 건축 허가 완료 시 40%, 사용 승인 완료 시 30%를 낸다. 이때 전체 설계비에 대한 부가세는 별도이므로 부가세 10%를 매번 정산 시 함께 내면 된다.

    설계 계약 업무의 범위는 허가까지 함께 진행하는지, 허가 관련 도면 및 모형과 중간 도면들을 같이 납품하는지를 확인할 필요가 있다. 일반적으로 건축사사무소에서는 디자인 설계와 허가까지 함께 진행하는, 아래와 같은 업무 범위를 계약한다.

1. 기획 업무
2. 건축 설계 업무 (건축, 인테리어, 기계, 전기, 통신, 소방, 구조)
  - 계획설계 (단계별 도면, 모형)
  - 중간설계 (단계별 도면, 모형)
  - 실시설계 (시공용 도면 3부)
  - 인·허가 업무
3. 사후 설계 관리 업무
4. 공사 감리 (법정 감리 기본 업무)
  - 디자인 감리
  - 주요 공정의 확인 점검 및 승인
5. 사용승인 (준공 검사 비용은 별도. 다만 사전 준공 검사 비용은 건축사사무소가 부담)

여기서 디자인 감리에 대한 부분이 포함되는지 체크해야 한다. 보통 감리 비용은 400만~500만원 정도이고, 현장까지 거리가 있는 경우 이동 및 출장비 포함 여부를 확인하여 조율하면 된다. 특히 디자인에 대한 감리는 설계 의도가 중요하므로 설계한 사람에게 의뢰하는 것이 좋다. 감리를 해야 설계대로 된 집이 제대로 시공될 수 있으므로, 감리는 반드시 포함하도록 한다.

마지막 부분의 '준공 검사 비용'은 처음 준공 검사 비용이 아닌 준공 특검 때 보완 사항이 나올 경우 다시 검사가 나오는데, 이때의 비용을 말하는 것이다. 보통 20만~40만원이며 한 번에 준공이 통과되면 가장 좋고, 때로는 보완하여 사진만 제출하는 정도로 끝나는 경우도 있다. 특히 난간이 1.2m 이상이어야 하는데 그렇지 못한 경우가 많이 지적된다고 한다.

이렇게 디자인뿐만 아니라 착공할 수 있도록 허락 받는 건축 허가와 시공이 완료된 후 집을 사용할 수 있도록 승낙 받는 사용승인까지, 완전히 깔끔하게 마무리가 되는 계약을 해야 나라에서 재산 및 거주 건물로 인정하는 조건을 충족하는 집을 지을 수 있다.

4-9
3D로 보는 건축 설계의 진행 단계

1) 대지에 맞는 외관을 앉혀 본다.

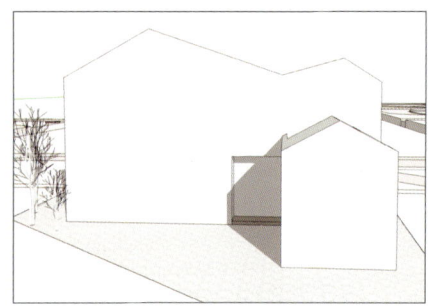 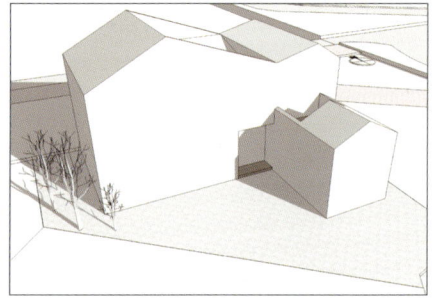

건물의 외관 매스

2) 지붕 모양 및 외관에 따른 주변 건물 간의 시간대별 햇빛 간섭을 확인한다.

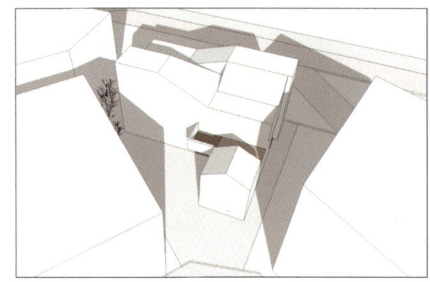 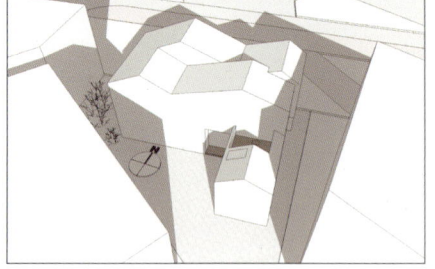

건물의 주변과 햇빛 시뮬레이션

3) 건물 내부 구조의 배치와 높이를 확인한다.

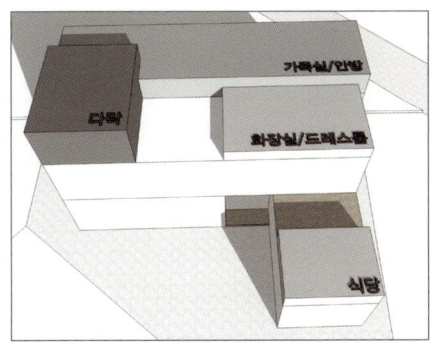 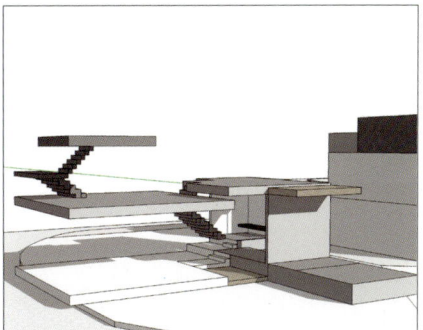

건물 각 방의 배치와 높이 확인

4) 건물의 창과 내부 배치 후 최종 지붕의 모양을 결정한다.

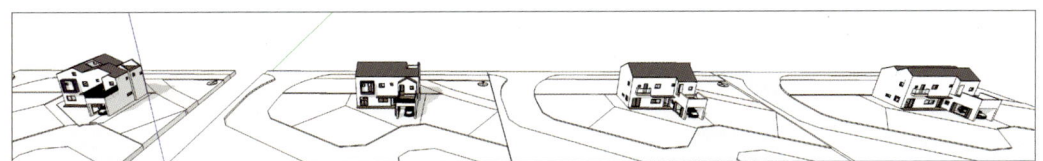

다른 지붕 타입의 건물 외관과 내부 확인

5) 세부적인 외관 변경과 지붕 형태에 따른 태양광 패널의 배치를 확인한다.

 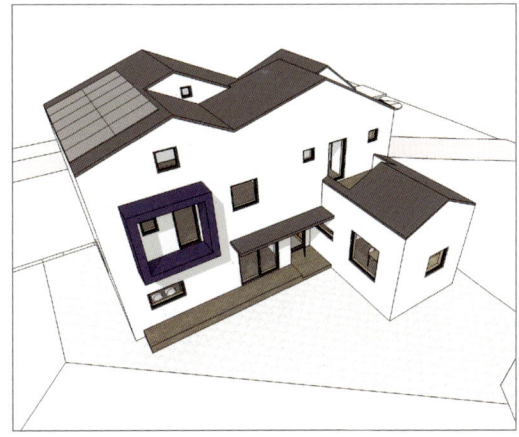

외관 세부 디테일의 차이점과 태양광 패널의 배치

6) 내부 인테리어 디테일을 구성하고 확정한다.

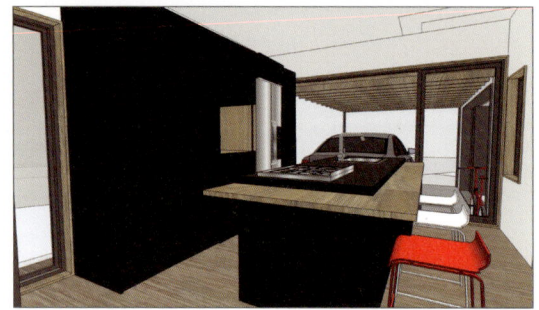

각 공간별 세부 인테리어 설계

7) 최종 외부 재료 및 외관 사항을 결정한다.

최종 외장 선택 및 창과 테라스 등의 외부에서 본 형태

5장

나는 왜 집을 지으며 선택하는 것을 힘들어 했는가

실전 경험을 통해
얻는 명쾌한
선택을 하는 비법

"끝까지 잘 생각하라. 처음부터 끝을 염두에 두라."
― 레오나르도 다 빈치(Leonardo da Vinci)

"나쁜 책이라면 덮어버리면 된다. 엉터리 음악도 안 들으면 그만이다. 하지만 당신 집 맞은편에 서 있는 추한 고층건물을 피할 도리는 없다."
― 렌조 피아노(Renzo Piano)

5-1
한번 시작하면 되돌릴 수 없는 선택
(건축주 고질병 : 선택 장애 해결법)

설계 과정에서 건축주는 다양한 선택의 갈림길에 서게 된다. 구조는 무엇으로 할 것인지, 옥상을 만들 것인지, 외장재는 어떻게 할 것인지 등등. 그중 가장 큰 선택은 '집을 정말 지을 것인가'이다. 땅을 사고 설계가 끝난 상황에서도 내가 가진 돈으로 이것 밖에 못 짓나 싶을 때, 여기서 시공사와 계약하면 무조건 집을 짓는 것이라 마지막으로 한 번 더 생각해 보는 시기가 온다. 이에 대한 고민을 해결하는 방법이 바로 초심으로 돌아가는 것이다. 내가 왜 집을 지으려 했는지 다시 원점으로 돌아가서 생각해 본다. 여기까지 오는 과정에서 여러 사람의 말에 현혹되어 많은 것들이 변했을 수 있다. 따라서 이 시점에서는 과연 내가 지으려고 했던 집이 이 집인지를 우리 가족만 놓고 따져 본다. 이때 내가 생각했던 집이 아니라면 과감하게 원점으로 돌아가 불필요한 부분을 줄이고 제대로 된 시공비로 제대로 된 집을 지어야 한다. 이 과정을 겪지 않으려면 건축주가 처음부터 올바른 선택을 하는 것이 중요하다.

건축주는 단 두 가지 일만 하면 된다. 바로 '예산 집행'과 '확실한 선택'이다. 선택이 번복되는 일만큼 건축가와 시공자가 힘들어지는 것도 없다. 지금까지 했던 일이 수포로 돌아가고 다시 시작해야 하기 때문이다. 이는 진행이 많이 되었을수록 되돌리기 어렵고 비용도 더 발생한다. 물론 이 비용도 건축주의 몫이다. 건축주는 경험이 없으니 쉽게 선택하기 어렵다. 따라서 이 같은 고민을 직접 했고, 그렇게 지어진 집에 살고 있는 입장에서 예비 건축주의 선택에 도움이 확실히 될 수 있는 살아있는 정보를 공개한다.

내부 배치도에 대한 선택 잘하는 법

한번 지으면 그대로 살아야 한다. 건축주가 가장 무서워하는 말이다. 장난감 집은 언제든지 부수고 구조를 바꿔 다시 지을 수 있지만, 현실의 집은 선택한 배치대로 살게 된다. 이를 잘못 정하면, 불편한 동선과 위치에서 계속 스트레스를 받는 집이 되고 만다. 특히 거주하면서 내부 구조를 변경하거나 주방, 화장실 등의 위치를 바꾸는 것은 매우 어렵다. 각종 배관 공사도 함께 이루어져야 하기 때문이다.

기본적인 외관의 모습, 현관과 거실, 주방 등 각 실의 위치, 창문의 방향과 위치 등은 설계자가 해당 땅과 가족에게서 전달받은 요구사항을 토대로 구성해준다. 이에 대해 건축주는 설계 중간 과정에서 나온 평면도 등의 결과물을 보고 정확히 이해하고 이상한 부분은 정리하여 문의해야 한다. 이때 건축주에게 가장 필요한 작업은 자신이 이 공간에서 생활한다 생각하고 최대한 가족 구성원 모두가 함께 시간대별로 직접 시뮬레이션해보는 것이다. 예를 들면 아침에 일어나서 씻고, 옷장에서 옷을 꺼내 입고, 식사를 준비해 먹고, 현관으로 나가고, 집에 돌아와 빨래하고, 빨래를 옮겨 정리하고 등등. 스케치업 뷰어를 통해 실제로 3D 공간에서 움직여보며 미리 경험해본다. 이렇게 하면 가족 구성원에게 맞는 동선을 찾을 수 있다. 심지어 창문과 방문 여는 방식, 가스레인지를 사용했을 때의 음식 냄새, 현관의 높낮이와 계단의 여부 등 모든 곳을 돌아다니며 직접 사용한다 생각하고 꼼꼼히 점검한다. 그래야 나중에 '이 부분은 이렇게 할걸'하는 후회가 없다. 또한, 망설이지 말고 처음부터 건축가에게 잘 전달해야 나중에 서로 만족하는 결과물이 나온다. 즉, 이러한 부분을 정확히 기록하고 문의와 요구사항을 정리해 메일로 주고받는다. 그러면 이후 실제 도면을 보며 반영이 잘 되었는지를 하나하나 체크할 수 있다.

내부 구조에 관해 건축가에게 보냈던 메일을 첨부한다.

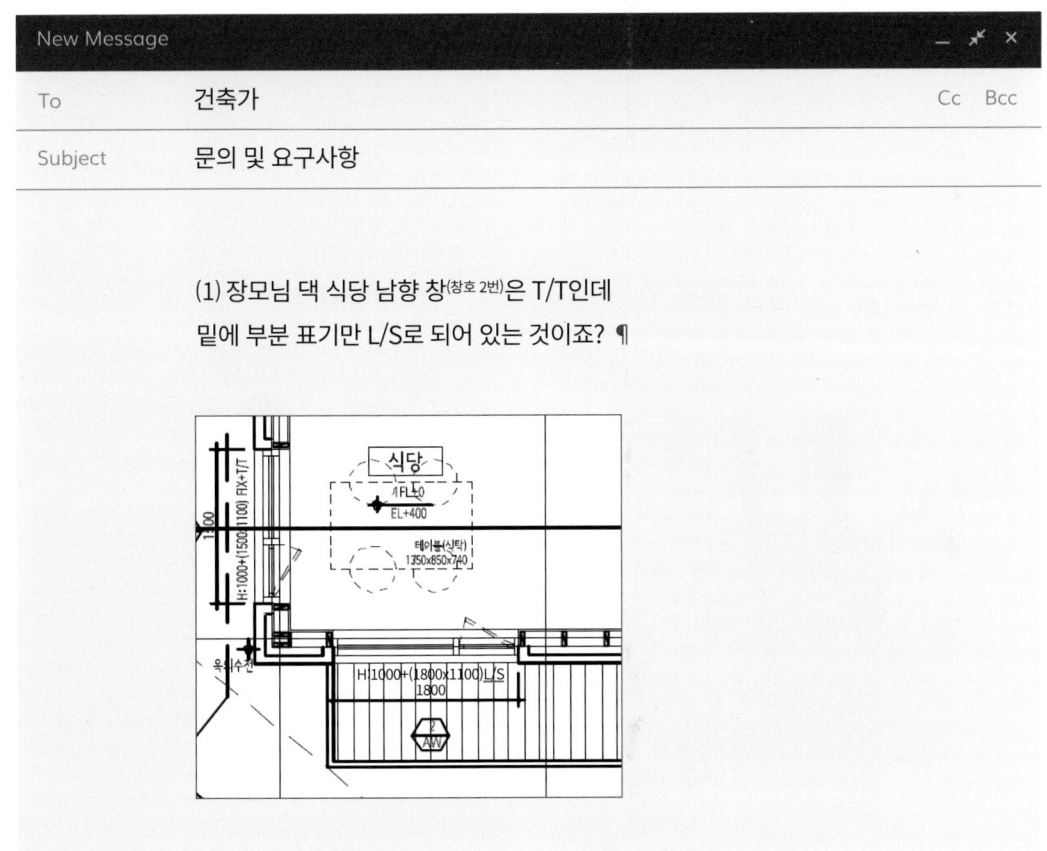

(2) 장모님 댁 주방은 아래와 같이 부탁드립니다.

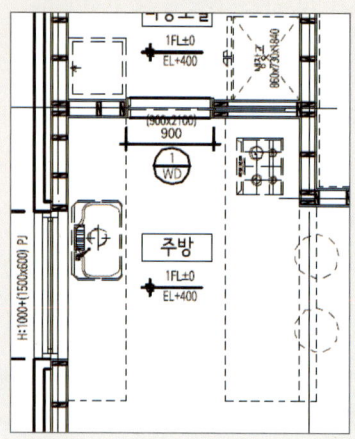

(3) 슬라이딩 도어 위치를 멀티룸 안쪽으로 이동하여 문을 닫아 놓고 있더라도 아래와 같이 멀티룸에서 계단으로 올라갈 공간이 있으면 합니다.

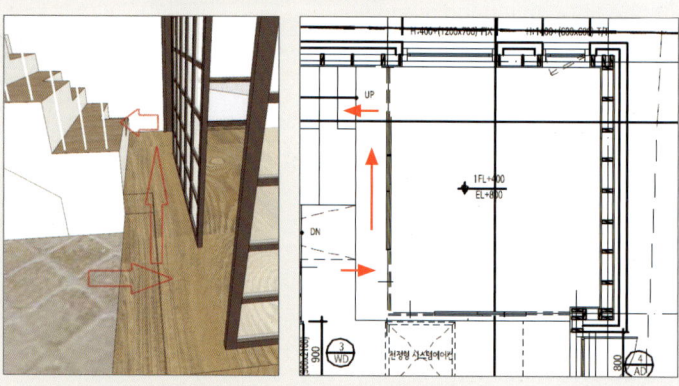

(4) 차고에서 들어오는 문은 아래와 같이 안쪽으로 열리는 것이 가능할지요?
차를 가운데 세우면 가족들도 차고에서 내릴 수 있을 듯한데,
이때 문을 바깥쪽으로 열 수 없을 것 같아 안쪽으로 여는 도어로 하고 싶습니다.
안쪽으로 여는 도어(필로브 턴 도어?)로 할 경우
문제되는 단점이 있는지요?(단열이나, 번호키 잠금, 동선 등)

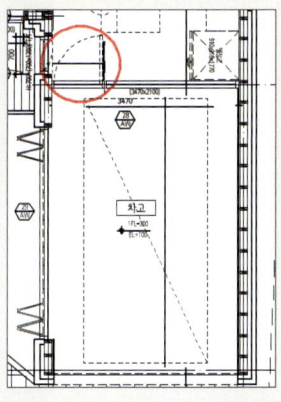

(5) 부부 집 주방에서 밖으로 나가는 부분에 지면으로 내려가는
계단 반영 부탁드립니다. 기초할 때 같이 만들어 두는 것이 좋을까요?

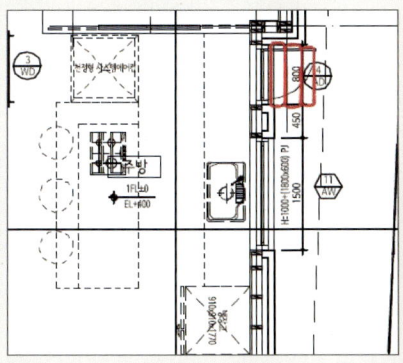 

(6) 2층 부부 안방의 21번 열리는 창호도 T/T로 부탁드립니다.

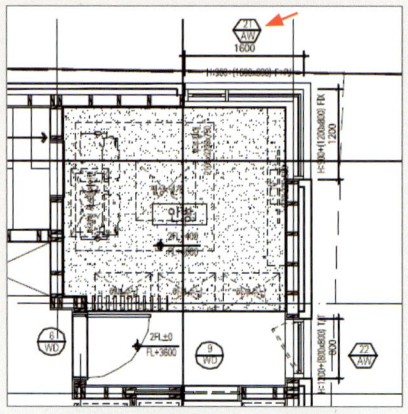

(7) 서재와 드레스룸 부분

①번 부분 도어는 포켓 도어로 부탁드립니다.

②번 부분 드레스룸에도 포켓 도어 부탁드립니다.

③번 부분에도 세탁실을 가릴 만한 폴딩 형태의 도어 부탁드립니다.

서재에도 시스템 에어컨을 아래 서재 창문 쪽 빨간 사각형에 반영 부탁드립니다.

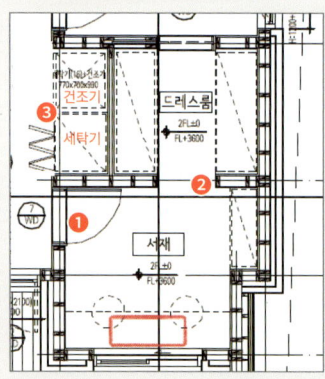

(8) 세탁기와 건조기 배치

건조기는 LG에서 올해 5월에 새로 출시된 전기 건조기(모델명 RH8WA)를 사용할 예정입니다. 가스 배관, 환기 배관 필요 없이 전기 코드만 꽂으면 되므로 설치가 자유롭다고 합니다(물은 트레이에서 직접 비우는 방식). 따라서 가스 배관, 환기 배관 설치 걱정을 안 해도 되겠습니다. 또한, 세탁기와 건조기 배치는 아래와 같이 병렬로(가로로) 할 예정입니다.
아래 도면처럼 화장실 문과 가까운 쪽에 세탁기를 배치하기를 원합니다.

(수도 배관 표기는 따로 없어도 되는지요?)

전기 건조기 모델과 사이즈는 아래와 같습니다. *모델명 : RH8WA* ¶

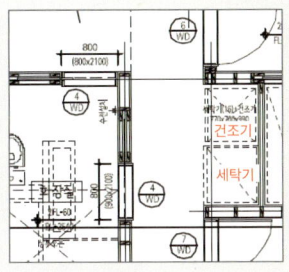 

(9) 아래쪽 아이 방 프로젝트 창호는 T/T로 할 경우 위험요소가 큰 지요?

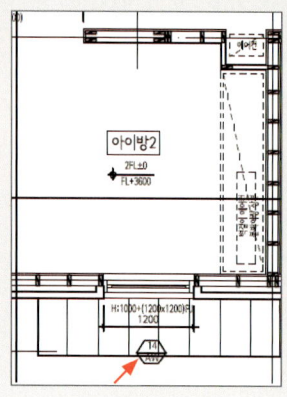

(10) 아이 방쪽 아래는 말씀해주신 대로 벙커 침대가 가능할지요?
폭이 좁고 긴 T/T 창이 있어 가능할지 의견 부탁드립니다.
아래 구멍 부분도 포켓 도어 반영 부탁드립니다.

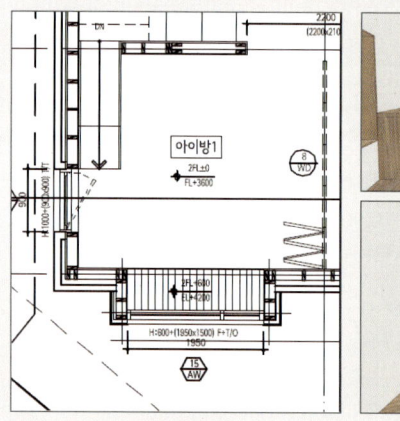 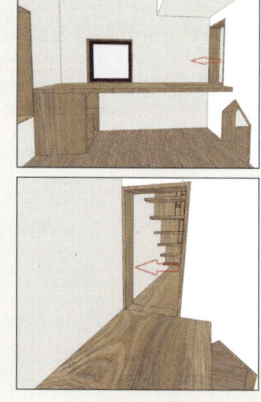

(11) ① 2층에서 베란다로 나오는 부분의 옆면의 재료는 어떻게 될 예정인지 궁금합니다. ② 베란다의 반개구쌓기 벽체가 시작되는 부분은 ①번 벽체와 왜 띄워져 있는지 궁금합니다.

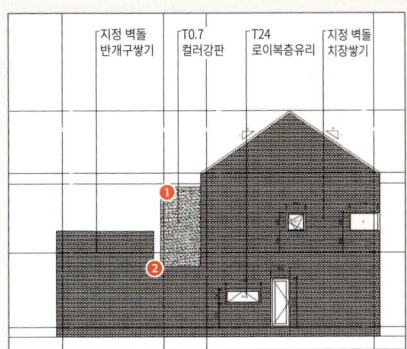 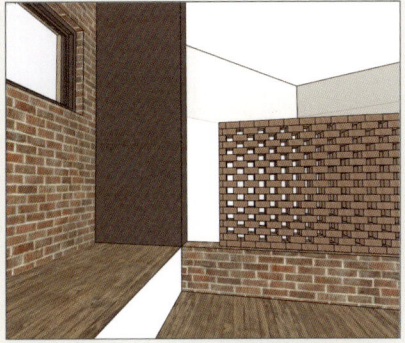

(12) 옥상 부분의 벽면과 천장 부분은 현재 도면은 아무것도 없는 것으로 되어 있는데 이 부분은 어떻게 진행되고 있는지요? 이전 안으로 주셨던 아래 안도 가능한지요?

(13) 아래 화장실 문들은 목재 도어로도 습기 노출에 괜찮은지요?

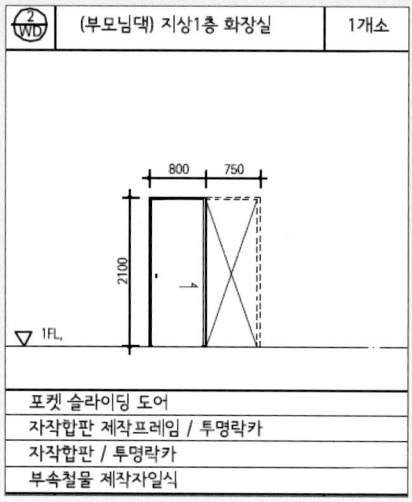

(14) 차고에 세차를 위한 수전은 어디에 위치하는지 반영 부탁드립니다.

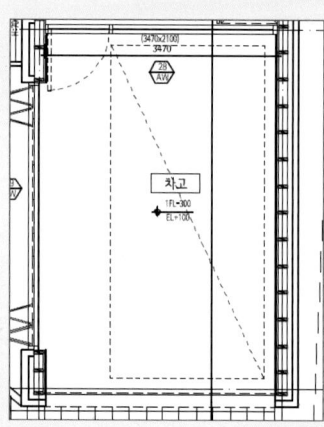

⒂ 부부 집 주방 쪽 에어컨을 아래와 같이 인덕션에서 좀 더 떨어트리는 것이 어떨지요? 음식 연기와 수증기가 에어컨의 냄새에 영향을 줄 지 모르겠습니다.

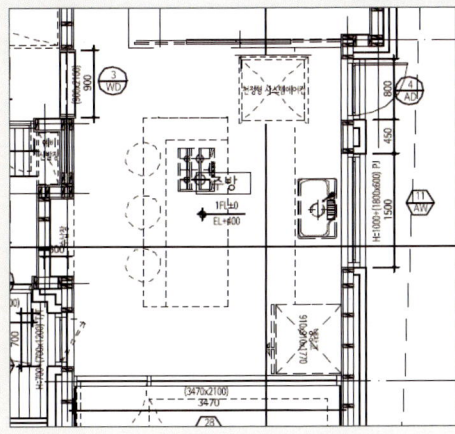

감사합니다.

집의 자재에 대한 선택 잘하는 법

건축주가 저지르는 가장 큰 실수는 자재에 대해서 공부하는 것이다. 특히 단독주택은 춥고 유지비가 많이 나온다는 '~카더라'에 대한 공포 때문이다. 그러면서도 창문을 크고 많이 내려는, 단열과 상반된 것을 원하는 경우가 많다. 건축 자재 업체에서는 패시브하우스에 대한 수치나 수식, 자재에 대한 어려운 용어를 들이대며 건축주를 공부하게 만들고 세뇌시킨다. 이에 쉽게 빠져들어 정작 중요한 '어떠한 집에 살아야하는지'에 대한 초심을 잃게 만들고 건축비를 쓸데없는 데 쓰게 된다.

나 역시 처음엔 집에 대해서 깊이 공부했고 시공사 대표들이 놀랄 정도로 건축 전문 용어나 자재에 대한 지식, 심지어 공사 현장에서 사용되는 현장 용어들을 쓰며 아는 척을 했었다. 그 과정에서 시공사의 반응은 두 가지였다. 불편해하거나 호구를 제대로 만났다는 반응. 불편한 것은 자신이 사용해 보지 않은 새로운 자재를 요구하는 바람에 공정의 순서가 맞지 않고 검증도 되지 않은 자재를 제대로 할 시공팀을 섭외하기도 어려웠기 때문이다. 반면 호구라고 생각한 것은 그에 대한 자재로 대응해주고 건축비를 훨씬 높게 받을 수 있어서였다.

최근 건축 자재 시장이 성장하면서 건축 박람회에서 볼 수 있는 신기한 실험이나 특이한 제품, 또 인터넷 댓글이나 블로그의 화려한 광고에 쉽게 현혹될 수 있다. 예를 들면 몇 년 전에 유행한 열반사단열재를 벽체에 모두 두르면 그 효과에 견줘 고비용이 들어가고 집안에서 휴대폰 전파가 차단되어 불편을 겪게 되는 경우가 있었다. 90%의 성능을 100%로 끌어올리기 위한 고비용을 쓸 필요는 없다. 가족을 볼모로 새로운 자재의 부작용을 감당할 실험 대상이 될 이유가 없기 때문이다.

평균적인 자재로 지어지는 목조주택의 경우 외단열을 하지 않는 웬만한 콘크리트 아파트보다 훨씬 따뜻하고 경제적이다. 따라서 새로 나온 좋은 고가의 자재를 쓰지 않았다고 불안해하지 않아도 된다. 건축 자재는 전자제품과 달리 새로운 것보다 익숙하고 좋은 품질의 제품을 제대로 시공하는 것이 더 중요하다. 물론 그 자재를 인증할 수 있는 가장 정확한 방법은 **실제로 그러한 자재를 쓴 집에 살고 있는 사람의 이야기를 들어보는 것이다.** 건축가도, 시공자도, 판매하는 사람도 그 자재로 만든 집에 살아보지 않았다. **체험에서 나오는 경험담이 살아있는 최고의 지식이다.** 건축 자재는 여러 계절을 경험하며 오랜 시간 동안 겪어봐야 그 성능을 알 수 있다.

단순한 실험치나 수치를 너무 맹신하지 않는 것이 좋다. 예를 들면 창호의 열관류율 값이 높아야 한다며 이론과 데이터 그리고 시험성적서와 단면도를 놓고 열심히 설명하지만, 그 값이 실제 시공되는 창호의 열관류율 값과 같다는 보장이 없다. 설치할 때의 방수 및 기밀 시공이 더욱 중요하므로 해당 시공사(또는 시공팀)가 어디인지를 따져봐야 한다. 같은 재료도 누가 어떻게 쓰느냐에 따라 달라지기 때문이다.

단열재는 국토교통부에서 고시한 해당 지역별 단열재 등급과 두께의 기준에 맞게 사용하면 별다른 문제가 없다. 이 국토교통부의 기준은 계속해서 올라가고 있기 때문에 이 부분만 지켜져도 에너지를 적게 사용하며 생활할 수 있는 집을 지을 수 있다.

집을 짓다보면 구조재, 지붕재, 창호, 외장재, 인테리어 내장재, 주방 가구 재료, 가구, 가전 등 다양한 것을 선택해야 하는데, 모든 것을 전문가 수준으로 검토하기에는 시간도 부족하고 힘도 많이 든다. 따라서 자신의 예산 및 스타일에 따라 빠르고 명쾌하고 후회 없는 선택을 해야 한다. 단독주택 기준에서 필요한 것들과 불필요한 것들이 분명히 있으니 지금 선택의 갈림길에 서 있다면 다음 장에 기록된 해당 특징과 장단점을 보고 파악해본다.

5-2
구조 선택 잘하는 법
(목조주택의 생소함과
건축주 입장에서의 장단점)

목조주택 vs 철근콘크리트주택

보통 '목조주택', '철근콘크리트주택', '스틸하우스'라고 일컬을 때는 모두 집의 뼈대인 구조가 무엇으로 되어 있는지를 명시하는 것이다. 최근의 집들은 외관만 보아서는 어떤 구조의 집인지 알기 어렵다. 예를 들어, 외장이 벽돌이라 하더라도 요즘에는 조적식 구조로 단독주택을 짓는 경우가 거의 없기 때문에 뼈대는 목구조나 철근콘크리트구조일 가능성이 높다. 즉, 벽돌을 잘라서 외벽에 붙이거나 외부를 바닥에서부터 벽돌로 한 겹 더 쌓은 것이다.

    보통 아파트에서 많이 살아왔기에 주택에서도 철근콘크리트구조가 익숙하지만, 최근 목조주택 등 다른 공법의 시공업체가 많이 늘어나 보급이 활성화되었고 인식이 보편화되고 있다. 그렇다면 건축주 입장에서는 어떤 구조를 선택해야 할지 알아보자.

1) 규모에 따라 어떠한 구조의 주택이 더 유리한가?

결론부터 이야기하면 2층 이하의 20~60평대 단독주택은 경량목구조로 짓고, 70평 이상 또는 3층 이상의 규모거나 창이 크게 뚫린 대형 공간, 둥글거나 많이 꺾인 벽체, 넓은 필로티 공간 등과 같이 디자인적으로 한껏 힘을 준 주택은 철근콘크리트구조로 짓는 것이 합리적이다. 그러므로 상업시설이 아닌 2층 규모 단독주택이라면 대부분 목구조를 추천한다. 그 이유는 철근콘크리트는 장비가 많이 들어와야 해 시공 기간이 길어지고 그만큼 인건비도 많이 들어 20~60평의 단독주택 규모에서는 단가도 오른다. 또한, 철근콘크리트로 경량목구조와 같은 단열 성능을 내려면 벽체가 두꺼워져 60평 정도 규모의 경우 3평 정도가 줄어든다. 따라서 갤러리 같은 공간을 만들 것이 아니라면 철근콘크리트보다 단열이 좋고 내부 공간도 효율적인 경량목구조주택이 가격대비 나을 수 있다.

2) 목조주택과 철근콘크리트주택의 시공비는 얼마나 차이 나는가?

잘 지어진 단독주택의 경우 경량목구조로는 평당 500만~800만원, 철근콘크리트구조로는 평당 500만~1,000만원 정도 든다. 경량목구조로 평당 350만원이라는 곳은 결국 이것저것 붙으면 정산할 때 500만원이 넘게 되는 경우가 허다하다. 그렇지 않다 하더라도 자재가 의심되므로 평균적으로 500만원 이상이라 생각해야 정신 건강에 좋고 집도 제대로 시공된다.

3) 구조는 언제 정해야 하는가?

구조 선택에 따라 설계 도면이 달라지므로 설계 초반 미리 결정하는 것이 좋다.

4) 목조주택을 보통 경량목구조라고 하는 이유는 무엇인가?

보통 목조주택, 목구조주택이라고 하는 것은 일반적으로 미국에서 많이 짓는 경량목구조주택이 대부분이다. 콘크리트 기초에 목재로 골조를 세우고 그 사이사이를 단열재로 채운 것이다. 이외 일본식 중목구조, 팀버프레임, 로그하우스,

경량목구조에서 골조가 올라가고 있는 모습과 골조 사이가 단열재인 그라스울로 채워진 모습 – 이때는 현장에 가보면 멀리서부터 좋은 나무 냄새가 난다.

벽돌 외장재가 마무리 된 모습 – 외관만 보면 경량목구조인지 콘크리트주택인지 알기 어렵다.

통나무집 등이 있다. 경량목구조의 골조로 사용되는 자재는 전량 캐나다 등지에서 2등급 목재를 수입한다. 2등급 정도의 목재라면 옹이 또는 패인 부분이 일부 있지만, 목구조가 인테리어에서 드러나는 것이 아니므로 2등급으로도 충분히 구조의 역할을 한다. 구조 보강이 더 필요한 경우엔 공학용 목재나 기타 연결 철물로 보강한다.

5) 목조주택에서는 7~8m 이상 이어진 넓은 거실이 불가능한가?

이는 글루램(Glulam) 또는 패럴램(PSL, Parallel Stand Lumber)이라고 하는 공학용 목재로 구조를 보강하면 가능하다(철근콘크리트라도 넓은 공간 중간에 기둥이 있는 것을 볼 수 있는데, 이런 기둥으로 보강이 필요하다). 전체가 트인 공간을 만들고 싶은데 철근콘크리트가 싫다면 중목구조로 지으면 된다. 경량목구조는 얇은 벽체가 사람의 갈비뼈처럼 겹겹이 있고, 중목구조는 한옥과 같이 굵은 기둥으로 골조가 되어 있다. 따라서 천장이 높거나 넓게 트인 공간을 만들기 좋고 경량목구조에 비해 틀어짐이 덜하다. 국내에 시공하는 중목구조는 대부분 일본 공장에서 건물에 맞게 나무를 컴퓨터 재단해 들여와 우리나라에서는 조립만 하면 되는 시스템이다. 따라서 시공 기간은 짧지만, 일본에 주문하고 공장에서 제작하는 기간을 합치면 시간은 경량목구조와 비슷하다. 중목구조는 구조를 버티는 힘이 강해 벽체가 경량목구조보다도 얇아 공간이 더 넓어지지만, 시공 중간에 창을 더 내는 등의 구조 변경이 어렵다. 또한, 전체 시공비가 경량목구조와 비교해 4천만~5천만원 더 상승될 수 있다.

6) 목조주택과 철근콘크리트주택의 시공 기간은 얼마나 걸리는가?

일반적으로 40~50평대의 목조주택은 3~4개월, 철근콘크리트주택은 5~6개월 소요된다. 그러나 중간에 악천후가 끼거나 자재 수급이 어려워지면 더 늦춰질 수 있다. 기간이 길어지는 가장 큰 요인은 건축주의 변심이나 늦은 변경사항 요청 및 추가 시공이므로 최대한 설계 때 모든 사항을 검토하여 자재의 종류까지 확정 짓는다.

좋은 시공팀과 함께 작업하고 꼼꼼하게 시공되기 위해서는 일정을 너무 급하게 잡지 말고 여유 있게 정하는 것이 건축주가 중간중간 체크하기도 좋다. 집이란 골조부터 단열재와 인테리어까지 모두 꼼꼼히 시공되어야 하므로 시공자들이 시간에 쫓겨서 일하지 않는 것이 중요하다.

7) 목조주택과 철근콘크리트주택은 언제 시공하는 것이 좋은가?

경량목구조 또는 중목구조의 경우 골조를 세우는 기간 동안 비를 며칠 정도 맞는 것은 괜찮으나 많은 비가 집중적으로 내리는 장마 기간에는 조심해야 한다. 철근콘크리트의 경우 틀을 세우고 콘크리트를 붓고 굳히는 것을 '양생'이라고 하는데, 한겨울에는 얼 수도 있어 공사가 어렵다. 앞서 단독주택이 수제 작품이라고 말했듯이 인부들도 사람이므로 너무 덥거나 추운 상황에서는 시공하기 쉽지 않다. 따라서 시공이 가장 많이 시작되는 달은 골조를 올릴 때 날씨가 좋은 2월이나 9월이다. 그런데 이 시기는 시공이 가장 많이 몰리기도 하므로, 이때 착공되어야 한다면 미리 시공사와 연락해 예상 시공 일정을 말해둔다.

8) 목조주택은 화재나 지진에 취약하지 않은가?

목조주택이나 철근콘크리트주택에서 불이 먼저 붙는 곳은 인테리어 자재와 석고보드이다. 어차피 불이 나면 골조와 자재가 얼마나 불에 견뎌 주느냐가 중요한데, 열에 따라 다르겠지만 목구조도 보통 석고보드가 1~2시간을 버틴다고 한다. 또한, 화재 시 목구조에 사용되는 단열재인 그라스울은 난연재로 불에 잘 타지 않으며 유독가스를 배출하지 않는다. 뿐만 아니라 전소되지 않고 일부만 불에 타 진압된 경우 리모델링하고 보강하기는 목구조가 더 편하다.

9) 목조주택에서도 평지붕이나 옥상을 사용하는 것이 가능한가?

지상에서 보았을 때 안 보이게 경사를 줘 목조주택에서도 평지붕의 느낌을 살릴 수 있다. 또한, 5평 미만 정도는 실제 지붕으로 방수 및 물길 처리하고 그 위에 테라스를 만드는 식으로 옥상에 데크를 사용할 수 있다. 우리 집 역시 그렇게 시공되어 외부 테라스와 옥상을 사용 중이다. 중목구조는 전체 구조의 틀어짐이 적어서 테라스를 좀 더 크게 만드는 경우도 있다. 그러나 넓은 옥상을 만들고 싶다면 목구조보단 철근콘크리트구조로 해야 한다. 다만 이 경우 얼마나 자주 사용할 것인지 옥상의 활용성을 잘 검토해보는 것이 좋다.

10) 목조주택과 철근콘크리트주택 외에 다른 구조의 집은 어떤가?

대표적으로 '스틸하우스'가 있다. 스틸 내부에 단열재를 채우지만, 중부지방 정도의 날씨와 바닥 난방, 벽지를 사용하는 우리나라 주거문화에는 맞기 어려운 구조 공법이다. 게다가 철의 가격이 상승하면서 비용도 저렴하지 않아 최근에는 인기가 주춤하다.

'ALC 주택'은 ALC 블록을 쌓아 올려서 만드는 구조이다. 단가가 저렴하고 건축 기간이 짧지만, 습기에 취약하고 무거운 마감재를 쓰지 못하는 등 외장재 선택이 한정적이다.

5-3
지붕 선택 잘하는 법

지붕에서 건축주의 가장 큰 고민은 자재뿐만 아니라 평지붕으로 하여 옥상 전체를 넓게 사용할 것인가, 그렇지 않으면 경사지붕으로 하여 관리를 편하게 할 것인가이다.

평지붕(옥상) vs 경사지붕

보통 단독주택의 로망 중 하나가 친구들을 불러 옥상에서 바비큐 파티를 하는 것이다. 특히 판교와 같이 땅값이 비싸면 마당이 넓지 않으므로 지하를 파거나 옥상을 활용하려는 경우가 많다. 그러나 이 옥상에 대한 관리성을 잘 생각해 볼 필요가 있다. 나 역시도 르 꼬르뷔제의 현대 건축의 5대 요소인 옥상정원을 직접 경험해 보곤 옥상정원을 위해 목구조 대신 철근콘크리트구조로 가야 할지 깊은 고민을 했었다. 하지만 내가 내린 결론은 옥상은 오픈카와 같다는 것이다. 오픈카 뚜껑을 열고 도로를 달릴 수 있는 날씨와 온도가 적당한 날이 그리 많지 않듯, 옥상도 생각보다 자주 올라가게 되지 않는다. 물론 루프탑 파티를 여는 등 자주 사용할 것이라면 옥상이 있는 것이 좋지만, 대신 자주 관리해줘야 하고 손이 많이 가는 점은 염두에 둬야 한다.

특히 평지붕 옥상은 꼼꼼한 방수 및 관리가 필요하다. 옥상이 시공된 주택단지에서 지붕 보수 회사만 운영해도 먹고 산다고 할 만큼 옥상 관리는 손이 많이 간다. 보통 건물 옥상에 가면 녹색으로 페인트가 발라져 있는데 이것이 우레탄 방수이다. 이렇게 방수 처리를 해도 태양에 의해 점점 분해되고 갈라질 수 있어 주기적으로 보수해주어야 한다. 또한, 주변에 나무들이 있다면 옥상에 온갖 나뭇잎과 먼지가 쌓이고 이것들이 비에 노출되면 쉽게 지저분해진다. 이물질들이 빗물 내려가는 배관의 입구에 끼게 되면 막히거나 겨울에 얼어 누수가 생길 수도 있다. 특히 목조주택의 경우 방수가 깨져 누수가 생기면 구조에 좋지 않으므로 지붕 전체를 옥상정원으로 쓰기 어렵다. 아이가 어린 경우 옥상에서 시간을 보내기가 쉽지 않고 마당 공간이 5~10평 정도 나온다면 굳이 넓은 옥상을 둘 필요가 없다. 그래도 결론을 내리기 쉽지 않다면 다음 표를 참조하여 스스로 점수를 매겨본다. 먼저 옥상과 경사지붕의 각각의 장단점을 놓고 나의 상황으로 고려해 10점 만점으로 장점이 있는 쪽에 더 높은 점수를 주어 총점을 비교해 보았다.

각 요소에 대한 설명은 다음과 같다.

▶ **공간 증대 및 활용성** : 옥상을 쓰면 사용 가능한 공간이 많지만, 활용성은 높지 않다.

▶ **지붕 및 천창 청소 용이성** : 지붕이 더러워졌거나 특히 태양광 또는 천창을 청소하기 쉽다. 다만 천창은 평평한 고가의 제품을 쓰고 방수에 더 신경 써야 한다.

▶ **단열성** : 옥상은 바로 골조가 드러나 있으므로 단열에 매우 취약하다. 단열을 증대시키려면 옥상정원 전용 가벼운 흙을 깔고 잔디를 심어 정원을 만들면 단열층이 생긴다. 그러나 이 경우 비용과 관리에 대한 약점이 생긴다.

경사지붕은 이중 지붕으로 하여 단열성을 더 높일 수 있다.

▶ **비용 절약성** : 경사지붕은 목조주택으로 구현하기 좋고 전체 공간이 넓어 보이고 비용도 절감된다.

▶ **쾌적성** : 날씨가 좋은 날 옥상에 나왔을 때의 쾌적함이 있고 지상에서 보지 못하는 좋은 경치를 볼 수 있다.

▶ **건물 높이 및 미관** : 옥상은 난간이 높이 올라가야 하므로 미관상 호불호가 갈릴 수 있다. 경사지붕도 형태에 따라 미관을 해칠 수 있다.

▶ **관리 용이성** : 옥상은 주기적인 보수와 바닥 및 배관 입구 청소가 필요하다. 경사지붕은 빗물받이 입구 쪽 주의가 필요하지만, 청소와 관리는 크게 신경 쓰지 않아도 된다.

이러한 것을 토대로 나의 상황에 맞추어 점수를 매겨 보니 아래와 같았다.

	옥상	경사 지붕
공간 증대 및 활용성	7	4
지붕 및 천창 청소 용이성	8	1
단열성	3	8
비용	4	8
쾌적성	7	0
건물 높이 및 미관	5	7
관리 용이성	1	9
총점	**35**	**37**

총점에서 경사지붕이 2점 높게 나오게 되었다. 따라서 목조주택에 경사지붕으로 마음을 굳혔다. 사실 총점이 크게 차이 나지 않은 상황에서 한

쪽으로 기우니 건축주 입장에서는 아쉬움이 남았다. 이후 목조주택도 빗물 처리와 방수 공사만 제대로 한다면 4평 내외의 공간에 옥상을 만드는 것이 가능하다고 하여 설계 때 옥상을 반영했다. 옥상이 작아 관리에 부담을 덜었고 빼어난 주변 경관을 볼 수 있어 만족스럽다.

옥상 테라스 실사례 : 넓지는 않지만, 가끔 올라와 주변 경관을 감상하기 좋다.

지붕의 자재

스페니쉬 기와 vs 아스팔트싱글 vs 세라믹사이딩 vs 징크 or 리얼 징크

순서대로(시계방향) 스페니쉬 기와, 아스팔트싱글, 리얼 징크, 세라믹사이딩

위 이미지는 지붕의 자재 중 가장 많이 사용되는 것들이다. 사실 지붕 자재는 집의 디자인에 크게 영향을 미치는 요소이므로 집의 전체 콘셉트에 따라 나눠질 수 있다.

　스페니쉬 기와는 최근 트렌드로 설계되는 집에는 거의 사용되지 않다보니 건축가에게 설계를 맡긴 경우 사용이 극히 드물다. 아스팔트싱글은 단열성이 좋고 가장 저렴하며 보수도 쉽지만, 수명이 10~15년 정도이다. 지붕의 각과 건물의 높이를 조절하면 지붕의 재료가 보이지 않아 굳이 비싼 재료를 사용하지 않고자 할 때 아스팔트싱글이 채택되기도 한다. 벽체 외장재를 세라믹사이딩으로 했을 때 지붕도 함께 사용하는 경우가 있다. 가격대가 높은 편이고 많이 사용하는 자재는 아니다.

최근 가장 인기 있는 지붕재가 징크 또는 리얼 징크이다. 수명도 100년가량 되고 내구성도 좋지만, 가격이 너무 고가인 치명적인 단점이 있다. 따라서 요즘은 징크와 비슷하게 만든 '리얼 징크'라는 컬러강판이 선호된다. 얇지만 꺾는 면과 접는 부분의 각을 잘 맞춰 시공하면 징크와 같이 멋지고 모던한 지붕 느낌을 낼 수 있고 기능성에도 큰 문제가 없다. 최근에는 이러한 컬러강판보다 수명이 1.5배 길다는 대기업(철강으로 유명한) 제품도 나와 있는데, 개별 단독주택의 경우 색상이 진한 회색으로 고정되어 선택되지 못한다.

이 지붕재의 단점은 금속이라 자체 단열성이 약하다는 것이다. 이는 목조주택의 경우 '웜루프(Warm roof)'라고 하는 이중 지붕으로 두 겹 시공하고 지붕 골조에 고밀도 단열재를 사용하면 보완이 된다. 또한, 비가 올 때 지붕 면에 비가 맞는 소리가 날 수 있는데 이는 징크로 마감하기 전 멤브레인(Membrane)이라는 자재를 깔아 보완할 수 있다.

컬러강판 지붕 밑에 시공되는 멤브레인 – 결로수 배출, 소음 방지, 환기 등의 효과가 있다.

위를 종합해 보면 스터코나 벽돌과도 잘 어울리고 **가격대비 성능도 좋은 컬러강판이 최근 가장 많이 사용되고 추천할 만한 지붕재이다.** 이는 건축가들이 가장 많이 사용하는 지붕재이기도 하다.

5-4
창호 선택 잘하는 법

아무리 성능이 좋은 창호라도 벽체에서 가장 열을 많이 빼앗기는 부분이 바로 창문이다. 최근 단독주택에서는 차음성과 단열성이 뛰어난 '시스템 창호'를 주로 사용한다. 시스템 창호는 예전 아파트에서 주로 쓰던 미닫이식 이중창과는 많은 차이가 있다. 이중창은 흰색의 PVC 프레임에 슬라이딩으로 여는 창호가 두 개 있어 환기하려면 창문 두 개의 잠금장치를 풀고 밀어야 했다. 따라서 여닫는데 특별한 장치가 없다. 일반 이중창에서 창문을 닫아도 외부의 소음·바람이 들어오는 것은 창과 창틀이 완전히 밀폐된 구조가 아니기 때문이다.

　시스템 창호는 창문이 하나뿐이지만, 프레임이 두껍고 마치 금고같이 창을 여닫으며 완전히 밀폐시킨다. 따라서 창틀과 유리 주변의 틀(프로파일)이 매우 복잡한 구조로 되어 있고 그 구조 안에서 열을 끊어주고 소리도 차단하는 장치들이 있다. 즉, 시스템 창호는 이러한 밀폐 시스템을 통해 일반 이중창보다 훨씬 단열성과 기밀성이 뛰어난 것이다.

시스템 창호도 '미국식'과 '독일식'으로 크게 분류되는데, 건축주 입장에서 어떤 것을 사용하는 것이 좋은지 알아보자.

시스템 창호의 전체 틀과 프로파일

미국식 시스템 창호 vs 독일식 시스템 창호

문의 여닫는 방식과 위치에 따라 미국식 시스템 창호와 독일식 시스템 창호로 나뉜다.

미국식 시스템 창호와 독일식 시스템 창호

미국식 시스템 창호는 프레임이 얇고 미닫이나 오르내리기가 대부분이며, 여닫이는 건물 외부 바깥쪽으로 열린다. 가격이 높지 않지만, 단열성이 독일식 창호보다 다소 떨어진다. 독일식 시스템 창호는 여닫이나 환기를 위해 창을 조금만 열 수도, 전체를 열 수도 있는 기능이 같이 들어가 있다. 이 때문에 프레임이 두껍고 손잡이로 여닫을 때 무게감이 느껴진다. 또한, 프레임이 집 안쪽으로 있어 닫았을 때의 밀폐성이 바깥쪽으로 여닫는 미국식보다 더 좋다. 따라서 기능들이 많아 하드웨어가 복잡하고 단열성이 뛰어나나 가격이 더 높다. 다만 안쪽으로 열리기 때문에 여닫는 부분에는 걸리는 것이 없어야 하고, 열어놓았을 때 창호 모서리에 부딪힐 수 있으므로 이를 고려한 위치 선정과 여닫는 방식을 용도에 맞게 선택해야 한다.

독일식 시스템 창호의 여는 방식은 크게 'T/T(Tilt and Turn)', 'T/S(Tilt and Slide)', 'T/O(Tilt Only)', 'L/S(Lift and Slide)'가 있다. 틸트(Tilt)는 기울여서 여는 것으로, 20~30° 정도만 기울어져 고정된다. 주로 지속적인 환기를 하고 싶을 때 많이 사용한다. 여닫이로 살짝만 열어놓으면 들어오는 바람 때문에 창문 고정이 잘 안 되므로 창문을 전체를 기울여 조금만 열고 싶을 때가 있는데, 턴(Turn)은 전체를 여닫이로 여는 것이다. 따라서 T/T는 여닫이와 기울여서 여는 기능이 같이 들어 있는 시스템이다. 슬라이드(Slide)는 밀어서 여는 것이고 L/S는 더 좋은 밀폐성을 위해 열 때 안쪽으로 창호를 들여왔다가 미는 것이다. 닫을 때는 슬라이드로 미는 것으로 끝나지 않고 앞으로 눌러서 창호를 전체 프레임에 밀착시킨다. 이러한 슬라이딩 방식은 주로 큰 거실 창에 설치한다. T/O는 틸트 기능만 있는 창호로, 여닫이 기능을 넣어 간단히 환기만 하는 창에 사용한다.

여는 방식에 따라 사용되는 부품이 크게 달라지므로 가격 차이도 많이 나는데, 'T/S 〉 L/S 〉 T/T 〉 T/O 〉고정창' 순으로 금액이 점차 낮아진다. 자재에 따라 다르지만, 거실의 슬라이딩 창은 100만~200만원이 넘고, 일반적인 사이즈의 T/T는 50만~60만원 정도이다. 따라서 1층 거실의 큰 창을 제외하고, 안쪽으로 여닫는데 가구나 가전 등의 걸림이 없다면 T/T를 가장 많이 사용한다.

우리나라에서도 단열성과 밀폐성이 뛰어난 점 때문에 독일식 시스템 창호를 선호한다. 독일식 창호를 수입하는 업체는 전체 완성품이 아닌 창호의 틀인 프로파일을 수입해 와서 프로파일을 치수에 맞게 자르고 유리를 끼우는 등 국내에서 조립해 완성품을 만들어 낸다. 단독주택의 창호는 사이즈가 모두 제각각이므로 주문제작을 해야 하는 방식이다 보니 이러한 프로세스로 독일식 시스템 창호가 제작되는 것이다. 우리나라의 대기업 생산 제품들도 독일에서 프로파일을 수입해 제작하는 방식을 사용하는데, 대기업의 네임 밸류가 있어서 이러한 제품들이 가장 고가다. 하지만 우리나라에서 조립하는 것과 성능은 큰 차이가 없다. 따라서 독일이나 이탈리아 회사의 이름을 건 곳에서 주문해도 무방하나 해당 건축가나 시공사가 자주 사용하는 업체일수록 더 좋다. 창호는 결국 방수와 기밀 시공을 얼마나 꼼꼼하게 하는지가 더 중요할 수 있기 때문이다.

창문의 수나 사이즈, 개폐 방식에 따라 가격이 천차만별이지만, 보통 일반 독일식 시스템 창호의 경우 40평대의 집은 1,000만~1,500만원 정도의 가격을 예상할 수 있다. 이러한 가격을 감수하고서라도 **창호는 단열성과 직결되므로 바늘구멍으로 황소바람이 들어오는 것이 싫다면 독일식 시스템 창호를 사용하는 것을 추천한다.**

PVC vs 알루미늄

시스템 창호의 프로파일의 재질은 크게 PVC와 알루미늄 두 종류가 있다. PVC의 특징은 가격 대비 단열성이 좋지만, 심미성이 떨어지고 알루미늄은 가격이 고가이고 예쁘지만, 단열성이 떨어진다. 특히 PVC 프로파일은 접합면이 눈에 두드러지게 보인다. 자체적으로 나오는 기본 색상은 흰색이며 랩핑하여 프레임을 나무무늬 또는 단색이나 메탈 느낌이 나게 바꿀 수도 있으나 비용이 더 올라간다.

이에 반해 알루미늄 프로파일은 세련된 금속의 느낌이고 단단해 보인다. 내부에 '단열 간봉'이라는 것으로 열을 중간에 차단해주지만, 겨울에 프레임을 만져보면 확실히 차가움이 느껴진다. 그렇다고 결로가 생기거나 그것 때문에 추워질 정도로 문제가 있지는 않다. 알루미늄 방식은 PVC 방식보다 30~40% 이상 값이 상승한다.

따라서 예쁜 것이 중요하다면 알루미늄으로, 가격이 저렴하고 단열이 중요하다면 PVC로 가는 것이 좋다. 각각 견적을 받아보니 40평대 주택의 경우 약 500만원 차이가 나고 60평대의 주택은 800만원 정도 차이가 발생했다.

PVC 창호와 알루미늄 창호

대개 건축가들이 선호하는 창호는 알루미늄 창호이며, 그중에서도 프레임이 얇아 디자인에 영향을 끼치지 않는 것을 더 좋아한다. 이를 위해 건축가들이 설립한 디자인 창호 전문 회사는 프레임이 얇으면서도 단열 성능 좋은 창호를 만들었는데, 오른쪽 페이지 사진과 같이 프레임이 얇아 외관에서 보았을 때도 창문의 틀이 도드라지게 보이지 않는다. 특히 손잡이 부분을 제외한 고정된 부분의 창틀은 굉장히 미려하다. 대신 창호 중 고가에 속하며 60평대의 경우 3천만원 중반~4천만원 정도의 비용이 든다.

이외에 외관에서 봤을 때는 알루미늄 창이지만 내부 프레임은 목재인 알우드(AL-WOOD) 창호가 있다. 독일에서는 창틀이 전부 목재인 창호를 많이 보았다. 이러면 단열에도 좋고 내부 가구가 목재인 경우 색 맞춤이 좋아 인테리어 요소로도 뛰어난 효과가 있다. 이러한 알우드 창호는 가장 고가를 자랑한다.

 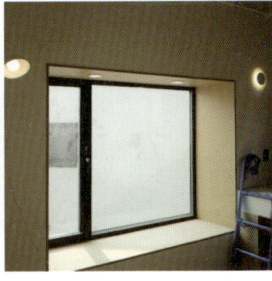  

디자인 알루미늄 창호

2중 유리 vs 3중 유리

2중, 3중 유리란 시스템 창호의 한 프레임에 몇 개의 유리가 겹쳐서 조립되어 있는지를 뜻한다. 기본이 2중 유리로, 유리와 유리 사이에 아르곤 가스가 충진되어 있는데 몇 년 지나면 빠져나가는 경우도 있다고 한다. 최근의 창호는 2중 유리와 3중 유리가 실제 단열에 있어 차이 없다는 의견이 많다. 그래도 3중 유리를 해야 하는 이유는 소음 차단에 더 유리하기 때문이다. 우리 집의 경우도 3중 유리를 적용했는데, 그 이유는 도로 근처였기 때문이다. 3중 유리를 적용함으로 인해 300만~400만원 정도가 더 추가되었다. **단열에 있어 만전을 기하고 소음을 더 확실히 차단하고 싶다면 3중 유리를 추천한다.**

3중 유리가 끼워진 시스템 창호의 단면 모습

5-5
외장재 선택 잘하는 법

스터코 vs 세라믹 사이딩 vs 벽돌

스터코, 세라믹 사이딩, 벽돌의 표면과 질감의 모습

최근 건축되는 단독주택의 외장재 중 가장 많이 사용되는 세 종류가 바로 스터코와 세라믹 사이딩과 벽돌이다.

　스터코는 입자가 있는 페인트 같은 느낌으로 여러 가지 시공 방법을 통해 다양한 느낌을 줄 수 있다. 손으로 발라 명암을 주면 지중해 느낌의 벽체가 되고 뿜칠 시공으로는 모던한 느낌이 난다. 페인트와 같이 조색이 가능하여 다채로운 색을 만들 수 있다. 특히 **덩어리 질감을 잘 살릴 수 있으면서도 시공되었을 때의 깔끔함이 일품이고, ㎡당 3만~5만원으로 외장재 중 가격이 가장 저렴하다.** 다만 갈라지는 특성과 오염에 매우 취약하여 매연이나 먼지가 있는 지역의 경우 2~3년이 지나면 눈물 자국이라고 하는 오염이 물 흐르듯이 벽체를 타고 내려간다. 전체 벽체를 칠하는 데는 200만~300만원의 비용이 든다. 따라서 유지·관리가 어렵고 습식 시공이라 겨울에는 작업하기 어려운 점도 단점으로 꼽힌다. 이를 좀 더 개선한 제품이 스터코플렉스라는 것으로, ㎡당 6만~8만원이 든다. 이렇게 되면 40~50평대의 집은 시공비가 약 1천만원 상승한다.

스터코 종류로 시공된 모던한 집의 외관   세라믹 사이딩으로 외장이 시공된 집의 외관

세라믹 사이딩은 도자기를 굽듯 인공적인 합성 재료를 세라믹화시켜서 만든 것으로, 특수한 기능성이 있다. 그 기능 중 가장 유명한 것이 오염이 물에 쉽게 씻겨내려 간다는 것이다. 이는 비에도 잘 씻기고 호스로 물을 뿌려서도 쉽게 씻을 수 있어 **외장 관리가 편리하고 깨끗하게 오래 간다는 장점이 있다.** 특히 클립을 붙여 공사하기 때문에 시공이 간단하고 겨울에도 작업이 가능하다. 그러나 **가격이 ㎡당 12만~17만원으로 고가이고, 코너에 대한 자재 값이 더 비싸서 코너가 많아질수록 가격이 상승한다.** 40~50평대의 단독주택의 경우 스터코 대비 2천만~3천만원의 비용 증가가 예상된다. 또한, 인공적으로 찍어낸 자재를 조립하는 형태이므로 가까이서 보면 기포 자국 등이 있어 부자연스럽다.

벽돌로 외장이 시공된 집의 외관

벽돌을 외장재로 사용하면 자연스럽고 중후한 매력이 느껴진다. 세월이 지나도 어색하지 않기 때문에 시간이 지날수록 멋스럽다. 무게감이 느껴져 선호하는 사람도 많다. 유행했던 고벽돌뿐만 아니라 최근에는 모던한 단색 또는 긴 형태의 벽돌이 나와 눈길을 끈다. 벽돌 자체의 단가는 시멘트벽돌은 장당 200원, 일반 점토벽돌 및 고벽돌은 장당 400~500원 정도이고, 스페인산 벽돌은 800~1,000원 정도이다. 40~50평의 주택의 경우 2만~3만장 정도 들어가고, 벽돌 사이를 채우는 메지와 전체 외벽에 바르는 발수제 재료비가 든다. 그런데 벽돌 시공비 중 약 60%를 차지하는 것이 바로 인건비이다. 따라서 위의 벽돌 가격과 자재비에 1.5를 곱한 인건비가 추가되면 세라믹 사이딩의 시공비와 비슷하다. 결국, 벽돌도 외장재 중 고가의 자재가 된다. 마찬가지로 40~50평대의 경우 스터코 대비 2천만~3천만원의 시공비 증가가 예상된다.

　벽돌은 외부에 바닥부터 조적해 벽체를 하나 더 만든다고 보면 된다. 단, 파벽돌은 타일을 시공하듯 벽돌을 타일처럼 얇게 잘라 벽에 붙이는 것을 말한다. 목조주택과 같이 나무가 자리 잡는 과정에서 뒤틀림이 있거나 겨울에 습기가 침투해서 얼게 되면 파벽돌이 외장에서 떨어지는 경우가 있고 벽돌보다 비용 절감이 되지도 않으므로 추천하지 않는다.

세 가지 외장재 중 건축가가 많이 사용하는 것이 스터코와 벽돌이다. 따라서 몇천만 원을 절약하면서 시공 직후 깔끔한 주택을 원한다면 스터코, 비용이 들어도 자연스럽고 외장 관리에 스트레스를 덜 받고 싶다면 벽돌을 선택하는 것이 맞겠다.

기타 외장재에 대해

이외 외장재로는 목재 사이딩, 시멘트 사이딩, CRC 보드, 라임스톤 또는 화강암 등이 있다. 목재 사이딩은 외장재가 나무로 된 것으로, 비를 맞거나 오일스테인으로 전체 외벽을 칠해주지 않으면 점차 수축·팽창을 하고 변색된다. 따라서 관리하기가 까다로운 외장재이다. 그러나 시공사는 좋아하는 자재로, 시공이 빠르고 편리해 중간이윤도 잡을 수 있다. 굳이 목재를 외장에 넣고 싶다면 손이 닿는 부분에만 적용해 혼자서도 사다리나 다른 장비 없이 오일스테인을 발라 관리할 수 있는 정도가 좋다.

시멘트 사이딩은 10년 전에 지어진 펜션이나 전원주택에 많이 사용되었던 자재로, 시멘트를 나무 무늬에 색을 넣어 찍어낸 것이다. 시공이 간편하고 자재값이 저렴해 외장재로 많이 사용되었지만, 미국 주택처럼 고급스럽게 시공되는 경우가 거의 없어 우리나라에서는 심미성이 많이 떨어진다.

CRC 보드는 프린트로 찍어낸 패턴의 평평한 보드를 외장에 붙이는 것으로 가격이나 시공비가 비싸 일반 단독주택에서는 많이 사용되지 않는다. 라임스톤이나 화강암 같은 석재 외장재는 무게가 있어 탈락할 수 있기 때문에 제대로 시공되는 것이 중요하고, 고급 주택에서 대리석과 같은 느낌을 주려고 시공되는 경우가 있다. 라임스톤은 밝은색이고 화강암은 어두운색이다.

위의 기타 외장재들은 최신의 트렌드를 따라가기 어려운 자재로, 추천하지 않는다. 특히 외장재는 한 가지로 통일하여 깔끔하게 만드는 것이 시공비도 덜 들고 오래 봐도 질리지 않는 집을 만드는 비결이다. 외장재는 딱 3개월만 건축주 눈에 보인다. 어차피 집에 들어가면 내장재 위주로 보고 느끼게 되므로 살면서 크게 눈에 들어오지 않는 부분이다.

5-6
내장재 선택 잘하는 법

벽지 vs 도장

벽지는 대표적으로 실크 벽지와 합지 벽지가 있는데, 실크 벽지는 미적으로는 뛰어나고 오염에 강하지만 좀 더 고가이고, 합지 벽지는 오염에 약하지만 저가이다. 친환경성을 고려한다면 합지 벽지가 좋고, 이 중 친환경성을 표방하여 자연 친화적인 소재로만 만든 벽지도 있다. 이 벽지는 실크 벽지보다 비싸며 벽지가 두꺼워서 도장한 느낌과 비슷하다. 목조주택은 골조가 자리 잡아가면서 약간의 뒤틀림과 위치 변동이 있을 수 있어 벽지로 마감하면 들떠버리는 단점이 있다.

도장은 페인트를 칠하는 것이다. 석고보드 마감을 하고 보드 사이사이 이음새를 모두 퍼티로 메워 전체 벽을 평탄하게 만드는 작업을 한다. 이후 밑바탕색의 페인트를 발라주고 그 위에 페인트를 또 한 번 바른다. 이러한 작업 때문에 작업 시간이 길어진다. 즉, 벽지는 3~4일이면 되지만, 도장 작업은 1~2주일이 소요된다. 또한, 시공비용도 실크 벽지 기준 친환경 페인트 도장으로 변경하면 600만~700만원 정도가 더 올라간다. 도장의 냄새와 비용 때문에 공용 공간만 도장을 하고 각 방 내부는 벽지로 하는 경우도 있다.

벽지는 아무리 잘 시공해도 벽지의 이음새 부분이 눈에 띨 수 있는데, 도장의 경우는 면이 고르게 이어지고 색도 자연스럽다. 또한, 다양한 조색 또는 기존의 색을 선택하여 한 면에 포인트를 주는 것도 가능해 설계된 공간을 그 자체로 더 돋보이게 할 수 있다. 따라서 자금에 좀 더 여유가 있다면 친환경 페인트로 칠하는 것을 추천한다.

도장으로 포인트를 준 모습과 큰 공간에서 자연광에 비친 흰 벽체 도장면의 모습

강마루 vs 원목마루

바닥재에는 장판, 강화마루, 강마루, 온돌마루, 원목마루, 마모륨, 포세린 타일 등이 있다. 이 중 가장 많이 사용되는 것은 강마루와 원목마루이다.

장판은 모노륨이라고 하는데, 저렴해 보이고 PVC 재질이라 신축의 경우 추천하지 않는다. 강화마루는 내부 구성이 합판이 아닌 톱밥을 압축시켜서 만든 재질로, 시공 시 접착제를 사용하지 않지만, 그 때문에 열전도율이 낮아 최근에는 합판으로 된 강마루로 넘어가고 있다. 강마루는 합판 위 보이는 면에 원목 무늬 필름을 입힌 것이라 내구성이 강하다. 그러나 프린트된 필름이라 가까이서 보면 진짜 나무 같은 느낌이 덜하고 원목마루와 비교해 고급스러운 느낌이 떨어진다. 단, 찍힘이나 수분에 의한 변색이 적어 아이들 키우는 집의 경우 관리가 가장 쉽다. 강마루는 보통 평당 8만~9만원 정도이다.

원목마루는 강마루와 같이 합판 위 보이는 면에 3㎜ 이상의 원목을 붙인 것으로, 붙인 원목이 두꺼울수록 질감과 보행감이 좋다. 원목마루는 위에 오일 및 코팅 처리가 되어 있는데 이것이 강하게 될수록 인공적인 느낌이 들지만, 관리하기는 좀 더 쉬워진다. 수분 때문에 변색될 수 있으므로, 특히 화장실 앞이나 주방 등 물이 자주 튀는 부분은 오일로 관리해주지 않으면 금방 변색된다. 원목마루는 나무 느낌의 마루 중 가장 고가이며 일반적으로 평당 23만~35만원 정도이고, 이탈리아산 직수입 마루는 평당 40만~100만원을 호가한다. 길이가 길거나 넓이가 넓거나 두께가 두꺼울수록 비싸진다. 보통 샘플에 '브러쉬'라고 붙은 것은 나무의 결을 입체적으로 느낄 수 있는 것으로, 손으로 만져보면 약간 올록볼록하다. 이 원목마루는 업체마다 단가 차이가 크게 나는데, 원목마루 공장에서 직판하는 곳과 잘 연결되면 평당 20만원 미만으로 시공까지 할 수 있다. 원목마루는 강마루보다 평균 평당 12만~14만원 비싸므로 원목마루로 할 경우 강마루와 비교해 40평 기준 480만~560만원 정도 공사비가 증가한다.

아이들이 어리고 찍힘 또는 변색에 두려움이 있다면 강마루로도 괜찮지만, 목조주택으로 지었다면 비용을 좀 더 들여 원목마루로 하는 것을 추천한다. 이러한 부분은 살면서 쉽게 바꾸기 어렵고, 매일 같이 피부에 닿는 부분이라 처음부터 좋은 것으로 하는 것이 살면서 만족도가 높다.

원목마루의 무늬결과 자연스러운 색상

그외 마모륨은 친환경 자재로 만들어져 좀 더 자연적이고 고급스럽다. 가격은 매우 고가인데 아이가 아토피라면 고려해볼 만하다. 포세린 타일은 최근 북유럽풍 인테리어로 주목받는 바닥재로, 목조주택의 경우 2층에는 하자의 위험성으로 잘 쓰지 않는다. 주방이나 식당과 같은 공용 공간에 좋으며 유광보다는 무광이, 화려한 무늬보다는 단순한 것이 질리지 않고 트렌드에도 맞다.

걸레받이 vs 마이너스 몰딩

걸레받이와 천장 몰딩은 시공성 측면에서는 끝선 처리의 미흡함을 숨기기에 좋지만, 이것이 없어질수록 깔끔한 인테리어가 된다. 마이너스 몰딩은 이 부분을 안으로 들어가게 처리하는 것으로 손이 많이 가서 시공비가 상승한다. 안으로 들어간 부분을 얼마나 얇게 만드느냐가 실력이다. 40평의 경우 보통 300만~400만원 추가될 수 있지만, 이것이 있고 없고가 인테리어의 큰 차이를 발생시키므로 마이너스 몰딩을 추천한다.

천장 몰딩과 걸레받이가 있는 경우(위)와 천장과 바닥이 마이너스 몰딩 처리된 경우(아래)

6장

나는 왜 이 시공사에 집을 지어달라고 했는가

사기 안 당하는 시공사 선택법

"건설은 더디고 수년이 걸리는 힘든 작업이지만,
파괴는 단 하루의 무분별한 행동만으로 가능하다."
— 윈스턴 처칠(Winston Churchill)

시공에 있어 건축가, 시공자, 건축주가 자신의 관점에서 서로에게 바라는 시선은 아래와 같이 다를 수 있다.

- **건축가** - 자신이 디자인한 의도와 디테일대로 시공하는 시공사 / 결정 안 된 시공 내용에 대해 건축주뿐만 아니라 자신과 협의해서 결정하는 시공사 / 설계와 다르게 시공되거나 디자인 감리에서 나온 수정 사항에 대해 꼼꼼하게 반영해 처리하는 시공사 / 조명 및 인테리어 등의 세부 사항에 대해서도 건축가와도 협의하는 건축주

- **시공자** - 계약된 대금 지불 시기에 맞춰 확실하게 시공비가 전달되는 건축주 / 시공 중 또는 시공 후에 변경을 요청하지 않는 건축주 / 자신이 시공해보지 않았거나 일반적으로 잘 쓰이지 않는 새로운 자재로의 시공을 요청하지 않는 건축주 / 다른 현장을 동시에 관리해야 하고, 날씨 및 기타 상황에 영향을 받을 수 있으므로 시공 기간을 여유롭게 잡는 건축주 / 현실적인 디자인 구현 방법에 대해 경험이 있고 설명할 수 있는 건축가 / 도면 변경 사항에 대해 디테일하고 빠르게 반영해주는 건축가 / 하자날 요소가 거의 없는 도면

- **건축주** - 좋은 집을 싸게 시공해주는 시공사 / 협의된 설계대로 디자인해 제대로 된 시공을 하는지 감리해주는 건축가 / 합리적인 가격으로 시공비를 제시하고 정산 때도 금액에 변동 없는 시공사 / 경미한 수정 및 추가 사항의 경우 비용을 추가하지 않고 서비스를 잘해주는 시공사 / 연락 및 소통이 잘되어 건축주의 문의사항에 잘 대응해주는 시공사 / 몇 년이 지나도 하자 및 성능에 문제가 없도록 공사하는 시공사

6-1
설계가 끝나고 시공사를 선정하기에 앞서
(시공비 폭탄에 대처하는 방법)

"설계는 연애 같지만, 시공할 때는 결혼 같다."

어느 건축주가 한 말이다. 설계할 때는 이왕 집 짓는 거 이런저런 공간 마음대로 넣어볼 수 있지만, 막상 시공 견적을 받아보면 아뿔싸, 예상보다 큰 액수에 놀라고 만다. 여기서 끝이 아니다. 시공 중간 사양이 업그레이드되고 고르는 아이템들은 죄다 수입품이니 가격이 상승한다. 외국의 사례까지 너무 많이 보고 들어서 눈이 높아진 자신을 탓해야 할까. 그렇다고 시공비를 무한정 깎을 순 없는 노릇이다. 세상에 공짜는 없고, 싼 게 비지떡일 수밖에 없는 것이 시공이다. 결국, 자재 값을 못 아끼면 인건비를 아껴야 하는데 누가 같은 시간을 들여 적게 받는 집에 신경을 쓰고 A/S를 잘 해줄 수 있겠는가. 자동차를 싸게 살 방법은 중고밖에 없듯 집도 마찬가지이다. 특히 집은 수공예품이기 때문에 인건비를 아끼면 퀄리티가 좋을 수가 없다. 그래서 보통 시공 견적을 받으면 자재비보다 인건비가 높은 경우가 많다. 장인정신은 그만한 대우를 받을 때 그 퀄리티가 나오는 것이다.

집은 지으면 최소한 20년 이상 사용된다. 싸게 막 짓거나 여유 없이 급하게 지은 집은 처음엔 괜찮아 보여도, 시간이 갈수록 단열 성능이 저하되고 균열이 가거나 물이 새는 등의 하자가 발생할 수 있다. 이래서 집을 예쁘게 짓는 것보다 제대로 잘 짓는 것이 중요하다.

공간의 사이즈를 줄인다고 해서 유의미하게 시공비가 줄어들지 않는다. 아예 공간 몇 개를 없애 전체 면적을 크게 줄이고 더 심플한 집으로 변경하는 것이 맞다. 물론 이 과정에서 건축가는 힘들겠지만, 미리 제시한 시공비에 잘 맞추어 설계하는 것도 건축가의 능력이다. 이렇게 집을 실속 있게 줄이고 가성비가 좋은 자재로 변경하다 보면 오히려 쓸데없는 데 돈을 안 쓰고 좋은 집을 지을 기회가 될 수 있다.

집이 집다우려면 여름에 시원하고 겨울에 따뜻하고, 찬 물 뜨거운 물 콸콸 잘 나오고, 튼튼한 기본기를 잘하는 볼수록 매력 있는 '볼매집'이어야 한다. 크고 웅장한 집을 적은 비용으로 지으려다 무한 하자와 시공비가 마지막에 몰리는 정산 폭탄을 맞지 않길 바란다. 단독주택은 관리가 쉬워야 시간이 가도 예뻐질 수 있기 때문에 가족 구성원에게 맞는 실속 있는 집이 최고의 집이다.

6-2
시공사 선정 시 반드시 체크해야 할 부분
(이런 시공사는 피하라)

내가 만난 시공사 타입별 장단점

최근 건축박람회에 가보면 대형 모델하우스를 짓거나 수많은 직원을 대동하고 건축 모형과 사진, 두꺼운 건축 사례집을 판매하면서 영업하는 시공사가 급증한 것을 볼 수 있다. 마당 있는 내 집에 대한 관심이 계속 증가함에 따라 시공사도 무수히 생겨난 것이다. 이 시공사들은 광고를 크게 하며 전국 단위로 1년에 수백 채를 짓는 대규모 시공사와, 정해진 팀만을 운영하고 한정된 지역에서 공사하는 소규모 시공사로 나뉠 수 있다. 각각의 장단점을 알아보자.

✓ **대규모 시공사**

특징
1년에 전국적으로 몇백 채를 짓는 시공사는 가격은 싸지 않으나 건축주가 편하게 다가갈 수 있고 실제로 신경 쓸 것도 많지 않다.

장점

- 마케팅을 잘한다.
- 샘플하우스가 있다(건축박람회에 샘플하우스를 짓거나 따로 전시장이 있음).
- 시공비가 표준화되어 있고 기준표가 잘나와 있다(ex. 시공 자재 옵션 : 징크로 변경 시 200만원 상승, 외장재 벽돌로 변경 시 3,000만원 상승, 꺾어진 각이 5개가 넘으면 500만원 상승 등).
- 집짓기 안내 시스템이 잘 갖춰져 있다.
- 홍보 책자가 구비되어 있고, 시공 사례가 매우 많다.
- 상담원이 많다.
- 하자 처리에 관한 A/S가 확실해 보인다.
- 자체 설계팀 및 설계 프로세스가 있다.

단점

- 마케팅비 및 운영비가 많이 소요되므로 자재나 퀄리티에 비해 시공비가 저렴하지 않다.
- 자신들의 설계 프로세스를 사용하도록 요구한다.
- 설계가 일반적이라 저렴한 사양의 경우 평범한 집이 될 수 있다.
- 현장 시공을 다른 시공업자에게 일괄수주로 넘기고 중간 영업 마진을 남기는 경우가 있다.
- 현장소장이 자주 바뀌고 자체 현장소장이 잘 없다.

✓ 소규모 시공사

장점

- 자신들만의 특장점이 뚜렷하다(ex. 창호 자재상을 같이 하여 좋은 등급의 창호를 싸게 들여온다, 모듈러 방식을 할 수 있다, 더 두꺼운 벽체를 세운다, 인테리어 마감이 꼼꼼하다 등).
- 건축가들 작품을 많이 한 소규모 시공사는 해당 건축가와 계속해서 협업이

잘된다. 건축가와 작업을 해보지 않았더라도 자신의 포트폴리오와 홍보를 위해 협조가 좋다.

단점
- 홍보가 안 되다 보니 시공하는 현장의 개수가 들쭉날쭉하다.
- 건축주와 소통을 담당하는 것을 대부분 시공사 대표나 현장소장이 하는데, 바쁘다 보니 연락이 잘 안 되고 반영도 쉽지 않다.
- 시공사 운영을 언제까지 할지 몰라 혹시 생길 하자 처리에 대한 걱정이 있다.

종합해보면 설계비를 적게 들인 평범한 집을 원하고 신경 쓸 것 없이 편하게 집을 짓길 원하면 대규모 시공사를 선택하면 되고, 가격대비 퀄리티가 좋고 단열 또는 디자인 등 특별히 중요시하는 부분이 있다면 건축가와 작업을 해본 소규모 시공사를 선택하면 된다.

피해야 할 시공사의 특징

시공사를 잘못 선정하면 계약금만 받고 연락 끊기는 경우도 있고, 다툼 끝에 중간에 시공사가 바뀌는 경우도 있다. 그러나 이럴 때 뒤에 들어와 집을 마무리해줄 시공사를 찾기란 쉽지 않다. 하자가 발생하면 정확하게 누구의 잘못인지 가리기 쉽지 않기 때문이다. 손해가 날지도 모를 현장을 시공사가 좋아할 리 만무하다. 따라서 미리 피해야 할 시공사의 특징을 다음과 같이 정리하였다.

1) 아는 사람이 하는 시공사
소통하기도 힘들고 잘못된 부분에 대해 불만을 제기하기도 어렵다. 서로 맞지 않는 부분에 대해 얼굴을 붉히고 이의를 제기해야 할 때도 있는데, 지인에게는 괜히 어색해질까 봐 그런 말도 못 꺼내고 체면만 차리다가 불만을 계속 떠안고 만들어진 집에서 살게 된다. 내 경험상 주변의 사회적 관계성이 없을수록 좋다.

지인에게 의뢰해 좋게 끝나는 경우를 거의 본 적 없다.

2) 자기가 다 맞다는 시공사

내가 만난 시공사 대표 중 일부는 자신이 업계 최고의 경력과 기술을 보유하고 있다며 다른 업체를 험담했다. 단독주택은 건축주의 입맛에 맞춰가야 하는데, 이런 경우 시공사의 고집대로 끌려가게 될 확률이 높다. 또한, 건축가와 협업을 잘 하지 않고 자기만의 시공 방식과 자재 사용을 우기다 결국 건축가의 설계 의도와 맞지 않게 집이 시공될 수 있다. 건축주를 설득해 편법을 권하다보니 준공이 계속 지연되는 경우도 많았다.

3) 전문 시공 인력이 아닌 인력으로 시공하는 시공사

학생들이나 자격증 없는 외국인 노동자 등 인건비를 싸게 들여 짓는 시공사가 있다. 내 집이 실험 대상이나 교육 재료로 사용되는 것을 원치 않는다면, 시공비를 절약하겠다고 이런 방식을 사용하는 건 지양하길 바란다. 숙련된 퀄리티가 나오지 않을 확률이 높기 때문이다.

4) 먼저 선금을 많이 달라는 시공사

일반적인 시공비 지급 시기와 요율이 있다. 예를 들어 처음부터 50% 이상 달라고 한다면 기초 비용과 골조 비용 이상의 비용을 지급하게 되는 것이다. 따라서 필요 이상의 선금을 요구한다면 의심해볼 법하다. 혹여 시공사가 갑자기 연락이 안 되면 이 시공비는 되찾기 어렵다.

5) 건축가가 한 설계는 시공 안 한다거나 무시하는 시공사

앞에서도 언급한 적 있지만, 자신들의 설계 시스템이 있는 경우 건축가가 설계한 집은 안 하려는 시공사가 있다. 이러한 경우 제대로 된 디자인 감리 하에 시공되기 어려우므로, 건축가에게 설계를 의뢰했다면 관심 있는 시공사에게 '어떤 건축사무소에서 설계하였고 시공 견적을 요청하려고 한다'고 전화로 먼저 물어보는 것이 시간을 절약하는 방법이다.

6) 커뮤니티 및 홍보에만 집중하는 시공사

마케팅에 매체를 이용하고 관리하는 데도 꽤 큰 비용이 소요된다. 이러한 비용은 결국 건축주 부담이 되고 시공 견적 시 운영비가 많이 잡혀 같은 품질이라도 시공비가 더 높게 산정될 수 있다. 이런 것들은 '브랜드 비용'이라는 명목으로 청구되는데, 그렇다고 딱히 고품질 마감이 보장되는 것도 아니기 때문에 이럴 땐 해당 업체에서 시공한 집의 건축주와 따로 연락해보거나 직접 집을 눈으로 확인하는 것이 좋다.

7) 현장소장이 너무 많은 시공사

현장소장에 따라 집의 퀄리티가 달라지는데, 시공사의 현장이 많아 내가 원하는 소장과 연결되지 못할 경우가 있다. 이때 시공사에서는 다른 현장소장을 투입하려 하거나 그 현장소장은 공사 중간에 배치해주겠다고 하는데, 이를 절대 따를 필요 없다. 시공사에게 우리 집은 그저 여러 채 짓는 집 중 하나이고 돈을 버는 대상이지만, 우리는 평생에 한 번 지을까 말까 한 집을 짓는 것이다. 때문에 현장을 책임지는 현장소장을 제대로 선정하는 것이 매우 중요하다.

8) 평당 시공비가 굉장히 낮다고 광고하는 시공사

처음부터 세게 부르면 계약 안 한다는 생각에 과장 광고하는 시공사가 의외로 많다. 이러한 업체는 정산 때 결국 시공비가 많이 올라간다. 만약 한 시공사에서는 3억원으로 견적을 내 1억원을 추가로 정산했고, 한 시공사는 처음부터 3억7천만원을 견적 내고 나중에 정산할 것이 없었다고 한다면? 아마 후자가 정직하게 시공해 퀄리티도 좋았을 것이고 돈 문제도 깔끔하게 정리되었을 것이다.

시공사 대표를 만났을 때 확인해야 하는 부분

시공사는 적어도 3~5곳 이상을 염두에 두고, 시공사 결정은 건축허가 전 설계가 마무리되는 시기에 하는 것이 좋다. 시공사를 직접 만나보면서 파악하는 데도 시간이 꽤 소요된다. 시공사 리스트는 아래의 방법을 통해 확인할 수 있다.

- 건축가 작품 중 마음에 드는 집의 시공사가 어디인지를 확인해본다.
- 건축주들이 모인 커뮤니티에서 시공사 후기와 정보를 찾아본다.
- 잡지에서 마음에 드는 작품의 시공사 정보를 보고 직접 연락해본다.

단, 온라인의 정보만 가지고 확신을 하진 말자. 안 좋은 글은 모두 지워버리고 좋은 사례만 올려놓는 '눈 가리고 아웅'식 시공사가 있을 수 있고, 커뮤니티에 글을 올린다고 시공사를 협박하거나 잘못된 부분만 극대화하는 진상 건축주도 있을 수 있기 때문이다. 따라서 직접 시공사 대표를 만나 작업한 주택들을 보고 집을 지은 선배 건축주들을 만나 보는 것이 필요하다. 잘하는 시공사에 관한 데이터가 많지 않기 때문에 어떤 시공사가 우리 집과 인연이 될지 모르므로 최대한 다양한 시공사를 찾아본다.

그리고 시공사 대표와 만나 '이러한 설계를 가지고 견적을 낼 것'이라고 협의하고 직접 시공될 대지에서 만나서 확인하는 것이 좋다. 같이 현장을 보면서 대지의 상태(경사도, 토목 공사 필요 여부, 토질의 상태, 타인 경작물 여부), 민원 가능성, 인입 공사 규모 등 여러 가지 시공 조건에 대한 사항을 파악할 수 있다. 이때 시공사 대표에게 시공 지식을 자랑하며 아는 척할 필요는 없다. 시공 지식으로는 어차피 이길 수 없고, 너무 많이 아는 척하는 건축주는 시공사에서도 힘들어해 결과물이 좋지 않을 수 있다. 물론 이 부분에서 건축주를 무시하지 않고 계속해서 열린 마음으로 함께 시도하고 공부하는 시공사가 좋다. 시공사를 만나서 다음 부분을 반드시 확인하고 협의하면 실패가 없을 것이다.

1) 시공했던 집을 볼 수 있는지

시공했던 집을 보면 마감의 품질이나 시간이 지난 후 처음 지었을 때와 얼마나 달라졌는지 등을 직접 눈으로 확인할 수 있고, 건축주와 이야기도 나눠 볼 수 있다. 물론 시공사에서 추천하는 집이나 건축주는 이미 서로 관계가 좋겠지만, 그래도 시공사의 장단점과 집을 짓는 동안 애로사항, 집 지은 후 마음에 들지 않는 요소도 들어볼 수 있다. 따라서 시공했던 집을 볼 때는 시공사가 동참하지 않는 것이 좋다.

시공사 입장에서도 건축주가 집을 보여주도록 부탁하는 것이 부담스러울 수 있지만, 실력이 좋은 시공사는 짓고 나서도 건축주와 돈독하다. 건축주도 시공사가 계속 잘 되어야 하자에 대한 처리가 좋을 수 있기 때문에 서로 협조하는 관계로 있을 것이다. 섭외를 얼마나 잘 하는지도 시공사의 능력이고 건축주와의 좋은 관계성을 보여주는 부분이다.

나 역시 시공된 집의 마감 상태와 그 집의 건축주와 대화를 나눠보고 나온 정보를 바탕으로 명쾌하게 시공사를 선정하였다. 또한, 짓는 도중에도 시공사와의 문제에 관해 물어볼 수 있는 든든한 존재가 되었다. 시공사들의 정보를 듣기 위해 건축주들의 모임을 만드는 커뮤니티에 참석해보는 것도 추천한다.

2) 시공사의 시공 스케줄과 현장소장의 스케줄 상황

시공사와는 우리 집의 착공 시기와 건축 허가 진행 사항 그리고 입주 예정 날짜 등을 협의하게 된다. 그러면 시공 기간이 잡히는데, 이 일정과 겹치는 현장이 있는지 확인이 필요하다. 또한, 내가 눈여겨봤던 집과 똑같은 현장소장을 배치해 줄 수 있는지 현장소장의 스케줄도 체크해야 한다. 소규모 시공사의 경우 대표가 현장소장 역할을 하는데, 이 경우 시공 현장이 너무 많으면 문제 발생 시 즉각 대응이 쉽지 않고, 세부 사항을 기억하지 못하는 경우가 많다. 만약 동시에 맡은 현장 간의 거리가 멀리 떨어지면 더욱 힘들다.

현장소장이 현장에 얼마나 상주하는지도 알아봐야 한다. 2017년도부터는 소규모 직영 공사 현장에서도 일정 자격 요건을 갖춘 현장 관리인을 등록해야 하고, 건축 행정 절차 중 착공 신고서에 현장 관리인을 기재하게 되어 있다. 따라서 이에 대한 대응 여부도 시공사와 확인이 필요하다.

3) 자금 계획

나의 예산 계획을 시공사에 정확히 이야기하는 것이 좋다. 시중 은행 중에는 단기로 '토지 담보 대출'을 해주는 곳도 있다(목조주택의 경우 집 짓는 데 3~4개월 걸리게 되므로 단기 대출을 받는 것이 좋다). 토지의 경우 대출심사가 어렵고 대부분 창구 직원이 토지 담보 대출 경험이 많지 않으므로 과장 직급 이상의 경험 있는 사람에게 문의하는 것이 좋다. 이렇게 미리 대출을 받아 전체 시공 금액을 대부분 손에 쥐고 시작해야 여유가 있다. 건축주가 시공비를 너무 뒤로 미뤄 나중에 주면 인부들이 인건비를 받기 어려워 최종적으로 같은 돈을 주고도 집 완성도가 떨어질 수 있다. 시공사 입장에서도 필요한 돈을 바로바로 처리하며 진행하는 것과 외상 공사로 짓는 경우 마음가짐이 달라진다. 자신의 돈을 쓰며 시공할 수는 없으므로 서로 만났을 때 예산 상황을 협의하는 것이 중요하다.

4) 하자에 대한 처리

하자의 종류에 따른 처리 유효 기간 및 하자 발생 시 연락 방안 등을 확인해야 한다. 하자 처리 시 사무실 전화번호만 알려준다면 주말은 접수를 안 받겠다는 것인데, 지금 당장 처리가 필요한 급한 사항에 대해서는 언제든지 요청할 수 있는 루트가 있어야 그나마 마음이 놓인다. 연락이 되어야 해당 하자가 별일 아닌지를 확인하거나 건축주가 직접 응급 처치를 해볼 수 있고, 언제까지 와서 고쳐주겠다는 약속도 받을 수 있다.

하자 처리에 대한 것은 보통 종류에 따라 '골조는 5년', '전기 설비 등에 대한 부분은 1년'으로 구분하는데, 이 기간도 정확하게 짚고 계약서에 명시하도록 해야 한다. 또한, 하자보증보험을 발행하는 것과 그 비용에 대한 것도 이때 미리 협의한다. 이 시점에서 시공사와 만날 때는 계약 전이라 여러 좋은 조건을 제시할 수도 있는데, 모두 계약서에 명시해야 효력을 발휘한다는 점을 반드시 기억해야 한다.

5) 건축가와 작업했던 경험

현재 내가 선정한 건축가나 다른 건축가들의 작품을 시공한 적이 있는지, 어떠한 작품이었는지를 물어본다. 그 건물에 대한 시공 사진들을 요청하여 확인해 보는 것도 필요하다. 이를 통해 해당 시공사가 건축가와 작업하는 것을 선호하는지 여부와 건축가들에 대한 생각도 엿볼 수 있다.

6) 시공사 사무실과 현장의 거리

어떤 시공사는 사무실과 너무 떨어진 현장은 기피한다. 지방 시공사인 경우 특히 현장소장이나 시공팀 대부분 해당 지역에서 거주해 출장비 및 하자 처리가 서로 어려울 수 있기 때문이다. 따라서 시공사 대표와 만나기 전 전화로 정확한 대지의 주소를 알려주고 시공 가능한지를 확인한다. 또한, 건축주도 미리 시공사 사무실의 주소를 확인해 사무실이 너무 멀다면 이러한 부분에 주의할 필요가 있다. 자신이 주로 했던 지역과 너무 멀면 손발이 맞지 않는 팀에게 일이 맡겨질 수 있고, 외주를 줄 확률이 높다.

최종적으로 시공사를 선정할 때 반드시 고려할 만한 시공사

위의 과정을 거쳐 알아낸 시공사 중 다음 요소가 있는 업체는 시공사 선정 후보군에 꼭 넣어야 한다.

1) 건축주와 시간이 지나도 관계가 좋은 시공사

시공 끝나고도 유지가 잘되고 성능이 오래 가는 집이 좋은 집이다. 또한, 건축주와 시간이 지나도 관계가 좋은 것은 지속적으로 하자 보수가 잘 되고 있음을 뜻한다. 단, 시공사와 관계를 잘 유지해야 보수(補修) 받거나 추가 공사하기 편하다보니 이를 가지고 영업하려는 건축주가 있다. 너무 업체의 장점만을 이야기하며 꼭 그곳에서 하라는 건축주는 피한다.

2) 인테리어 마감의 꼼꼼함이 뛰어난 시공사

겉은 멋지지만, 내부 마감이 아쉬운 시공사가 많다. 인테리어 마감까지 꼼꼼한 시공사가 많지 않다는 뜻이다. 건축주가 살면서 주로 보는 공간이 집안이므로 내부 마감도 집의 만족도 중에 중요한 부분을 차지한다. 이를 파악하는 법은 끝 선을 보는 것이다. 벽과 벽이 만나는 지점, 계단과 벽이 만나는 지점, 창틀과 벽이 만나는 지점, 바닥과 벽이 만나는 지점, 서로 다른 재료가 맞물리는 지점(ex. 바닥 타일과 마루가 만나는 지점) 등 끝 선을 단차 없이 투박하지 않고 꼼꼼하게 처리했다면 인테리어 마감도 잘하는 곳이다.

3) 신뢰하는 팀 위주로 운영하는 시공사

현장소장뿐만 아니라 골조나 인테리어 등 여러 팀을 운영할 경우, 우리 집은 다른 집과 시공 퀄리티가 달라질 수 있다. 드물지만, 신뢰하는 몇 개의 팀 위주로만 운영하는 시공사를 선택한다면 만족할 만한 결과가 나온다.

4) 목조주택이라면 건축가가 설계한 주택 경험이 많은 시공사

목구조에서 자신의 집을 업체의 시공 연습용으로 쓰지 않으려면 디자인 설계가 들어간 주택을 많이 해본 시공사가 좋다. 목조주택은 고려해야 할 요소가 많기 때문이다. 특히 골조에 대한 부분은 건축가도 전부 감리하기 어렵다(이를 감리할 정도로 목구조에 해박한 건축가가 많이 없다). 따라서 이 부분은 시공사의 역량에 전적으로 의존하게 된다. 아무래도 시공비 견적이 좀 더 높을 수 있지만, 디자인을 실제로 구현하는 능력이 좋기 때문에 그 점을 감안해서 시공사 후보로 정한다.

5) 장단점이 나와 맞는 시공사

장점만 있는 시공사는 없다. 업체별로 장단점이 있는데 내가 정말 원하는 부분을 장점으로 특별히 만족시켜줄 수 있고(이 부분은 시공사의 말이 아닌 눈으로 확인된 시공 결과), 단점은 내가 감당할 수 있어야 한다.

어떤 시공사는 구조 시공은 튼튼하게 잘하는데 내부 인테리어 마감이 거칠고, 어떤 시공사는 전체적으로 작업 능력은 좋지만 소통이 잘 안 되고 건축주의 의견을 반영 못 하는 경우가 있고, 어떤 시공사는 견적가는 낮지만 그만큼 골조와 인테리어 마감 품질이 떨어지는 등 모든 면을 만족시킬 수 있는 시공사는 없는 것이다. 따라서 시공사의 특성을 건축가, 선배 건축주 의견을 토대로 데이터베이스를 확실히 정리해 둘 필요가 있다. 그래야 가격만 보고 결정하는 우를 범하지 않고 제대로 집을 짓는 시공사를 만나 모든 과정이 행복한 집짓기를 할 확률이 높아진다.

6-3
시공 견적을 받은 후 후회 없는 최종 시공사 선정법

시공 견적은 건축가가 추천하는(건축가와 작업을 많이 했던) 시공사 세 군데와 내가 선정한 곳 두 군데, 총 다섯 군데 정도에 견적을 요청하면 된다. **건축가가 추천하는 시공사도 직접 만나서 '피해야 할 시공사의 조건'과 '시공사 파악 프로세스'를 최대한 거쳐야 한다.**

    시공사에서 견적 뽑는데도 1~2주일이 걸린다. 구조 계산부터 시작해 어떤 자재를 사용해야 할지 정해야 하고, 건축주에게 선정되기 위해선 타 업체 견적에 대한 눈치도 봐야 하기 때문이다. 이때 건축주는 시공사 측에 언제까지 선정결과를 알려주겠다는 날짜를 미리 언급해준다. 선정하지 않았을 땐 마냥 기다리게 하는 것보다 연락해줘야 시공사도 스케줄을 다시 조율할 수 있다.

각 시공사에서 받은 견적서 비교 검토하는 법

각 시공사에서 견적서를 일괄적으로 받으면 건축주뿐만 아니라 건축가도 견적 세부 내역을 함께 검토하고 같이 협의해 시공사를 선정하는 것이 좋다.

최근에는 시공비가 거의 비슷하게 맞춰지는데, 그럼에도 불구하고 시공사 레벨에 따라 많게는 10% 이상 차이 나는 경우도 있다. 그렇다고 최저 입찰 시공사에 무조건 맡기는 것은 금물이다. 시공 견적을 제대로 검토해봤을 때 자재가 좋고 실력이 좋다면 오히려 높은 시공 금액 기준에서 선정하는 것이 바람직하다. 또한, 최종으로 산정될 비용을 따져보면 견적에 포함되는 범위가 다를 수 있고 처음에는 저렴해 보이지만 추후 시공비 정산 시 총액이 비슷한 경우도 많다.

시공 견적서는 크게 아래와 같은 구성으로 되어 있다.

- 전체 공사비가 있는 '원가 계산서'
- 세부 내역별 종합 금액이 있는 '집계표'
- 각 시공 단계의 자재와 노무비 등 모든 세부 내역이 있는 '내역서'

대부분 비슷한 형식이므로 각 공사 단계별 자재 및 노무비 등의 세부 금액을 비교해 보는 것이 좋다. 특히 주의해서 볼 점은 다음의 항목이다.(목조주택을 예로 들어본다)

구분	명 칭	규 격	단위	수량	재 료 비 단가	재 료 비 금액	노 무 비 단가	노 무 비 금액	경 비 단가	경 비 금액	합 계
직접공사비	1. 직접공사비		식	1		173,490,430		132,931,260		26,958,660	333,380,350
	2. 부대공사비		식	1		8,528,000		3,300,000		220,000	12,048,000
	소계①					182,018,430		136,231,260		27,178,660	345,428,350
간접공사비	간접노무비		%		직접노무비×요율						-
	산재보험료	모든공사 적용	%		노무비×요율						
	고용보험료	모든공사 적용	%		노무비×요율						
	건강보험료	공사기간 1개월이상 모든공사 적용	%		직접노무비×요율						해당사항없음
	연금보험료	공사기간 1개월이상 모든공사 적용	%		직접노무비×요율						해당사항없음
	안전관리비	4,000만원이상 적용	%		직접공사비×요율						해당사항없음
	기타경비	공과잡비	%								-
	소계②										-
계⑧ (소계①+②)											345,428,350
일 반 관 리 비			%	4.00	[직접공사비 + 간접공사비]×요율						13,335,214
이 윤			%	6.00							20,802,934
								단위절삭		-820102	378,746,396

시공 견적서 중 원가 계산서

품명	규격	단위	수량	재료비 단가	재료비 금액	노무비 단가	노무비 금액	경비 단가	경비 금액	합계 단가	합계 금액
01 [건축공사]					173,490,630		132,931,260		26,958,660		333,380,350
1 공통 가설 공사			1					5,325,000	5,325,000	5,325,000	5,325,000
2 가 설 공 사			1	3,541,750	3,541,750	6,243,250	6,243,250	1,991,950	1,991,950	11,776,950	11,776,950
3 토 공 사			1	580,000	580,000	1,690,000	1,690,000	3,700,000	3,700,000	5,970,000	5,970,000
4 기 초 공 사			1	13,610,700	13,610,700	8,289,540	8,289,540	2,518,650	2,518,650	24,418,890	24,418,890
5 골 조 공 사			1	24,353,700	24,353,700	22,067,500	22,067,500	3,412,500	3,412,500	49,833,700	49,833,700
6 부 재			1	2,315,800	2,315,800					2,315,800	2,315,800
7 단 열 공 사			1	6,925,800	6,925,800	3,933,100	3,933,100	669,000	669,000	11,527,900	11,527,900
8 금 속 공 사			1	3,898,100	3,898,100	3,464,400	3,464,400	241,500	241,500	7,604,000	7,604,000
9 유 리 공 사			1	660,000	660,000	280,000	280,000	-	-	940,000	940,000
10 방 수 공 사			1	3,654,680	3,654,680	5,261,270	5,261,270	567,810	567,810	9,483,760	9,483,760
11 미 장 공 사			1	1,493,000	1,493,000	591,000	591,000	682,000	682,000	2,766,000	2,766,000
12 인테리어 공사			1	19,087,300	19,087,300	31,256,000	31,256,000	4,293,950	4,293,950	54,637,250	54,637,250
13 타 일 공 사			1	4,133,200	4,133,200	3,654,900	3,654,900	485,200	485,200	8,273,300	8,273,300
14 창 호 공 사			1	47,048,300	47,048,300	660,000	660,000	-	-	47,708,300	47,708,300
14 도 장 공 사			1	2,848,650	2,848,650	6,433,000	6,433,000	998,900	998,900	10,280,550	10,280,550
16 외 장 공 사			1	18,609,200	18,609,200	23,271,000	23,271,000	2,048,200	2,048,200	43,928,400	43,928,400
17 기 계 / 설 비			1	7,223,000	7,223,000	6,500,000	6,500,000	-	-	13,723,000	13,723,000
18 전 기 공 사			1	9,013,250	9,013,250	9,036,300	9,036,300	-	-	18,049,550	18,049,550
19 위 생 기 기			1	4,494,000	4,494,000	300,000	300,000	24,000	24,000	4,818,000	4,818,000
20 부대공사및경비			1	8,528,000	8,528,000	3,300,000	3,300,000	220,000	220,000	12,048,000	12,048,000

시공 견적서 중 집계표

5 골 조 공 사											
Mud sill(ACQ)	2×6×12' 1단	EA	26	14,700	382,200	-	-	-	-	14,700	382,200
Mud sill(ACQ)	2×4×12' 1단	EA	3	11,400	34,200	-	-	-	-	11,400	34,200
구조재 SPF 2&BTR	2×4×10'	EA	100	5,380	538,000	-	-	-	-	5,380	538,000
구조재 SPF 2&BTR	2×4×12'	EA	120	6,450	774,000	-	-	-	-	6,450	774,000
구조재 SPF 4SQUARE	2×6×10'	EA	500	8,500	4,250,000	-	-	-	-	8,500	4,250,000
구조재 SPF 4SQUARE	2×6×12'	EA	450	10,200	4,590,000	-	-	-	-	10,200	4,590,000
구조재 SPF 4SQUARE	2×6×14'	EA	50	11,900	595,000	-	-	-	-	11,900	595,000
구조재 SPF 4SQUARE	2×6×16'	EA	70	13,600	952,000	-	-	-	-	13,600	952,000
구조재 SPF 4SQUARE	2×8×12'	EA	20	12,200	244,000	-	-	-	-	12,200	244,000
구조재 hem-fir 2&BTR	2×12×12'	EA	150	25,200	3,780,000	-	-	-	-	25,200	3,780,000
구조재 hem-fir 2&BTR	2×12×14'	EA	20	29,400	588,000	-	-	-	-	29,400	588,000
구조재 hem-fir 2&BTR	2×12×16'	EA	20	33,600	672,000	-	-	-	-	33,600	672,000
구조재 hem-fir 2&BTR	2×12×18'	EA	66	37,800	2,494,800	-	-	-	-	37,800	2,494,800
OSB	4×8×3/4" T&G	장	75	24,500	1,837,500	-	-	-	-	24,500	1,837,500
OSB	4×81/2"	장	190	13,800	2,622,000	-	-	-	-	13,800	2,622,000
노무비	(다락포함)시공면적	M2	227.5			97,000	22,067,500	15,000	3,412,500	112,000	25,480,000
7 단 열 공 사											
단열재 설치	R21-16' 외벽	M2	253	6,500	1,643,200	4,000	1,011,200	-	-	10,500	2,654,400
단열재 설치	R19-16' 내부벽체	M2	198.6	4,500	893,700	4,000	794,400	-	-	8,500	1,688,100
단열재 설치	R30-16' 층간	M2	133.0	7,000	931,000	5,500	731,500	-	-	12,500	1,662,500
단열재 설치	R38-16' 지붕/외부천정	M3	67.0	11,800	790,600	5,500	368,500	-	-	17,300	1,159,100
단열재 설치	R11-16' 내부벽체	M2	42.0	3,500	147,000	4,000	168,000	-	-	7,500	315,000
층간바닥	50 m/m (1층)	M2	192.0	5,500	1,056,000	1,500	288,000	2,000	384,000	9,000	1,728,000
기초	빌포폴리스티렌100MM	M2	94.5	9,400	888,300	3,000	283,500	2,000	189,000	14,400	1,360,800
열반사단열재	바닥	M2	192.0	3,000	576,000	1,500	288,000	500	96,000	5,000	960,000
13 타 일 공 사											
타일압착붙임(자재포함)	바닥,바탕30,200×200	M2	21.3	24,000	511,200	33,000	702,900	4,000	85,200	61,000	1,299,300
타일압착붙임(자재포함)	벽,바탕18mm+압6mm	M2	94.0	26,000	2,444,000	30,000	2,820,000	4,000	376,000	60,000	5,640,000
재료분리	인조대리석	M	12.0	22,000	264,000	11,000	132,000	2,000	24,000	35,000	420,000
시 멘 드(40KG)	도착도	포	10.0	5,000	50,000	-	-	-	-	5,000	50,000
타일시멘트	압착용,회색 3500/25	KG	120.0	650	78,000	-	-	-	-	650	78,000
타일시멘트	줄눈용,회색 3500/25	KG	120.0	550	66,000	-	-	-	-	550	66,000
모 래	도착도	M3	1.0	120,000	120,000	-	-	-	-	120,000	120,000
잡자재		식	1.0	600,000	600,000	-	-	-	-	600,000	600,000

18 전기공사											
전열및통신설비공사	다락포함	M2	231.7	14,000	3,243,800	23,000	5,329,100	-	-	37,000	8,572,900
전등일반공사	다락포함	M2	231.7	8,500	1,969,450	16,000	3,707,200	-	-	24,500	5,676,650
등기구	인터폰포함	식	1.0	3,800,000	3,800,000					3,800,000	3,800,000
19 위생기기											
위생기기취부		인	2.0			150,000	300,000	12,000	24,000	162,000	324,000
위생기기											
세탁기용수전		SET	2.0	12,000	24,000					12,000	24,000
양변기		EA	3.0	280,000	840,000					280,000	840,000
세면기	하부장별도	EA	4.0	140,000	560,000					140,000	560,000
세면기수전		EA	4.0	80,000	320,000					80,000	320,000
욕조수전		EA	2.0								
외부수전		EA	2.0	110,000	220,000					110,000	220,000
해바라기수전		EA	2.0	260,000	520,000					260,000	520,000
샤워기수전		EA									
육가		EA	4.0	20,000	80,000					20,000	80,000
욕조	기본형750X1500	EA	2.0	470,000	940,000					470,000	940,000
욕실장	슬라이딩거울장	SET	3.0	180,000	540,000					180,000	540,000
악세서리		SET	3.0	150,000	450,000					150,000	450,000

시공 견적서 중 내역서

① 골조 자재 내역 및 금액

골조는 전체 금액을 비교해보고 차이가 많이 발생한다면 공학용 목재인 글루램(Glulam) 또는 패럴램(PSL/Parallel Strand Lumber) 또는 I-joist 등의 특수 자재가 들어갔는지를 시공사와 건축가를 통해 확인하면 된다. 더 튼튼한 목재를 쓸수록 구조에 신경 쓰는 좋은 시공사이다.

② 단열재 세부 자재 항목 및 금액

보통 목조주택의 경우 단열재는 그라스울을 사용하는데 이때 'R' 옆의 붙은 숫자가 높을수록 밀도가 높고 등급이 높은 것이다. 등급이 높은 것을 쓰는 시공사가 좋다.

③ 타일, 위생도기, 전기공사에서 등기구

건축주의 선택에 따라 가장 변동의 폭이 큰 부분으로, 보통 정산될 때 여기서 비용이 많이 추가된다. 따라서 위의 금액을 다른 시공사보다 많이 낮게 잡아 전체 시공비를 저렴하게 보이게 했다면 추후 정산 시 어차피 다시 많이 오를 확률이 높으므로 주의가 필요하다.

이외에 설계에 없는 부분, 예를 들어 기초의 철근이나 구조의 세부 자재 등에 관한 것은 시공사마다 견적서에 나온 자재 및 세부사항이 조금씩 다를 수 있는데, 이를 비전문가인 건축주가 모두 검토하기는 어렵다. 따라서 건축가에게 아래와 같이 종합적인 의견을 받으면 결정하는 데 큰 도움이 된다.

항목	세부	A 시공사		B 시공사		C 시공사	
콘크리트강도		240	5,342,800	240	7,320,000	210	8,160,000
단열재		R38,R30,R21,R19,R21	11,527,900	R32,R21,R11	9,069,391	경질우레탄,R21,R19,R11	13,802,600
외장	벽돌	적고벽돌	590	적고벽돌	565	적고벽돌	520
	창호	필로브(창호,도어)	33,200,000	필로브(창호,도어)	33,617,590	필로브(도어는 알루미늄도어)	37,600,000
	지붕	칼라강판	65,000	칼라강판	76,700	칼라강판	75,000
내장	마루	강마루	37,900	강마루	30,600	이건	29,000
	내부벽	실크벽지	9,000	실크벽지	10,000	실크벽지	8,200
	타일	국산	61,000	국산	38,000	국산+수입산	65,000
외부데크	데크	레드파인	6,248,000	방킬라이	8,317,440	이페	7,502,700
현관문			2,770,000	성우도어	3,180,000		1,080,000
폐열회수장치		협의(국산)	5,800,000	셀파	7,000,000		8,000,000
위생기기			4,818,000		3,705,000	아메리칸스텐다드	6,225,000
설비공사		온도조절기 포함	13,723,000	온도조절기 포함	15,040,000	온도조절기 포함	18,493,000
전기통신공사			14,249,550		12,977,000		12,678,000
준공청소			1,039,000		832,000		949,500
조명			3,800,000		3,150,000	조명	5,163,000
비고		가구공사	별도	가구공사	5,880,375	가구공사	5,480,000
		조경공사	별도	조경공사	별도	법정조경과 주차장조성	4,000,000
		외부공사	별도	외부공사	별도		
		페인트로 변경시	7,100,000			페인트로 변경시	8,000,000
		원목마루 변경시	4,900,000			원목마루 변경시	7,500,000
		차고 폴딩도어	별도	차고폴딩도어	별도	차고폴딩도어	별도
		멀티룸 파티션	별도	멀티룸 파티션	3,915,000	멀티룸 파티션	별도
		데크 하드우드 변경시	2,500,000				
		산재보험료	별도	산재보험료	2,000,000	산재보험료	2,300,000
		각종인입공사	별도	각종인입공사	별도	각종인입공사	5,270,000

1. 각 시공사별 총공사비에서 일반적으로 별도공사로 진행하는 비고란에 있는 항목을 동일한 기준으로 할 경우
2. 건축물의 단열재 면에서는 A 시공사와 C 시공사가 B 시공사보다 한단계 좋은 스펙임
3. 외부데크의 스펙은 B 시공사와 C 시공사가 A 시공사보다 한단계 좋은 스펙임
4. 현관문은 A 시공사와 B 시공사가 C 시공사보다 한단계 좋은 스펙임
5. 경량목구조의 경우C 시공사는 I-JOIST구조를 적용함. A 와 C 시공사는 일반 경량목구조임.
6. 기초 콘크리트 강도의 경우   A와 B시공사는 240, C 시공사는 210임.   C 는 콘크리트 강도를 240으로 해야함.

시공사별 시공 견적 검토서

시공 견적에 포함되지 않은 부분에 대한 산출

시공 견적서의 최종 시공비가 이 집을 짓고 입주하는데 필요한 총 비용이 아니다. 시공비에 포함된 범위 외에 별도 사항들이 있는데, 보통 다음 사항은 별도로 잡혀 있는 경우가 많다.

싱크대, 신발장, 붙박이장, 세면대 하부장

전기/통신 지중 인입공사

외부 우/오수 도로 굴착공사

상수도, 조경, 에어컨 공사

따라서 건축주는 이 부분까지 함께 비용으로 산정해야 한다. 별도 사항으로 빠진 부분은 시공사에게 예상 비용을 산정해 달라고 하면 된다. 그러면 건축주가 내야 할 전체 시공비를 가늠해볼 수 있다.

품명	규격	단위	수량	재료비 단가	재료비 금액	노무비 단가	노무비 금액	경비 단가	경비 금액	합계 단가	합계 금액	비고
부대공사 예가 내역서												
도시가스인입공사	계량기위치에따라변경	식	1	3,500,000	3,500,000	-		-		3,500,000	3,500,000	
상수도인입공사	계량기위치에따라변경	식	1	1,800,000	1,800,000	-		-		1,800,000	1,800,000	
우수관로인입공사	필수사항아님	식	1	3,500,000	3,500,000	-		-		3,500,000	3,500,000	
오수관로인입공사	오수받이설치포함	식	1	650,000	650,000	-		-		650,000	650,000	
전기인입공사	통신감사비포함	식	1	2,500,000	2,500,000	-		-		2,500,000	2,500,000	
외부전기배관공사	잔다듬외	식	1	500,000	500,000	-		-		500,000	500,000	등기구별도
데크재사양변경시	노무비포함	식	1	2,500,000	2,500,000	-		-		2,500,000	2,500,000	
도배시트지장으로변경시	번자민무이페인트	식	1	7,100,000	7,100,000	-		-		7,100,000	7,100,000	
강마루에서원목마루변경시	재료선택에따라변동	식	1	4,900,000	4,900,000	-		-		4,900,000	4,900,000	
대문	현장제작	식	1	1,500,000	1,500,000	-		-		1,500,000	1,500,000	
주차장셔터	알미늄패널	식	1	2,500,000	2,500,000	-		-		2,500,000	2,500,000	
주차창룰딩도어	4000x2300	식	1	2,500,000	2,500,000	-		-		2,500,000	2,500,000	
현장제작가구	대략	식	1	15,000,000	15,000,000	-		-		15,000,000	15,000,000	
주방가구												
잔듸식재및생울타리	준공용조경은 본공사비에 포함입니다											

공사에 필요한 별도 사항이 예상되는 항목과 산정 비용 예시

보통 주방 가구, 에어컨, CCTV, 조경 공사(준공 조경 제외) 등은 건축주가 직접 찾거나 시공사에 손발 맞는 업체를 문의해 선정하게 된다. 예를 들면 에어컨은 시공사가 같이 작업하는 곳이 있으므로 내가 알아본 곳과 시공사에서 알아본 곳에 견적을 받으면 된다. 가격이 비슷하면 시공사에서 소개해준 업체와 계약하는 것이 좋다. 에어컨은 골조가 올라간 시점에 현장에서 만나 위치와 배관을 잡는 과정을 협의해야 한다. 이때 시공사와 에어컨 설치 업체가 시공 시 연관되는 작업이 많으므로 서로 협조가 잘되어야 현장에서의 분란을 막고 수월하게 진행된다.

6-4
시공사 계약 시 주의할 점
(계약하고 을이 되지 않는 특약 조항들)

보통 시공사와 계약하면 갑과 을의 위치가 뒤바뀌는 경우가 생길 수 있다. 돈만 받아 챙긴 후 집을 안 지어주고 연락이 안 되기도 하고, 건축주가 전문가가 아닌 이상 자재나 시공을 허술하게 해도 모를 수 있기 때문이다. 따라서 시공사와 계약할 때 기본적으로는 표준 도급 계약서를 참조하고 아래 사항에 대해 특약을 넣거나 계약서 항목에 반영하여 안전장치를 걸어 놓는 것이 건축주가 을이 되지 않는 방법이다.

1) 시공비 사용
시공비를 다른 현장에 돌리다가 그쪽에서 문제가 생길 경우 내 집에도 그 여파가 미칠 수 있으므로 '계약한 건축주가 계약서에 명시된 현장에 대한 시공비용으로 지불하는 금액에 대해서는 당 현장에서만 사용한다'는 문구가 있어야 한다.

2) 시공되는 기준
계약서를 통해 시공사가 시공하는 기준은 건축가가 제공한 시공 도면이다. 따라서 계약서에 했던 것처럼 도면에도 도장을 찍고 '계약서에 첨부된 시공 도면과 견적서 및 자재 리스트 기준으로 시공한다'고 명시한다.

3) 현장소장의 이름

같은 시공사라도 현장소장에 따라 퀄리티가 달라지므로 내가 보았던 집을 시공한 '현장소장의 이름'을 넣어 '당 계약 현장에 상주하는 것'을 계약 조건에 넣는 것이 좋다.

4) 공사대금 지급 기한

시공비를 다 가지고 있다고 해도 시공비 지급 기한을 나눌 필요가 있다. 보통 공사대금 지급 시기는 아래와 같고, 여기서 약간의 시기 조정은 미리 협의가 필요하며 최대한 아래의 시점을 지키는 것이 좋은 집을 짓는 비결이다.

계약금 : 시공비의 10% - 계약 시
1차 중도금 : 시공비의 30% - 자재 입고 시
2차 중도금 : 시공비의 30% - 창호 설치 후
3차 중도금 : 시공비의 20% - 석고보드공사 완료 시
잔금 : 시공비의 10% - 준공검사 후 입주 전

5) 하자 보수 기간

하자 관련 부분은 종류와 기간을 구분하고 하자보수이행증권에 대한 내용으로 최소한 '하자 보수 기간은 주요 골조 부분은 5년으로 하고, 설비·전기 등 소모성 공사 부분은 1년으로 한다. 하자보수이행증권은(서울보증보험) 1년으로 발행하기로 한다'의 문구가 있는 것이 좋다.

6-5
시공 중 현장소장 및 시공사와 소통하는 법

시공 과정에서 건축주가 위치를 정하고 논의해야 할 것들이 매우 많다. 이 과정에서 서로 의사소통이 잘못되어 엉뚱한 방향으로 시공되기도 하고 반영이 안 되기도 한다. 특히 건축 자재가 더 들어가거나 자재의 등급 및 가격이 상승한 경우 정산 시에도 큰 문제가 야기된다. 건축주가 요청한 것 이상으로 자재가 들어가서 의도치 않은 비용을 지급해야 될 수도 있다.

    이를 방지하기 위해서는 자재의 변경이나 시공 현장에서 위치를 정한 것 등 현장에서 작업자와 협의된 것이라 해도 해당 작업자와 현장소장 및 시공사 대표가 있는 밴드나 카페와 같은 커뮤니티 공간에 논의된 것을 계속해서 정리하는 것이 필요하다. 단체 카톡방은 사진 등이 시간이 지나면 지워질 수가 있으므로 보존이 잘되고 쓰기 쉬운 플랫폼에 주기적으로 글과 사진을 올리고 그때마다 현장소장과 시공사 대표도 해당 내용을 확인하는 것이 중요하다. 그러면 서로 소통이 더 잘되고 오해가 없어 추후 분쟁 발생도 적다. 이미 증거들이 있다는 것을 서로 알기 때문에 굳이 의견 충돌할 필요도 없어진다. 그리고 이렇게 정리가 되어야 협의한 내용을 작업자들이 잊지 않고 현장에서도 확인할 수 있다.

페인트의 종류 및 시공 위치에 대해 현장으로 가는 도면의 예시

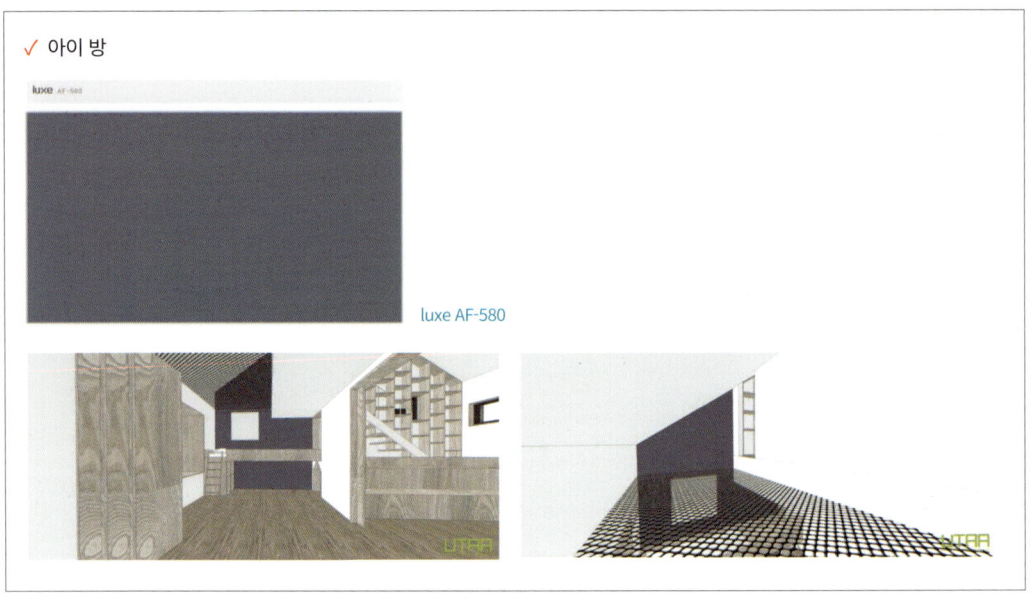

타일 선택에 대한 현장으로 가는 도면의 반영 예시

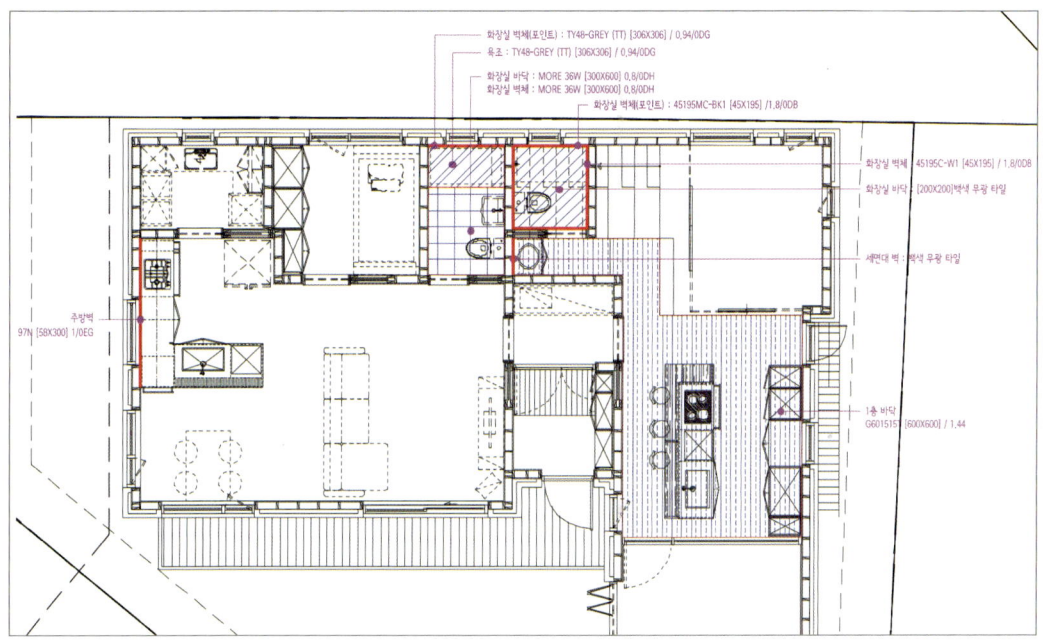

자재의 경우, 조명과 전기 등에 대한 세부 도면 및 내역서가 완벽하게 미리 선정된 내용으로 계약되면 시공사나 건축주도 서로 고민할 필요가 없다. 따라서 이 부분에 대한 건축가의 역할이 중요한 것이다. 예를 들어 타일 선택을 위와 같이 정리해 전달한다면 현장에서 오해가 발생할 확률이 낮다.

건축사무소에서 설계했다면, 이러한 세부사항을 건축가와 협의해 결정하고, 그 사항들은 건축사무소에서 정리하여 시공사에 전달되는 것이 좋다.

6-6
시공 후 시공사와
좋은 관계 유지하는 비법
(딱 지은 만큼만 들어가는 시공비 정산하는 법)

시공 후에도 시공사와 좋은 관계가 유지되어야 하는 이유는 집에 하자가 생기거나 하자가 아니더라도 여기저기 손 볼 곳이 발생하였을 때 시공사에 요청하기가 수월하기 때문이다. 특히 집의 내부 구조는 집을 직접 지은 시공사가 잘 알기 때문에 시공사와 좋은 관계를 유지하는 것이 집을 관리하기에도 편하다. 이러한 요청을 할 경우 인건비와 재료비에 대한 적절한 비용을 지급하면 된다. 시공사와 관계가 좋고 비용을 잘 지급한다면 바쁜 상황에서도 불편한 점을 이해하고 빠르게 조치될 수 있다.

시공사와 좋은 관계를 유지하여 집의 관리를 잘하는 가장 좋은 방법은 '정산을 잘 하는 것'이다. 시공사도 손해 본 현장이 아니므로 시공 후 건축주에게 전화가 올 때 더 반가운 마음으로 받을 수 있다. 이 과정에서 건축주와 시공사가 싸우기 시작한다면 끝이 없다.

따라서 싸움 없이 합리적이고 깔끔하게 정산을 잘하기 위해서는 앞서 언급했듯, 협의된 사항을 정리해 주기적으로 밴드나 카페에 업로드하고 예산뿐만 아니라 추가 예상 금액과 추가 발생한 비용 등을 모두 엑셀로 기록해 정리하여 최종 시공비용에 대한 현재 금액 관리를 철저하게 하는 것이 필요하다.

그래야만 시공사가 정리한 정산내역서와 비교·검토하여 서로 누락된 부분이나 이미 지급된 부분을 정확히 파악할 수 있고, 분쟁 없이 깔끔하게 서로 한 비용만큼을 정산할 수가 있다.

건축주와 시공사의 시공비 정산 엑셀 파일 비교 예시

in/out	current
토지담보대출 3.3프로	300000000
착공시작금	-39000000
1차중도 자재입고시 30% 2주후	-117000000
2차중도 창호설치후 30% 1달후	-117000000
3차중도석고보드 완료시 20% 1달후	-78000000
잔금 입주전 10%	-39000000
주방가구 계약금	-8800000
한전불입금(0530납부함)	-679700
우리은행통장	-4000000
산재보험	-2252320
급수공사설비료	-916000
주방가구 1차중도금	-6920000
에어컨 1차중도금	-5500000
에코메트동판	-1484000
분배기 차액	
필로브정산	-1400000
벨록스천창	-2685700
폴딩도어	-2100000
스피커리시버	-1467750
직구수전세면볼스피커	-7600000
CCTV 계약금	-1150000
스피커HMDI선	-430000
라온익시 홈네트웤	-3550000
설계잔금	-11550000
주방가구 2차중도금	-5240000
우드슬랩	-4800000
추가 가구 예상	
실링팬	-1560000
주방가구 추가분 + 가전	-1920000
기타부대공사비(도시가스상수도오수우수전기도장데크마루대문셔터)	-4100000
스크린프로젝터	-1810000
타일비(상계처리예정)	
밀레 식기척기, 건조기	-4850000
아이방 그물망	
취등록세	-5000000
쿡탑+건조기	-1980000
에어컨 중도금	-5500000
주방가구 잔금1차분	-5929000
태양광	-4670000
조경	-5486800
블라인드	-2310000
스마트미러	-880000
최종정산	-74700000

품명	규격	단위	수량	재료비 단가	재료비 금액	합계 단가	합계 금액	비고
타일	재료비(견적내역중)	식	1	3,656,200	3,656,200	3,656,200	3,656,200	창호잼보드제외
타일	인건비추가	식	1	625,100	625,100	625,100	625,100	
위생도기	타일반품별도		1	1,333,200	1,333,200	1,333,200	1,333,200	
현장제작가구	재료인건비	식	1	17,510,000	17,510,000	17,510,000	17,510,000	
마루	원목마루로변경	식	1	1,607,000	1,607,000	1,607,000	1,607,000	
도장공사		식	1	7,570,000	7,570,000	7,570,000	7,570,000	칠판페인트포함
데크재변경	방킬라이	식	1	2,500,000	2,500,000	2,500,000	2,500,000	
난간재시공	유리난간	식	1	4,200,000	4,200,000	4,200,000	4,200,000	
현관중문	재료비		1	1,100,000	1,100,000	1,100,000	1,100,000	
철재계단	인건비추가	식	1	1,500,000	1,500,000	1,500,000	1,500,000	
그물침대	프레임포함	식	1	3,600,000	3,600,000	3,600,000	3,600,000	
오버헤드도어	주문제작	식	1.0	3,800,000	3,800,000	3,800,000	3,800,000	
욕실환풍기	차액	식	1.0	-234,000	-234,000	-234,000	-234,000	
매입등		개	4.0	12,000	48,000	12,000	48,000	
콘센트		개	31.0	17,160	531,960	17,160	531,960	
합계					-		40,936,140	
외부공사								
전기,통신 인입공사	통신검사대행료포함	식	1	2,880,000	2,880,000	2,880,000	2,880,000	
오수받이맨홀설치		식	1.0	450,000	450,000	450,000	450,000	
보도블럭시공	기초공사/장비비포함	식	1.0	5,030,000	5,030,000	5,030,000	5,030,000	
우수배관공사(부지내배관)	PVC배관	식	1.0	2,250,000	2,250,000	2,250,000	2,250,000	
흑자갈	재료인건비	식	1.0	380,000	380,000	380,000	380,000	
공원부지와의 경계정리	경계석설치외	식	1.0	616,000	616,000	616,000	616,000	
소계					8,110,000		11,606,000	
부가가치세	창호공사	식	1.0				3,460,000	
추가공사합계							52,542,140	
추가공사선급금							-20,000,000	
소계							36,002,140	
본공사잔금							39,000,000	
합계					-		75,000,000	-2,140

6-7
가구 업체 선정법과 작업 프로세스

가구 업체의 선정은 시공사를 선택하는 시기와 거의 동시에 진행하면 된다. 가구 역시 해당 시공사나 건축가와 주로 작업하는 업체가 있다. 주방에 대한 구조 협의는 건축가, 건축주, 시공사가 같이 하는 것이 좋다. 색이나 무늬와 같은 인테리어 세부 선택사항도 건축가의 확인을 거치는 것이 건물 전체의 통일성을 유지하여 완성도를 높일 수 있기 때문이다. 이후 최종 주방 구조(특히 가스 또는 인덕션과 주방 싱크대의 위치, 냉장고의 위치 등)를 시공사에 전달한다. 이 과정이 기초 착공 전까지는 확정되어야 공사 시에 전기 배선과 배수구의 위치를 정할 수 있다.

주방 가구 자재비 및 시공비도 아래와 같이 시기를 결정하여 계약에 해당 사항을 넣고 지급한다.

계약금 : 가구 견적비의 40% - 주방 가구 계약 시
중도금 : 가구 견적비의 40% - 공장에서 가구 제작 시
잔금 : 가구 견적비의 20% - 주방 가구 설치 시(바닥 마감재까지 다 된 경우 설치 가능)

주방 가구는 문고리 및 손잡이, 주방 상판, 주방 가구 벽체 재료, 수전 등 선택해야 할 것이 많다. 이에 대해 주방 업체는 건축주의 선택에 도움이 되도록 샘플을 제공한다. 이때 샘플을 사진이 아닌 무조건 최대한 큰 샘플을 직접 보는 것이 좋다. 작은 샘플은 시공되었을 때 그 느낌이 확연히 차이날 수 있다. 다음 사진은 직접 고른 샘플로 시공된 우리 집 주방 상판을 처음 보았을 때 남긴 사진이다.

주방 가구 자재 샘플과 결과 – 화이트 주방

주방 가구 자재 샘플과 결과 – 블랙 주방

주택 미리보기
BOOK STEP 2.5

가족실에서 즐거운 시간을 보내고 있는 가족

주택의 북측면 전경. 빨간 벽돌의 단정한 외관이 눈길을 사로잡는다.
장모님이 머무는 공간 앞으로 아담한 데크를 가진 마당이 자리한다.

HOUSE PLAN

대지위치 경기도 성남시 분당구 | **대지면적** 245.20㎡(74.17평) | **건물규모** 지상 2층 | **건축면적** 122.32㎡(37.00평) | **연면적** 220.91㎡(66.82평) | **건폐율** 49.89% | **용적률** 81.58% | **주차대수** 2대 | **최고높이** 9.56m | **공법** 기초 - 철근콘크리트 매트기초 / | **지상** - 경량목구조 | **구조재** 벽 - 2×6 S.P.F 구조목 / 지붕 - 2×12 구조목 | **지붕마감재** 포스맥 마감 | **단열재** 오웬스코닝 에코터치 그라스울(R21, R38), 이소바 에코플러스 그라스울(R19, R30) | **외벽마감재** 적벽돌 치장쌓기 | **창호재** FILOBE 시스템창호 68㎜, 153㎜, 176㎜ AW 복층유리 | **에너지원** 태양광(블루에너지), 가스보일러 | **설계** ㈜유타건축사사무소 김창균 02-556-6903 www.utaa.co.kr | **총공사비** 3억9천만원(다락 포함 평당 540만원) | **내벽마감재** 벤자민무어 페인트 | **바닥재** 원목마루 - 장림우드 / 타일 - 바스디포 | **욕실 및 주방 타일** 바스디포 | **수전 등 욕실기기** 욕실기기 - 아메리칸스탠다드, 그로헤 / 세면볼 - 빌레로이 앤 보흐(villeroy and boch) / 수전 - 한스그로헤 악소르(Hansgrohe Axor), 한스그로헤 푸라비다(Hansgrohe Puravida) 라인 | **주방 가구** 희원주방 디자인 | **조명** 대광조명, Here comes the sun(직구) | **계단재** 자작나무 | **현관문** 제작도어 | **방문** 자작나무 제작도어 | **붙박이장** 희원주방 디자인 | **데크재** 방킬라이 | **홈 IoT** 네모안 | **스마트 미러** 루고 | **실링팬** 하이쿠 홈(Haiku home)

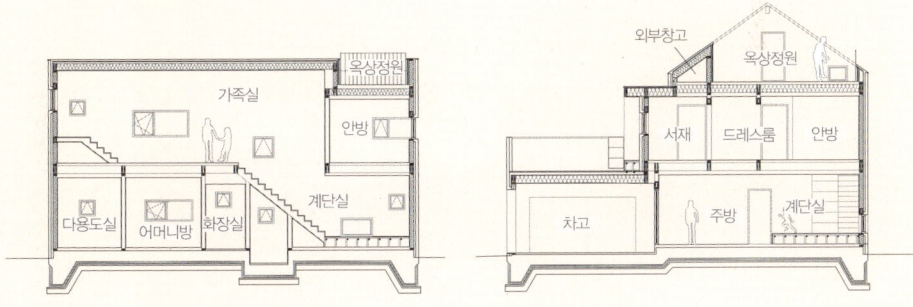

SECTION

PREVIEW 주택 미리보기 - BOOK STEP 2.5

70평이 조금 넘는 대지 위에 지어진 주택의 정면 모습

폴딩 도어를 열면 마당과 연계되는 차고. 전기차 설비가 되어 있어 편리하게 사용 중이다.

현관문은 하나로 하되, 어머니와 부부 및 아이들의 공간을 전실에서 동·서로 분리하였다.

장모님의 공간은 단층으로 채광 좋은 남측에 배치하고, 별도의 주방을 두어 편의를 도모했다.

PREVIEW 주택 미리보기 - BOOK STEP 2.5

블랙 컬러로 깔끔하게 꾸민 주방. 유리창 너머로 차고가 보인다.

주방 옆에는 아래쪽으로 짐을 보관할 수 있는 평상 공간을 두었다.

다 같이 생활하는 2층 거실. 150인치의 스크린을 내리면 영화관으로 변신한다.

PREVIEW 주택 미리보기 - BOOK STEP 2.5

벽면을 가득 채운 책장

아이가 가장 좋아하는 방. 거실과 책꽂이 계단과도 바로 이어져 있다.

부부 침실. 미닫이문을 열면 드레스룸을 사이에 두고 서재와 연결되어 있다.

다락으로 올라가는 계단실. 유리 난간이 공간을 더 확장해준다.

타로 카드, 피규어, 블루레이, 건축 모형, 책 등의 전시 공간을 아이 방 위쪽으로 배치했다.

낙엽송으로 마감한 서재 공간

서재 앞으로 주변 풍경을 감상할 수 있는 야외 데크가 자리한다.

아이 방 천장에는 그물망을 설치해 아이만의 아지트를 마련해주었다.

PLAN

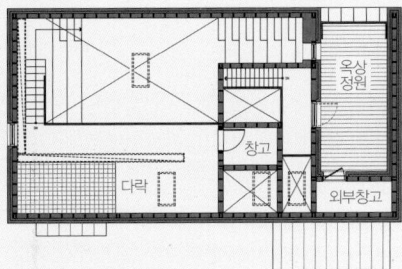

PLAN - ATTIC (18.74m²)

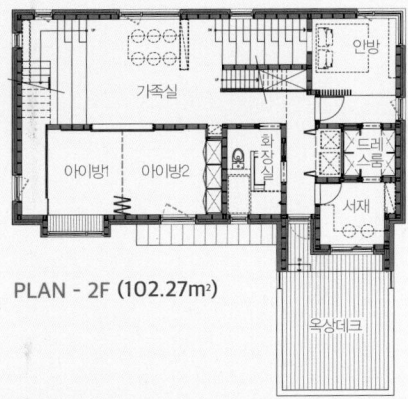

PLAN - 2F (102.27m²)

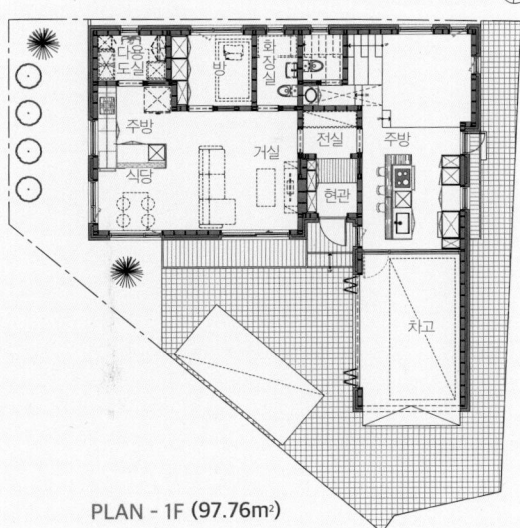

PLAN - 1F (97.76m²)

7장

나는 왜 집의
인테리어 자재를
직접 골랐는가

조명과 수전,
특별한 가전을
직구하는 방법

"각 재료들은 저마다의 그림자를 가지고 있다.
돌의 그림자가 바스락대는 가을 이파리의 그림자와 같을 수 없다.
그 그림자들은 각 재료 속으로 파고들어 자신만의 메시지를 발산한다."
— 스베레 펜(Sverre Fehn)

인테리어 자재 및 액세서리에 관한 건축가, 시공자, 건축주가 자신의 관점에서 서로에게 원하는 바는 아래와 같이 서로 다를 수 있다.

- **건축가** - 공간 자체가 돋보여야 하므로 자재나 액세서리는 너무 튀지 않고 공간에 자연스럽게 묻어날 수 있는 것이 좋다.

- **시공자** - 자재나 액세서리의 종류가 너무 많으면 설치에 혼동이 올 수 있다. 특히 콘센트, 스위치, 수전 등이 수입 자재인 경우 국내 규격과 맞지 않아 설치에 애로사항이 발생한다. 따라서 도면 어디에 어떤 제품이 설치될 것인지에 관한 정리가 확실하게 되어 있어야 하며 가급적이면 A/S가 잘되고 구하기 쉬운 국내 제품으로, 수입 제품인 경우 정식 수입사를 거쳐서 구매한 것이 좋다.

- **건축주** - 조명이나 타일 등을 고르다 보면 공간 전체의 조화보다는 그 제품 자체의 모습만 주목하게 된다. 또한, 이왕이면 공간별로 다양하게 선택하고 싶고, 특별하고 유니크 한 아이템을 설치하거나 직구를 통해 수입 자재들을 비교적 저렴하게 구매해서 설치하고 싶다.

스위치, 수전, 도기, 타일, 조명 등 집의 액세서리도 설계 시 건축가에게 일임하기도 하는데, 그 경우 무난하고 일반적인, 공간이 주가 되는 액세서리로 채워지는 경우가 많다. 그러나 이런 세세한 부분이 집의 마지막 마감과 퀄리티를 좌우한다. 스위치나 콘센트만 바뀌어도 집이 달라 보인다. 특히 매일 손에 닿는 손잡이, 스위치, 수전 등에 많은 신경을 쓰고 구매하기 전 인터넷뿐만 아니라 직접 매장에 가서 조작해보며 터치감을 느껴보는 것이 중요하다. 건축주는 집 내부에서 살 사람이기 때문에 이처럼 매일 닿는 감촉들이 기분 좋고 편해야 집이 오감 만족을 준다.

내부만 고급스러운 자재로 마감해도 집은 훨씬 완성도가 높아 보인다. 그렇다고 대리석으로 도배를 하라는 것이 아니다. 전체적인 설계 콘셉트에 맞게 선택해야 한다. 내가 직접 방문해본 유명 건축가들의 작품 사례(부록 부분)에서도 확인할 수 있듯, 그곳의 내부에 들어가 보면 자잘한 문고리와 난간조차 건물에 맞춰 통일성과 완성도를 갖추고 있었다. 이러한 사소한 디테일이 명작 주택을 만드는 화룡점정이라 할 수 있다. 이렇게 세부 액세서리는 전체 공간과 같이 어우러질 때 더욱 빛나고 집을 돋보이게 만들어준다.

나의 경우 직영공사 시스템으로 집을 시공했기 때문에 수전, 조명, 타일, 마루 등의 업체와 제품을 모두 직접 선택하고 디자인과 색채의 느낌 정도만 건축가에게 감수 받았다. 선택하는 과정은 모두 건축주의 발품이다. 집의 액세서리 관련 시행착오를 줄이기 위해 상세히 세부 사항을 정리한다.

> **TIP! 집의 액세서리를 선정하는 순서 및 마지노선**
>
> ❶ 스위치, 콘센트, 수전 – 골조 공사 끝나기 전 전기팀(스위치, 콘센트) 및 설비팀(수전)과 협의해 구매 및 배송 완료
> ❷ 타일, 도기류 – 방수와 석고보드 공사가 끝나기 전 타일 선택을 마치고 구매 및 배송 완료
> ❸ 마루 – 도배·도장 작업 완료 전 선택 및 업체와 협의해 시공 날짜 확정 완료
> ❹ 조명 – 타일 공사 완료 전 선택 및 배송 완료

7-1
콘센트와 조명, 스위치 선택하기

콘센트

콘센트는 유럽 사양의 경우 정사각형의 박스로, 내부 박스 규격도 다르고 한 구만 있어 비효율적이다. 보통 내부 박스부터 콘센트까지 사면 콘센트 하나당 4만 원이 넘는데, 일반적인 2층 집의 콘센트가 40~50개 이상이니 비용이 꽤 든다.

벽체가 흰색이면 대부분 같은 색상의 콘센트를 선택한다. 가끔 포인트를 주고자 메탈 느낌의 콘센트를 고르는 건축주도 있는데, 이는 국내에서 구할 수 있는 제품도 1만~2만원 정도로 일반 콘센트보다 고가다. 따라서 보이는 위치에만 포인트를 주고, 보이지 않는 위치거나 아이 방에 보호 콘센트를 해야 한다면 해당 콘센트 위치를 도면에 별도 표기하여 현장 작업 시 참조할 수 있도록 제공한다.

AV 기기나 TV가 놓일 곳에는 반드시 랜선 포트를 넣고, 멀티탭를 추가로 연결해 쓰기보단 한 번에 4구 벽면 콘센트를 설치하는 것이 좋다. 몇 구인지와 전원 콘센트의 높이도 현장에서 참조할 도면에 같이 표기되어야 한다. 이 부분을 정확히 체크하고 검토해야 엉뚱한 위치에 콘센트가 있게 되는 실수를 막을 수 있다.

특히 골조와 단열재 시공을 하면서 전기 배관 및 콘센트, 스위치 박스가 설치되는데, 이후 석고보드가 세워지면서 콘센트 박스가 가려지고, 콘센트가 정확히 어디 있는지 표기가 안 되어 미설치되는 경우도 있다. **이를 위해 콘센트 박스가 설치된 직후 콘센트가 설치된 부분을 모두 동영상으로 찍어둔다.** 설계 때 콘센트 도면에 없는 위치에도 현장에서 추가될 수 있기 때문이다. 또한, 사진으로 하나씩 찍어 두면 어디에 있는 것인지 파악하기 어렵다. 따라서 전체 콘센트 및 스위치 박스 설치가 끝난 시점에 동영상으로 전체 벽을 이어서 촬영한다. 이때, 여기가 어느 공간이라는 것을 말하면서 촬영하면 현재 보이는 곳이 어떤 공간의 벽체인지를 나중에 보아도 알 수 있다.

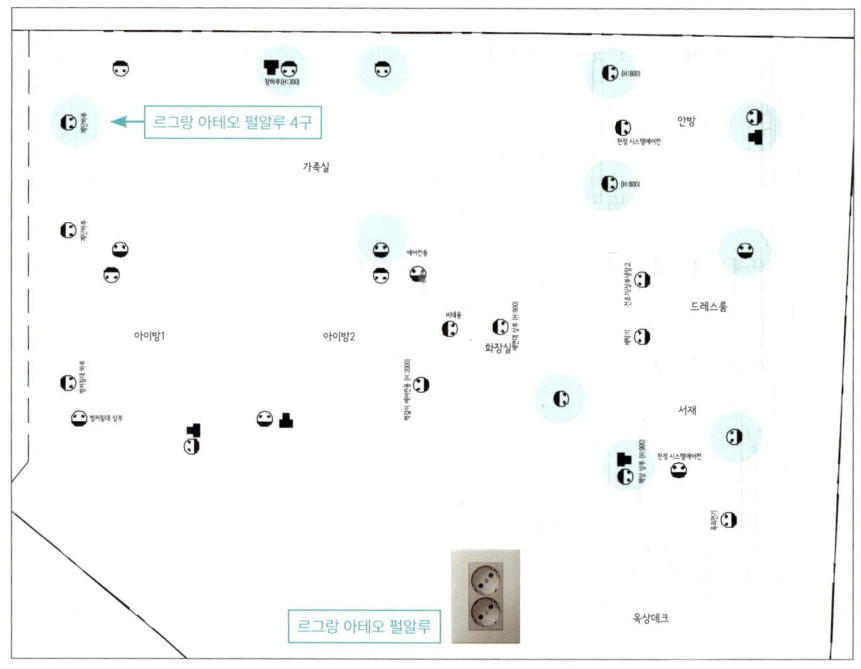

위치에 따른 콘센트 적용 사항 정리 사례

벽체의 스위치와 콘센트 박스가 설치된 실사례 모습

✓ 콘센트 도면 예시 및 도면 보는 법

보통 건축사무소에서는 기본적으로 많이 사용되는 콘센트 및 랜선 위치를 잡아주며 도면에 표기해주는데, 이 도면의 기호를 보는 법은 다음과 같다.

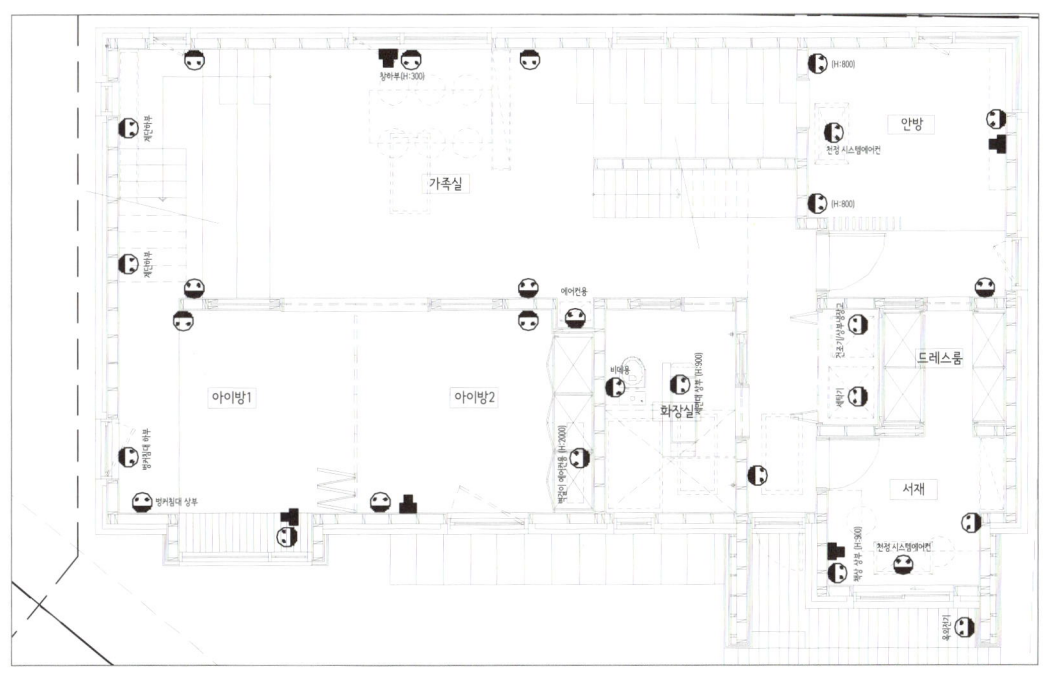

콘센트 도면 예시

1) 전원 콘센트

콘센트 심볼   콘센트 제품 사진

앞의 점 두 개가 있는 부분이 콘센트를 꽂는 위치이므로, 점 두 개가 앞을 보고 있으면 실제 콘센트의 정면이 보인다고 생각하면 된다. 앞 도면에서 'H:800'이라고 된 부분은 해당 층의 바닥에서 800㎜ 위의 높이에 설치된다는 것이다. 이때 주의할 점은 해당 층의 바닥이므로 그 부분에 붙박이 가구가 있어도 바닥에서 출발하는 절대적인 높이라고 생각해야 한다. 천장 실링팬 또는 에어컨이라고 표기된 부분은 해당 천장의 지점에서 전선이 나오는 것이다.

2) 랜선 콘센트

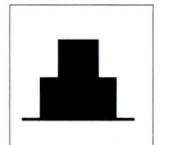 

랜선 콘센트 심볼   랜선 콘센트 제품 사진

전원 콘센트와 마찬가지로 작게 튀어나온 부분을 앞에서 마주 보면 랜선 콘센트의 정면이 보인다고 생각하면 된다. 보통 랜선 콘센트는 전기 콘센트와 함께 존재하도록 설치되므로, 같은 브랜드의 같은 라인으로 구매해야 서로 이질감이 없다. 또한, 인터넷 신규 설치 또는 이전 설치할 때 미리 스위칭 허브나 유선 공유기를 구매해 인터넷 설치 기사에게 집에 설치된 전체 랜선 콘센트를 사용할 수 있도록 부탁해야 한다. 보통 자신의 업무영역이 아니라며 하지 않으려고 하는데, 개인이 하려면 LAN용 스트리퍼 등의 장비가 필요할 수 있으므로 최대한 인터넷을 설치할 때 부탁하는 것이 좋다. 시공사의 전기팀은 해당 장비가 없는 경우가 많다.

전기 콘센트와 랜선 콘센트의 위치는 도면에서 한 번 확인 후 현장에서 전기팀과 함께 다시 확인한다. 중간에 위치가 변경되었다면 반드시 재도면화해서 현장에 전달되도록 건축사무소에 요청해야 한다. 이 과정이 없으면 협의를 안 한 것과 같다. 또한, 이 도면은 카페 또는 밴드에 올려 추후 정산 때 문제가 없도록 확정된 문서로서 못 박는 것이 좋다.

조명과 스위치

조명은 직접 보고 밝기 등을 느껴본다. 조명에 따라 빛이 새어 나오는 방향과 느낌, 크기 및 색도 달라 공간에 어울릴지 눈으로 확인하는 것이 중요하다. 특히 집의 콘셉트와 조도에 맞게 선택해야 하는데, 해당 공간에서 주로 서 있는지 앉아 있는지 누워 있는지를 보고 그 각도를 맞춰야 한다. 예를 들어 주로 누워 있는 공간은 천장을 보았을 때 전구가 직접 노출되어 눈이 부시지 않도록 플라스틱 및 유리로 한 겹 쌓여 있는 것이 좋다. 일반등은 보통 LED 매입등으로 하고, 간접등으로 포인트를 주거나 단정한 펜던트등을 설치한다.

최근 트렌드는 심플하고 모던한 주택이므로 조명도 이에 맞게 고르는 것이 좋다. 조명이 공간의 주인이 아니라 '공간을 돋보이게 하는 화장'이라는 것을 염두에 두지 않으면 너무 과하거나 특이하고 화려한 조명을 고르기 쉽다. 이는 하지 않는 것보다 못한 결과를 초래할 수 있으니, 해당 공간의 3D 모델링 또는 시공 중인 공간의 사진을 보면서 조명을 선택한다.

우리나라에서 조명이 가장 많이 모여 있는 곳은 서울 을지로로, 을지로3가역 6번 출구에서부터 세운상가를 지나다 보면 큰 도로 양옆으로 조명 가게들이 늘어서 있다. 쭉 걸어가며 마음에 드는 조명이 있는 가게를 직접 방문해 집을 짓고 있는 건축주이고 조명을 구매하려 한다고 이야기하고 상담을 받으면 된다. 잘 흥정하면 인터넷보다 훨씬 저렴하게 구매할 수 있다. 조명이 디스플레이가 안 되어 있는 경우 카탈로그를 보고 주문하면 되고, 천장 길이에 맞게 조명의 선이나 다리 길이 등을 변경할 수 있다. 이 경우 보통 배송이 1~2주일 정도 소요되므로 인테리어 석고보드 공사가 마무리되기 전에 방문해 선택하고 주문한다.

유명한 명품 조명으로는 루이스 폴센(Louis Poulsen), 아르텍(Artek), 구비(Gubi), 잉고 마우러(Ingo Maurer), 플로스(Flos), 톰 딕슨(Tom Dixon) 등이 주를 이룬다. 그러나 개당 100만원 이상을 호가하다 보니 선택에 있어 주의가 필요하다. 이러한 조명은 아무래도 직구가 싸지만(직구 가격과 별반 차이 없는 곳도 있다), 사이즈에 대한 감이 없으므로 일단 직접 눈으로 확인해야 한다. 인터넷으로 본 것과 달리 실제로 보면 사이즈가 어마어마해 자칫 공간을 망칠 수도 있다. 따라서 정식 수입 판매점을 통해 어떠한 공간에 어느 조명이 잘 어울릴지 상담을 받고, 그곳에서 바로 구입하는 것도 추천할 만하다. 오프라인 가게 중에는 명품 조명과 비슷하게 만들어 놓은 제품도 있는데 가격은 저렴할 수 있지만, 확실히 그 퀄리티에서 차이가 난다.

최근 자주 볼 수 있는 루이스 폴센의 PH5의 경우는 식탁에 앉은 사람 얼굴에 비치는 빛의 반사광까지 고려하여 은은한 조도를 구현한다. 이렇게 좋은 조명 하나는 공간을 살릴 수도 있고, 이야기의 소재가 되기도 한다.

을지로 조명 거리

폴 헤닝센(Poul Henningsen)에 의해 디자인
된 루이스 폴센의 PH5 - 매트 화이트
색상(사진 출처 : www.louispoulsen.com)

✓ 조명 및 스위치 도면 예시와 도면 보는 법

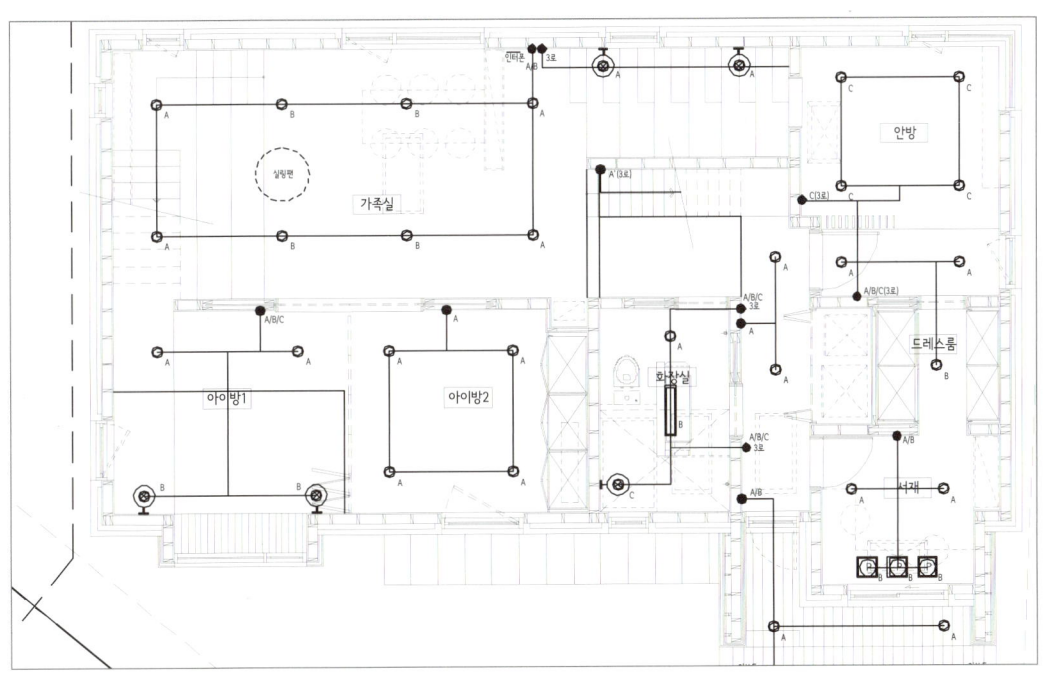

조명 및 스위치 도면 예시

1) 스위치

스위치도 콘센트와 마찬가지로 유럽산 사양의 경우 내부 박스부터 국내산 규격과 달라 별도 구매가 필요하며, 박스와 스위치까지 개당 2만~4만원의 가격이다. 아래 사진에 적용된 것은 독일 Berker社의 S.1이라는 제품으로, 매트한 흰 벽체에 잘 어울리고, 키고 끌 때의 느낌이 부드럽다.

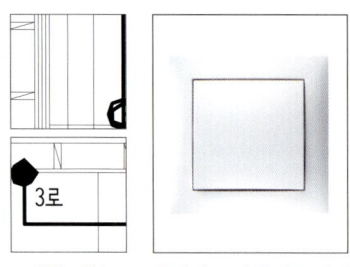

스위치 심볼   독일식 스위치 제품 사진

스위치 심볼은 도면에서 검은 점으로 표기되는데, 'A'로만 되어 있으면 그와 같은 선으로 연결된 A라고 표기된 조명을 제어한다는 뜻이다. '3로' 스위치는 켜고 끄는 것을 다른 쪽 스위치와 연결해서 사용하는 것이다. 예를 들어 계단의 한 조명을 두고 계단 아래에서도, 계단 위에서도 켜고 끌 수 있게 만드는 것이다. 다음과 같이 'A/B/C'로 되어 있으면 해당 스위치와 연결된 A, B, C로 명명된 여러 조명을 제어한다는 뜻으로, 3개의 스위치로 나누어져 있다.

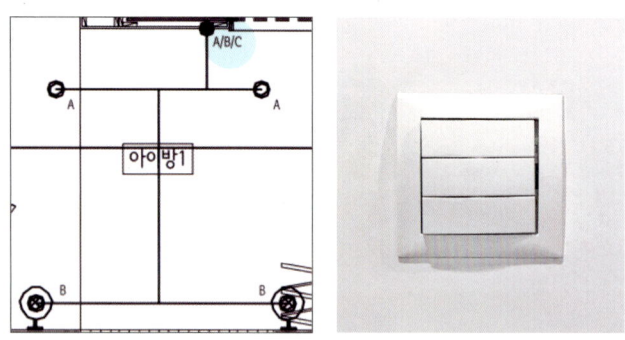

여러 등을 하나의 스위치에서 제어하는 도면과 스위치 실사례

2) 벽등

벽등 심볼

벽등은 보통 천장이 높은 경우 바닥과 천장 중간쯤에 위치시켜 조도를 보완한다. 실생활에서 나온 벽등 선택의 팁은 아래와 같다.

① 사람이 지나다니는 좁은 복도나 부딪힐 만한 높이인 곳

두께가 얇은 조명을 선택하여 앞뒤로 튀어나오지 않게 해 사람이 오가다 조명에 부딪히는 일이 없도록 한다. 벽에 붙은 빛이 위아래로 넓게 퍼져 공간을 인식하기가 좋은 대신 바닥과 천장까지 빛이 직접적으로 도달하지는 않는다.

벽등 사례 1 : 벽에 붙은 빛이 위아래로 넓게 퍼진다.

② 천장이 많이 높은 경우 또는 계단의 벽등

조명 박스 안의 셔터 각도를 바꿔 빛이 퍼지는 범위를 공간의 높이에 맞게 조절할 수 있다. 계단의 경우 다음 장 첫 번째 사진의 조명처럼 아래가 더 넓게 빛이 퍼지도록 조절한다.

벽등 사례 2 : 빛이 퍼지는 범위를 조절한다.

③ 천장이 높지 않고 벽의 포인트를 밝히고 싶은 경우

이 경우 둥그렇고 좁은 범위로 퍼져서 어두운 곳에서 불을 켤 때 벽이 있다는 것을 알려주기 위한 조명이 된다. 빛이 넓게 퍼지지 않고 해당 부분만 빛이 많이 난다. 아이들의 방에 잘 어울리고 귀여운 느낌을 준다.

④ 비추는 위치를 변경하고 싶은 경우

비추는 각도와 방향, 위치를 변경하고 싶은 경우 몸체의 길이와 각도 등을 조절할 수 있는 벽등을 설치한다. 특히 책 읽을 장소 근처에 설치해 두면 벽에서 당겨서 스탠드처럼 사용 가능하고, 천장이나 벽을 비추면 간접등처럼 활용할 수 있다.

벽등 사례 3 : 둥그렇고 좁은 범위로 퍼진다.

벽등 사례 4 : 몸체 길이 및 각도 가변형 벽등

3) 센서등

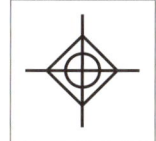
센서등 심볼

센서등은 보통 현관 쪽의 대문 외부와 현관 내부 또는 현관 근처의 어닝 밑, 차고 등에 사용한다. 이외에 평소에는 어두워서 스위치를 찾기 어려운 곳이나 켜고 끄는 것을 계속 반복해야 하는 곳에 주로 설치한다. 계단의 하부에도 센서등을 적용하면 편하다. 인체 감지 센서가 있어 외부에 달면 사람이 근처에 접근했음을 알기 쉽다.

센서등 사진(리아트 조명)

현관 내부 센서등과
외부 센서등(대광조명)

7장 나는 왜 집의 인테리어 자재를 직접 골랐는가

현관 내부 센서등의 경우 문의 형태와 맞추면 재미있는 인테리어 효과를 나타낼 수도 있다. 우리 집은 앞 장의 사진과 같이 현관문에 삼각형 창을 달았는데 (이 창은 밖의 빛을 끌어들여 현관 내부에도 은은한 빛을 들이고 밖의 날씨 등을 파악할 수도 있다), 이와 같은 형태의 센서등을 달아 특별함을 살렸다.

4) 매입등

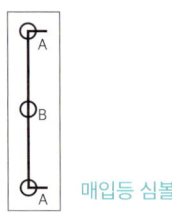

매입등 심볼

요즘은 방에도 천장의 가운데 사각 형광등 박스를 쓰지 않고 LED 매입등 여러 개를 사용하여 충분한 조도를 준다. 이때 빛의 색상도 선택할 수 있는데, 형광등같이 하얀 빛은 주광색, 은은한 주황색 빛은 전구색이라고 일컫는다. 최근에는 현관이나 차고와 같이 뚜렷하게 보여야 할 곳은 주광색을, 그 외는 모두 전구색을 사용하여 고급스러운 분위기를 만든다.

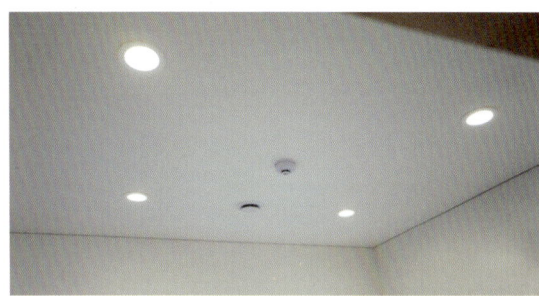 

전구색 LED 매입등이 켜졌을 때와 꺼졌을 때 실사례

LED 매입등은 여러 개를 사용해도 할로겐등보다 월등히 적은 전기 소모량으로 전기세도 절약된다. 개당 1만~1만5천원선이다.

한 방에 4~6개 정도 들어가며, 거실과 같이 큰 공간은 6~8개 들어간다. 즉, 40~50평의 주택의 경우 30~40개가 소요될 수 있다.

매입등의 하우징은 금속 재질도 있지만, 천장이 보통 무광으로 시공되므로 튀지 않도록 무광 플라스틱을 선택하고, 불투명 유리로 하는 것이 눈부심이 덜하다.

LED 매입등의 하우징 실사례

5) 긴 등

긴등 심볼

긴 등은 보통 형광등으로 많이 사용했지만, 최근에는 LED도 얇게 만들 수 있어 보통 'T5'라고 불리는 길고 얇은 등을 사용한다. 이는 간접등으로 넣기도 좋고, 바로 천장을 파서 넣으면 은은하게 빛이 반사되어서 나온다.

차고와 같이 직접적인 빛이 노출되어야 할 때, 위에서 빛이 내리쬘 수 있게 T5등을 노출하는 경우도 있다. 등 자체가 20㎜ 정도로 굉장히 얇다.

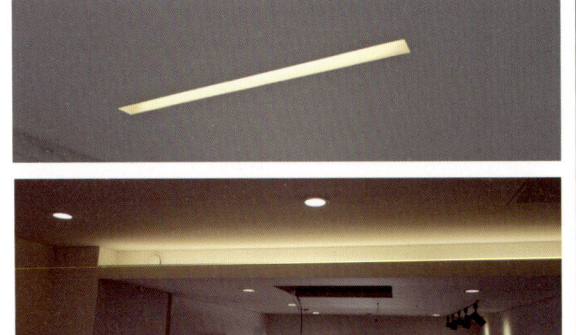

T5 간접등 실사례   T5가 노출 되는 실사례

6) 레일등 또는 줄을 맞춘 여러 개의 펜던트등

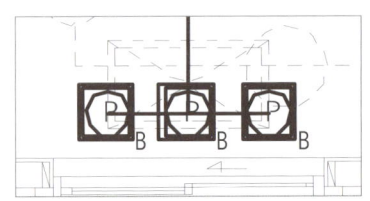

줄을 맞춘 여러 개의 펜던트등 심볼

옆으로 긴 공간이라면 T5를 넣을 수도 있지만, 공간의 포인트 요소가 될 수 있으므로 3개 이상의 펜던트등을 일렬로 맞추거나 레일등을 넣는다. 열을 맞출 때 조금 다른 길이로 변화를 주는 것이 리드미컬해 보인다. 방의 콘셉트에 따라 다양한 형태의 조명을 사용할 수도 있는데, 옆으로 퍼지는 형태의 전구나 갓보다는 위아래로 긴 것이 서로 간섭하지 않고 미적으로 좋다.

옆으로 긴 공간에서 포인트 조명 형태로 좁게 빛을 주어 집중되도록 하고 싶을 때 레일 조명을 사용한다. 사용자가 앞뒤로 각도를 조절할 수 있고 조명의 거리도 좁히거나 늘릴 수 있어 빛을 자유롭게 변형할 수 있는 장점이 있다. 보통 갤러리에서도 많이 사용된다.

줄을 맞춘 여러 개의 펜던트등 실사례

레일등 실사례

7) 거실등

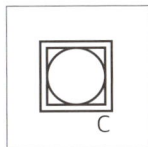

거실등 심볼

보통 천장이 높지 않은 경우 펜던트등보다는 천장에 붙은 조명을 사용하는 것을 추천한다. 거실 가운데는 사람이 많이 지나다닐 수 있어 부딪힐 수도 있기 때문이다. 일반적인 아파트의 사각 박스 형태는 단조롭고 식상하므로 디자인이 가미된 등을 선택하는 것이 좋은데, 부피가 크면 거실이 좁아 보일 수 있다. 아래의 경우도 높이를 천장에 맞게 고정하는 지지대의 길이를 줄여 주문 제작한 것이다. 직접 조명 가게에 가서 고르면 이러한 주문 제작이 가능하다. 또한, 얇은 대신에 길이가 길고 양옆으로도 조도가 발생하는 것이 좋다. 그래야 거실의 구석까지 간접광이 간다.

거실등 실사례

8) 식탁 펜던트등

식탁 펜던트등 심볼

식탁등은 가족이 여럿이 앉아 얼굴을 가까이 마주하고 음식을 먹는 곳인 만큼 아늑한 느낌이 드는 조도의 조명을 둔다. 포인트가 될 수 있는 등이므로 집에서 가장 돈을 들인 조명이 되어도 좋다. 다만 집의 전체적인 느낌과 동떨어지거나 튀는 것은 지양한다. 나는 DCW社의 'here comes the sun'을 직구했다. 비틀즈 노래에서 따온 이름의 조명으로, 조명과 같은 눈높이에서 보면 마치 석양이 비치는 모습을 닮았다. 집의 서쪽, 노을 지는 공간에 설치하여 그 모티브대로 적용할 수 있게 의도했는데, 튀지 않으면서도 부드럽고 온화한 느낌을 준다.

식탁 펜던트등 실사례 : 베르트랑 발라(Bertrand Balas)가 디자인한 DCW社의 here comes the sun 조명
(오른쪽 사진 출처 : www.herecomesthesun.fr)

9) 외부 벽체 조명과 수목등

외부 벽체 조명은 집 주변을 밝혀주는 동시에 집 자체를 비춰 밤에도 외관이 잘 드러날 수 있게 한다. 특히 벽돌과 같이 질감이 있는 외장재의 경우 아래에서 위로 쏘는 조명을 설치하면 유럽의 성벽을 비추는 느낌을 줄 수 있다. 상업적인 시설이 아닌 이상 너무 많이 둘 필요는 없다. 왜냐하면, 외부로 전선이 나가야

외부 벽체 조명 실사례

하는 만큼 방수 및 단열을 위해 꼼꼼히 처리할 부분이 많이 발생하기 때문이다. 비계가 설치된 상태에서 조명 설치 요청을 해야 효율적으로 외부 전선을 뺄 수 있다. 외부 벽등은 창틀 또는 지붕의 색과 맞추는 것이 좋다. 나는 붉은 벽돌 외장재를 바탕으로, 지붕과 창틀 모두 블랙 컬러로 맞추었고 CCTV와 외부 벽체 조명의 몸체와 차고문까지 같은 색으로 선택해 전체적인 통일감을 꾀하였다.

　테라스에는 벽체에 조명을 넣을 수 없는 경우가 많은데, 이때는 기둥 형태의 조명을 추천한다. 테라스 바닥에 붙은 조명은 오일스테인을 바를 때 조명 관리가 어렵고 시공과 방수에도 문제가 있을 수 있다. 또한, 메인 수목이 있을 때는 수목등을 사용한다. 기둥을 땅에 쉽게 파묻을 수 있는 펙용 수목등은 각도도 조절할 수 있어 편리하다.

테라스 원기둥등과 펙용 수목등의 실사례와 제품 사진

10) 스팟등

'캐스팅등' 또는 '다운라이트 스팟등'이라고도 하는 이 등은 특별한 오브제에 핀 조명 형식으로 빛을 쏴서 한 곳을 굉장히 밝혀 주목하게 만들 때 사용하는 조명이다. 집의 오브제가 되는 조각 또는 우드 슬랩 테이블 같은 곳에 사용할 수 있다.

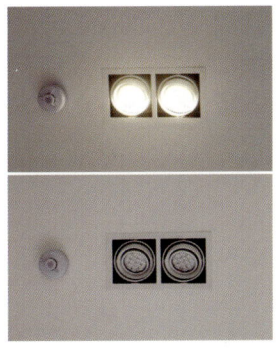

LED 캐스팅 매입등 제품 사진과 캐스팅 매입등이 켜지고 꺼졌을 때의 실사례

테이블 위로 조명이 비춰진 모습 : 조명이 있는 상황에서도 더 빛을 발하게 만든다.

✓ 조명 정리 및 현장 전달 도면

도면에 맞춰서 제품을 직접 선택하였다면 각 조명 사진을 찍어 도면과 같이 현장에 전달한다. 특히 다음 장에서처럼 조명 방향까지 표기해야 나의 의도대로 설치될 수 있고, 이를 통해 현장 작업자는 실수 없이 한 번에 끝낼 수 있다.

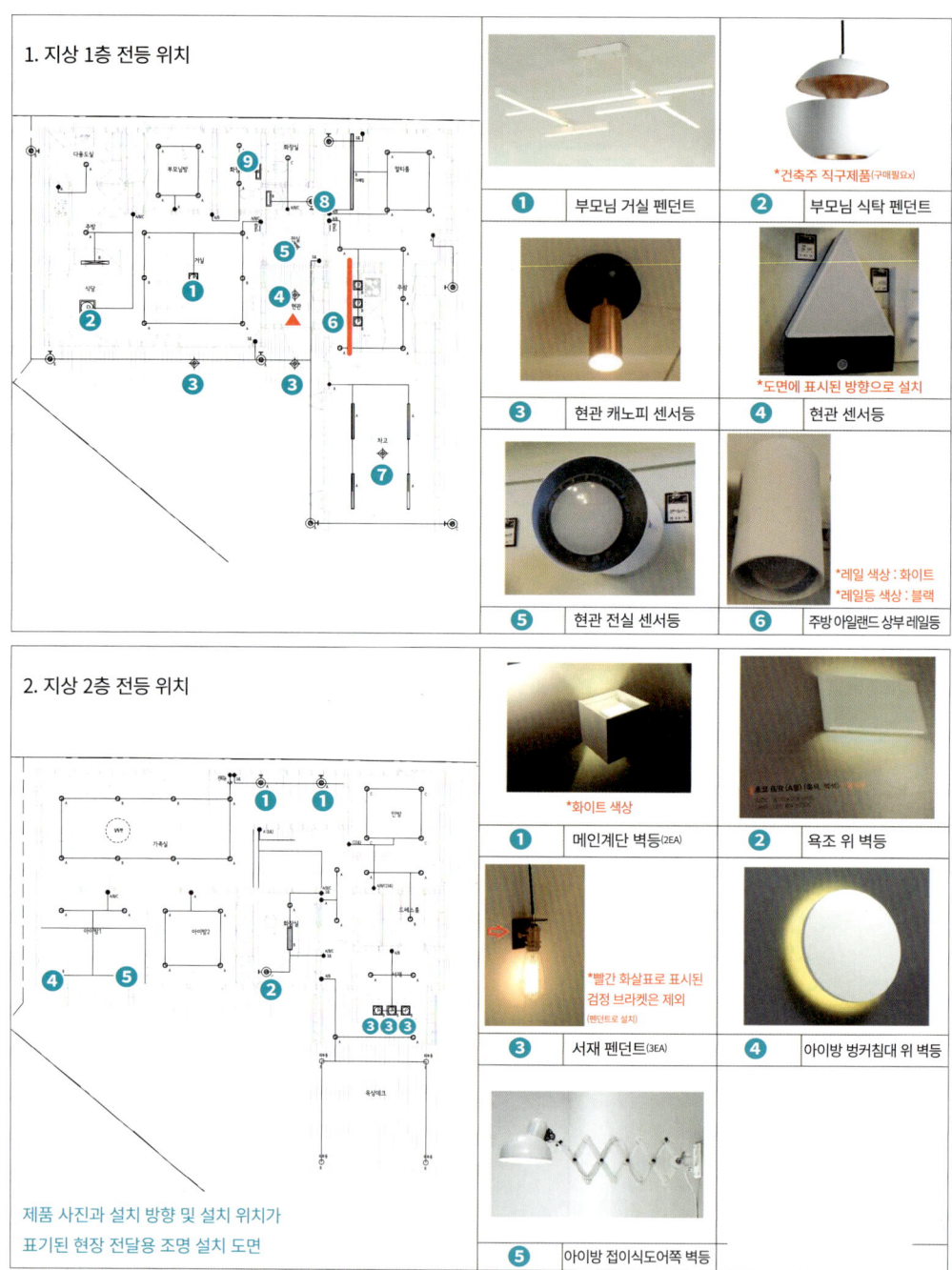

7-2
마루, 타일, 도기류 선택하기

마루와 타일 및 도기류, 주방 가구와 수입 수전 및 조명 등은 주로 논현동 가구 거리에서 직접 보고 고를 수 있다. 특히 쇼룸으로 꾸며진 곳이 많아 한 곳에서 가구뿐만 아니라 그에 어우러지는 조명과 타일, 화장실의 도기와 수전도 함께 볼 수 있다. 위치는 학동역 5번 출구에서 나와 논현역 1번 방향으로 가면서 아래 별표 친 곳을 위주로 둘러보면 된다.

> 타일 – 윤현상재, 유로 세라믹
> 수전 및 도기 – 대림바스, 갤러리 로얄, 이누스
> 원목 마루 – 선일 우드
> 주방 및 기타 가구 – 한샘 플래그샵, 리바트 스타일 샵
> 손잡이 또는 수입 수전(한스그로헤) – 헤펠레 코리아 별관
> 수입 조명 및 수입 수전 – 두오모
> 페인트 컬러 칩 및 샘플 색상 확인 – 벤자민 무어 페인트

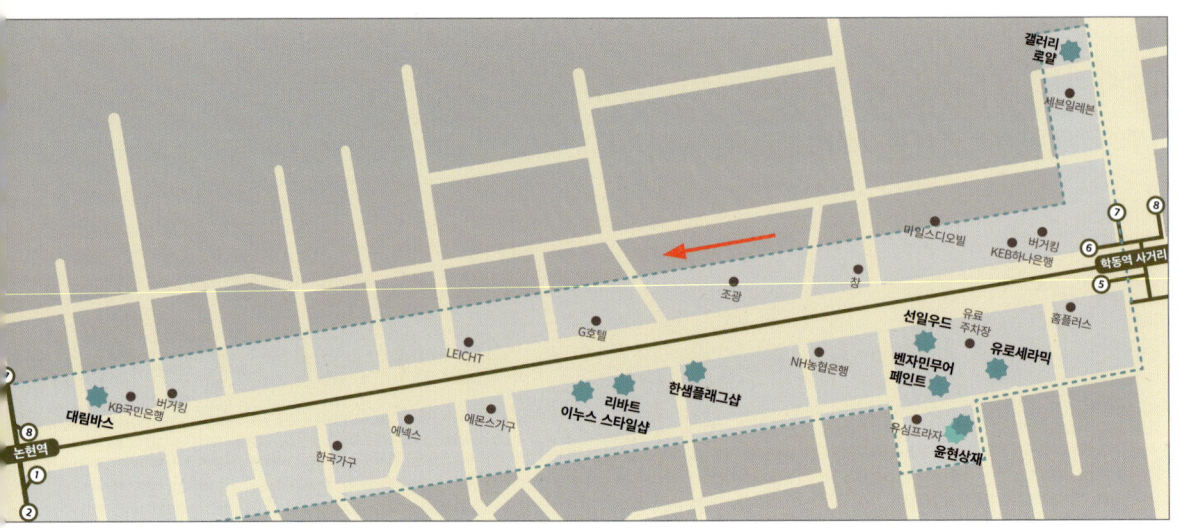

논현동 가구 거리 지도

마루 선택하는 법

원목마루의 경우 공간에서 어떻게 빛을 받느냐에 따라 질감과 색이 다른 느낌을 가지므로, 현장소장 또는 마루 업체들에 샘플을 받아서 현장 바닥에 놓고 직접 확인해본다. 샘플 조각으로 색상 및 입체적인 느낌과 결을 보고, 최대한 넓게 시공되어 있거나 여러 개의 마루가 붙어 있는 커다란 샘플로 다시 한 번 체크한다. 작은 조각으로 있는 것과 넓게 있는 것은 느낌이 매우 차이날 수 있기 때문이다.

특히 원목마루는 색상에 따라 진한 톤과 연한 톤이 있고, 질감에 따라 브러쉬와 브러쉬가 아닌 것, 열을 가해 결을 두드러지게 만든 스모크 등이 있다.

1) 색상

마루 색상을 고르는 기준은 가구가 많다면 가구 색과 비슷한 톤으로 하는 것이다. 그렇다고 가구의 마감재와 같은 수종으로 할 필요는 없다. 원목마루이고 특별한 인테리어 의도가 없다면 본래 나무의 색을 최대한 그대로 살린 마루가 자연스럽다. 밝은 톤은 집을 대체로 경쾌하고 넓어 보이게 하지만, 오염에 약하고 물에 많이 노출되는 곳은 변색될 수 있다. 특히 오크의 노란 빛은 우울증 완화에 도움이 되고 밝은 분위기를 연출한다고 알려져 있다. 반면, 어두운 톤은 집에 중후한 느낌과 무게감을 준다.

원목마루 샘플에 따라 달라지는 나무의 결과 느낌

2) 넓이

넓이가 넓을수록 원목의 느낌이 잘 살아나므로 가격대가 높다. 그러나 굳이 너무 넓은 것을 선택할 필요는 없다. 보통 90㎜ 정도를 많이 사용하고, 125㎜는 좀 더 넓고, 148~150㎜가 집에 사용되면 너무 넓어 보인다.

3) 두께

우리나라의 경우 대부분 10㎜ 정도의 두께를 많이 사용한다. 두꺼울수록 가격이 높은데, 너무 두꺼운 것은 바닥 난방이 잘 전달되지 않는다. 대신 발을 디뎠을 때 느낌이 더 좋긴 하다. 14~19㎜의 두께는 보통 상업공간에 사용되는 경우가 많다. 이를 가정집에 사용하려면 골조 단계 전에는 미리 현장소장에게 이야기 해두는 것이 좋다. 별도의 요청사항이 없으면 10㎜로 고려하여 이미 작업이 끝났을 가능성이 높다. 그 이후에는 두께를 더 두꺼운 것으로 변경하기 어렵다.

　　보통 유럽에서는 바닥 난방을 하지 않는 경우가 많으므로 19㎜의 두꺼운 마루를 쓰기도 한다. 이러한 제품은 겉면이 굉장히 자연스럽고 나무 자체의 느낌이 강하지만, 코팅이 되지 않아 관리가 더 어렵고 작은 가시들이 일어날 수 있다고 하니 구매 전 겉면 코팅 여부에 대한 확인이 필요하다.

코팅 처리 안 된 19㎜ 두께의 원목마루

4) 길이

길이는 길수록 가격이 높다. 보통 600㎜를 많이 사용하고, 900~1,200㎜ 정도까지가 가정집의 규모에 쓰일 수 있다. 긴 것은 긴 복도가 많을 때 주로 사용한다. 보통 헤링본 배치로 시공할 때는 600㎜를 쓴다.

5) 브러쉬

마루에서 브러쉬란 최대한 나무와 비슷하게 오돌토돌한 입체적 느낌을 인위적으로 가한 것을 말한다. 나무의 질감을 느끼기는 좋으나, 청소가 불편하고 바닥에 닿는 느낌에 호불호가 있을 수 있으니 직접 결을 만져보도록 한다. 원목마루의 명칭에 'H.B'가 있으면 브러쉬가 있다는 뜻이다.

원목마루의 오목하고 볼록한 입체적 느낌이 있는 브러쉬

6) 스모크

스모크는 나무에 열을 가하여 나무의 결 또는 색을 진하게 변형시켜서 만든 것이다. 색상이 다소 어둡거나 결이 강한 것이 많으므로 디자인에 호불호가 갈릴 수 있다. 공간을 돋보이게 하기보다는 마루가 더 눈에 띌 수 있고, 한옥의 바닥과 같은 느낌을 주기도 한다. 원목마루의 명칭에 'H.S'가 있으면 스모크 처리되었다는 뜻이다.

스모크 처리된 원목마루의 샘플

7) 결의 방향 및 마루 배치 방법

빛에 비치는 나뭇결의 방향에 따라 색과 느낌이 달라질 수 있다. 시공되는 결까지는 맞추기 어렵지만, 마루의 배치를 변형함에 따라 공간에 변화를 줄 수 있다.

① 직선 방향

일반적으로 가장 많이 하는 시공 방법으로, 자재가 쓸모없어 못쓰게 되는 로스율이 가장 낮다. 보통 긴 복도를 기준으로 하는데, 그 이유는 복도와 반대 방향으로 시공하면 로스율이 커지고 보행감 및 속도감에도 영향을 미치기 때문이다.

직선 방향으로 시공된 원목마루

② 헤링본

헤링본(Herring bone)은 '청어의 뼈'라는 뜻으로, 한 선을 기준으로 양옆으로 뉘어 놓은 식의 패턴을 말한다. 공간을 독특하게 만들 수 있으나 자재의 로스율이 크고 인건비도 좀 더 들어 시공 가격이 직선 방향보다 10~20% 정도 더 비싸다. 또한, 좁은 공간은 작게 조각내어 붙이며 시공해야 하므로 시공 난이도가 올라간다.

헤링본 스타일로 시공된 원목마루

③ 기타 변형

이외 한옥에서 주로 쓰던 마루와 같이 사각형 형태로 배치한 것도 있고, 독특한 모양으로 시공되는 경우가 있다. 독특한 형태의 경우 보통 특별히 꾸미고 싶은 벽에 설치하는 것으로 내부 마루로는 사용하기 어렵다.

특수하게 커팅 되어 시공된 마루

> **TIP! 원목마루 저렴하게 구매하는 법**
>
> 보통의 강마루보다 2배 이상 자재 값이 비싼 원목마루를 가장 저렴한 가격에 구매하는 법은 아래와 같다.
>
> ① 건축박람회 기간 동안 계약 혜택
> 박람회에서 원목마루 업체 부스를 방문하면 커다란 샘플도 직접 확인할 수 있고, 계약 시 할인되는 경우도 있다. 보통 평당 25만~28만원대 마루가 이때 구매하면 23만원 정도부터 시작한다.
>
> ② 원목마루 공장에서 직접 가져오기
> 공장에서 직접 판매하는 경우도 있으므로, 이를 연결한 후 시공사 현장소장에게 해당 자재와 마루 시공팀은 공장에서 직영으로 한다는 것을 협의하면 된다. 이러면 좋은 퀄리티의 원목마루를 훨씬 저렴한 평당 17만~18만원대에 구매 및 시공할 수 있다.

타일 선택하는 법

미리 전화로 건축주임을 밝히고 현장 위치를 알려준 후 예약하면 서울 논현동 윤현상재나 판교 바스디포 매장의 경우 담당 매니저 한 명이 할당된다.

방문하기 전 해외 사이트(www.houzz.com/photos/bathroom) 등에서 화장실 인테리어 사례 등을 보며 어떠한 느낌으로 할지를 고려해두면 좋다. 보통 타일이 들어가는 곳은 화장실 외에 현관 바닥, 다용도실 바닥과 벽면, 주방 벽면 등이 있고 1층 주방 바닥을 포세린 타일로 하는 경우도 있으므로, 어떤 공간에 어떠한 색상과 느낌이 타일이 들어가면 좋겠는지 미리 사진을 준비하여 지참하면 타일을 선택하기도, 업체 측에서 타일을 제안해주기도 편하다. 타일이 생각보다 들어가는 장소가 많고 화장실별로 다른 타일을 쓰는 경우도 많기 때문에 집 한 채에 벽과 바닥을 합쳐 10가지가 넘는 타일이 들어간다.

✓ 타일의 각 구분에 따른 종류

타일의 크기에 따라

① 모자이크 타일

크기가 작거나 형태가 특이한 타일로, 시공하기 편하도록 망에 여러 개가 붙여져서 나온다. 이를 붙여 시공하고 작은 타일 사이에도 메지는 들어가야 한다. 대체적으로 가격이 높고 인건비가 많이 드는 타일이다. 주로 욕조나 샤워실 및 수영장에 많이 사용된다.

모자이크 타일의 샘플

② 일반 타일

보통 300×300$^{(㎜)}$ 정도의 사이즈는 현관이나 화장실 바닥 타일로, 300×600$^{(㎜)}$ 또는 600×600$^{(㎜)}$ 정도의 사이즈는 주방이나 거실 바닥에 많이 사용된다.

일반 크기의 타일인 300×300$^{(㎜)}$ 사이즈와 모자이크 타일의 비교

③ 대형 타일

1m가 넘는 큰 타일은 석재나 대리석 또는 입체적이고 기하학적인 패턴을 가진 것들이 있는데, 이는 주로 아트월과 같은 거실 벽면에 많이 사용된다(단, 최근 단독주택에서는 아트월은 하지 않는 추세이다). 이러한 큰 타일은 좁은 공간에는 잘 사용하지 않는다. 그 이유는 타일 커팅을 많이 해야 해서 시공 시간이 늘어 인건비가 증가하기 때문이다. 이때 커팅을 하지 않고 타일을 출고된 그대로 사용하는 것을 '온장'으로 쓴다고 한다.

ex. 넓은 공간에서는 대형 타일도 온장으로 사용할 수 있다.

타일 형태에 따라

① 정사각형 타일

정사각형 타일

정사각형 타일은 가장 일반적인 형태로, 특별한 패턴을 주는 배치가 별로 없다. 대신 바둑판의 선처럼 정확한 라인을 그리며 시공하는 것이 필요하다. 작업하기 쉽고 주로 바닥에 많이 사용된다.

② 직사각형 타일

직사각형 타일은 시작하는 선들을 맞추어 일렬로도 배치할 수 있고 지그재그로

벽돌처럼 맞출 수도 있다. 또한, 헤링본 등으로 변형할 수도 있다. 보통 바닥뿐만 아니라 벽체에도 많이 시공된다. 면과 선이 깔끔한 것은 모던한 느낌을 줄 수 있고, 면이 우둘투둘하고 끝선이 둥그런 것은 지중해풍 분위기를 준다.

직사각형 타일

직사각형 타일의 일자 배치와 벽돌 배치

면이 완전한 평면이 아닌 굴곡이 있는 타일

③ 육각 타일

육각 타일은 최근에 많이 유행하기 시작한 것으로, 가장 많이 쓰는 사각 타일에 식상함을 느끼는 사람들에게 많이 선택된다. 큰 육각 타일은 작은 공간에서는 커팅을 많이 해야 하므로 지양하는 것이 좋다. 최근에는 모든 변의 길이가 같은 정육각 타일 외에 위아래로 긴 육각 타일도 나오고 있다.

육각 형태의 타일

타일 재질에 따라

① 유광 타일(폴리싱 타일)

표면이 매끈하게 처리된 것으로 빛 반사가 잘된다. 유광이 너무 많으면 세련되지 못한 느낌을 줄 수 있지만, 오염에 대한 청소는 쉽다. 바닥의 경우 기스가 많이 보이게 될 수 있다.

② 포세린(Porcelain) 타일

포세린 타일이란 흙으로 반죽이 된 것을 고온에 구워 만든 것으로, 최근에는 무광 무채색 계열의 타일을 통칭하는 말이 되었지만, 위에서 언급한 폴리싱 타일도 포세린 타일의 한 종류이다. 북유럽 스타일의 인테리어가 트렌드가 되면서 이러한 무채색의 넓은 타일은 바닥재로 많이 사용되고 있다. 마루 대신 포세린 타일로 바닥을 마감하면 일반 가정집과 다른 분위기를 줄 수 있고 원목마루보다 관리가 편하다. 그러나 열전도율이 높아 바닥 난방을 하지 않을 때는 차갑고 난방을 하면 뜨거워 원목마루와 비교했을 때 온도 차이가 크다. 또한, 딱딱한 돌과 같은 재질이라 컵이나 그릇을 떨어트리면 충격을 흡수하지 못해 쉽게 깨질 수 있다.

300×900(㎜) 사이즈의 포세린 타일

③ 벽돌 타일

벽돌 타일은 실제 외장재로 사용하는 벽돌을 얇게 커팅해 내부의 벽면에도 사용할 수 있게 만든 것으로, 주로 상업 시설에 많이 사용된다. 최근에는 고벽돌 타일 뿐 아니라 시멘트 벽돌을 시공 후 흰색 페인트로 칠하여 질감만 느낄 수 있도록 하는 인테리어도 종종 볼 수 있다. 조명과 함께 활용하면 레스토랑 같은 느낌을 줄 수 있지만, 일반 가정집에 할 경우 먼지도 잘 쌓이고 맨살에 부딪히면 다칠 수 있으므로 아이가 있는 집의 경우 내장재로는 권장되지 않는다.

④ 석재 무늬 타일

돌을 잘라낸 듯한 타일로, 무늬와 질감까지 입체적으로 만들어 자연스러운 느낌이 난다. 값이 저렴한 것은 가까이서 보면 도트가 튀고 무늬를 프린트한 느낌이 들기 때문에 석재 무늬 타일을 고를 때는 표면을 만져보고 가까이에 눈을 대 무늬를 확인해 보는 것이 좋다.

석재 무늬 타일.
왼쪽 제품의 무늬와 질감이
좀 더 자연스럽다.

✓ 공간별 타일 종류와 선택 노하우

일단 해당 공간의 전체적인 색감 및 테마를 생각해야 한다. 예를 들어 모던한 집에 너무 현란한 무늬의 타일은 전체적인 콘셉트에 어울리기 어렵다. 색감의 경우 벽과 가구의 색 및 해당 실의 위치에 맞춰야 한다. 주방 가구가 검은색 계통이면 바닥 타일은 가구가 돋보일 수 있도록 연한 회색으로 톤을 맞춘다. 또한, 해가 잘 들어오는 위치라면 어두운 톤은 먼지가 잘 보일 수 있으므로 밝은 톤으로 계획하면 좋다.

1) 현관

현관 바닥은 넓은 공간이 아니므로 큰 육각 및 헤링본 스타일로 시공하게 되면 많이 잘라야 해서 보기에 좋지 않을 수 있다. 따라서 사각형 형태를 하는 것이 일반적이다. 굳이 유행하는 육각 타일을 사용하고 싶다면 크지 않은 사이즈(손바닥 정도)로 한다. 특히 메지(줄눈 : 현장에서는 '메지'라고 많이 사용하므로 이하 메지로 사용)가 오염되기 쉬운 곳이므로, 작은 사이즈의 타일은 메지의 선이 늘어나 청소하기 힘들다.

현관 타일과 메지의 색상은 완전한 흰색이나 검은색은 지양하는 것이 좋다. 계속해서 흙이 들어와서 밟는 곳이므로 관리가 어렵고 쉽게 변색될 수 있기 때문이다. 현관 바닥 타일 색감의 기준 가구는 신발장이 되는데, 현관은 대체적으로 환한 색으로 해야 더 넓어 보일 수 있다. 따라서 신발장이 흰색이 되는 경우가 많고, 그에 따라 현관 바닥 타일은 아이보리나 밝은 회색이 좋다. 메지 역시 같은 계통이나 한 톤 어두운 회색을 사용하는 것이 좋다.

육각의 연회색 현관 타일과 한 톤 진한 회색 메지가 시공되는 모습

2) 주방

① 바닥 타일

주방 바닥은 물이나 음식물이 많이 튈 수 있다. 따라서 주방 바닥까지 원목마루로 하면 관리하기가 어려우므로 무채색 계통의 $300 \times 600^{(㎜)}$ 이상 큰 사이즈의 포세린 타일을 많이 사용한다. 만약 거실 바닥이 원목마루인데 주방 바닥만 타일로 하고 싶다면 마루와 타일이 만나는 면에 단차가 나지 않도록 꼼꼼하게 처리할 필요가 있다.

주방에서는 주방 가구의 색이 메인 색이 되므로 이를 받쳐주도록 톤을 반대 명도로 가는 것이 좋다. 예를 들어 주방 가구가 어두운 톤이면 그보다 밝은 톤으로, 주방 가구가 밝은 톤이면 그보다 어두운 톤으로 선택하는 것이다. 그러나 무늬가 전혀 없거나 흰색이면 오염이 눈에 잘 띌 수 있어 관리가 쉽지 않다.

② 벽 타일

가스레인지 또는 인덕션 주변의 벽 오염은 물론, 화재 방지를 위해 타일이 사용된다. 가까이서 보면 주방 가구의 상판과 타일이 맞물리고, 멀리서 보면 주방 가구 서랍 또는 몸체 부분과 주방 벽 타일이 같이 보인다. 따라서 상판과 주방 가구의 몸체 부분과 주방 벽 타일의 색감을 맞출 필요가 있다.

주방의 바닥 타일 실사례

가스레인지와 주방 가구의 몸통과 상판, 그리고 주방 벽 타일 실사례

3) 화장실

화장실은 바닥뿐만 아니라 벽까지 모두 타일로 둘러싸는 공간이므로, 타일의 조합이 굉장히 중요하다. 또한, 화장실이 여러 개인 경우 각각 다른 콘셉트로 꾸미려는 욕심이 날 수 있는데, 화장실의 넓이나 위치에 따라 색감을 달리하는 것은 좋으나 화장실도 집의 일부분이므로 전체적인 테마는 한 가지로 통일하는 것이 바람직하다. 만약 집이 심플한 스타일이라면 화장실 타일도 한두 가지 색 정도만 사용하고 표면에 무늬 없이 끝선들이 깔끔한 것을 사용한다.

① 바닥 타일

화장실 바닥 타일과 메지는 특히 물때가 잘 끼기 때문에 완전한 흰색 또는 검은색은 사용하지 말 것을 권한다. 또한, 물이 많이 닿을 수 있어 습기에 강한 타일을 선택하는데, 미끄러지기 쉬운 곳이므로 바닥 타일의 표면이 거칠어서 마찰이 많이 만들어지는 것이 좋다. 이는 안전과 관련된 부분이니 타일 선택에 있어 반드시 주의가 필요하다.

오염에 쉽게 노출되는 검은색 화장실 바닥 타일 실사례

② 벽 타일

화장실의 벽체는 샤워기 근처를 제외하고는 계속해서 물이 닿는 공간이 아니다. 그러나 습기가 찰 수 있으므로 이에 강한 것이 좋다. 방수된 표면에 붙이기 때문에 크기가 너무 넓은 타일이나 직사각형을 세로로 배치하는 것은 지양한다. 중력에 의해 타일이 제대로 지탱되지 않고 탈락할 수도 있다. 타일 접착제가 제대로 마르지 않으면 메지 틈 사이로 물기가 파고들어 접착제가 물처럼 나오고 타일이 붕 뜨는 현상이 발생할 수 있다. 또한, 목조주택인 경우 나무 특성상 구조가 자리 잡는데 1~2여 년의 시간이 소요되므로 그동안 약간의 뒤틀림으로 인해 메지나 실리콘의 틈이 생길 수 있으니 이를 초기에 손을 보아 두면 좋다. 목구조 벽체는 외부 벽체가 아니면 내부로 들어간 공간을 만들어 수납할 수 있다. 이때 화장실 벽의 타일 마감이 잘 따라 들어가고 타일을 커팅한 거친 면이 드러나지 않도록 엣지 부분은 스테인리스 소재로 깔끔하게 마감해준다.

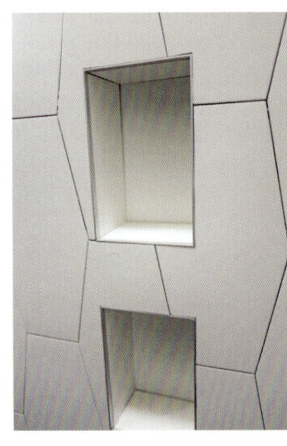

화장실 벽 내부로 들어간 공간의
타일 처리 실사례

③ 샤워실 벽 타일

샤워실의 벽은 화장실 벽과 같은 타일을 사용하기도 하지만, 포인트를 주기 위해 모자이크 타일로 마감하여 공간이 분리된 효과를 주기도 한다. 이때는 색과 톤이 화장실 전체 벽체와 비교해 너무 튀지 않는 것으로 선택한다.

④ 욕조의 치마 및 욕조 내부 타일

욕조는 보통 옆 부분이 비어 있다. 이 부분을 덮는 것을 욕조의 '치마'라고 하는데, 이를 화장실 바닥 타일이 감아서 올릴 것인지 화장실 벽 타일로 연결할 것인지 또는 완전히 다른 타일로 할 것인지를 선택해야 한다. 벽과 연결된 경우 보통 아래와 같이 화장실 벽 타일로 처리한다.

욕조의 치마 부분에 대한 타일 처리 실사례

욕조를 화장실 바닥보다 들어가게 만드는 다운 욕조나 욕조 전체를 타일로 만드는 경우에도 습기와 미끄러움에 강한 모자이크 타일이나 작은 사이즈의 석재 무늬 타일을 사용하는 것이 좋다. 타일을 벽에서부터 욕조까지 이어져 내려오게 만들면 더욱 통일성과 고급스러운 느낌을 줄 수 있다.

벽에서 다운 욕조까지 이어져 내려오는 모자이크 타일 사용 실사례

4) 다용도실

자주 가는 공간이 아니므로 저렴한 타일을 많이 쓴다. 보통 벽체는 흰색 유광 타일을, 바닥은 미끄러울 수 있으므로 거친 것을 사용한다. 단, 청소가 쉬워야 한다.

✓ 후회 없는 타일 선택을 위한 노하우 세 가지

① 벽 타일과 바닥 타일을 같이 놓고 어울리는지 확인

바닥 타일을 아래에 두고 벽 타일을 세워 실제로 색 조합이 어울리는지를 확인해 본다. 특히 흰색의 경우 각자 보았을 때는 비슷한 색처럼 보일 수 있지만, 같이 놓고 보면 다른 색감인 것을 확인할 수 있다. 이렇게 비슷한 톤으로 비교하면 쉽게 타일을 고를 수 있다.

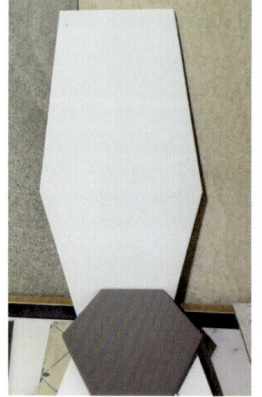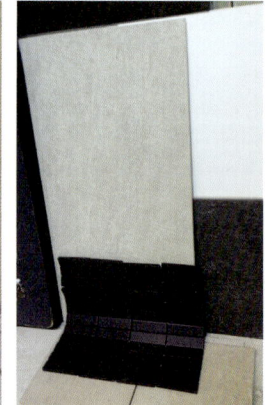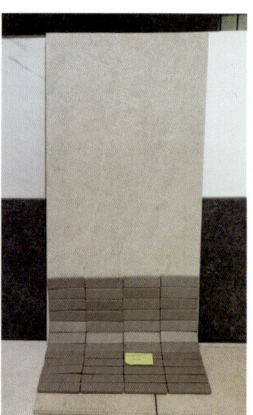

벽 타일과 바닥 타일을 같이 놓고 비교하는 사례

② 직접 타일 샘플을 여러 가지 방법으로 놓고 적절한 배치법 확인

같은 타일도 헤링본 형태로 배치하는가, 벽돌 형태로 배치하는가, 직선 형태로 배치하는가에 따라 느낌이 다르다. 타일을 여러 가지 형태로 배치해보면 해당 공간과 타일 자체에 어울리는 배치를 찾을 수 있다.

비슷한 타일도 어떻게 배치하는지에 따라서 느낌이 달라질 수 있다.

③ 실제 타일에 타일 메지 샘플을 같이 놓고 색상 선택

메지 샘플을 타일과 타일 사이에 배치해놓고 적절한 색상을 시뮬레이션하며 선택할 수 있다. 메지에 따라 타일을 시공했을 때의 느낌이 매우 달라진다. 특히 육각 타일처럼 기하학적인 형태는 메지의 밝기를 타일의 밝기와 다르게 하여 선이 두드러지는 것이 좋고, 바닥 타일의 메지는 흰색과 검은색은 하지 않는 것이 좋다.

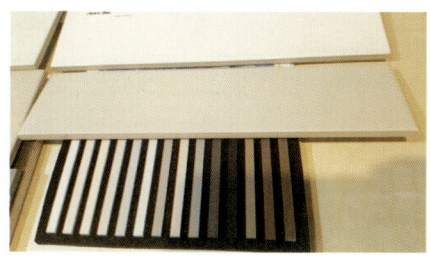

메지 샘플을 통한 시뮬레이션

TIP! 현장에 선택한 타일을 전달할 때

타일의 종류가 공간마다 다르고 타일이 시공되는 벽체의 위치와 높이도 다를 수 있으므로 다음과 같이 정리해 현장에 전달하는 것이 필요하다. 특히 벽체의 어느 지점까지 타일이 붙어야 하는지 모호할 경우 3D 도면에 색으로 표현하여 해당 색에 대한 타일을 표기하면 확실히 알 수 있다.

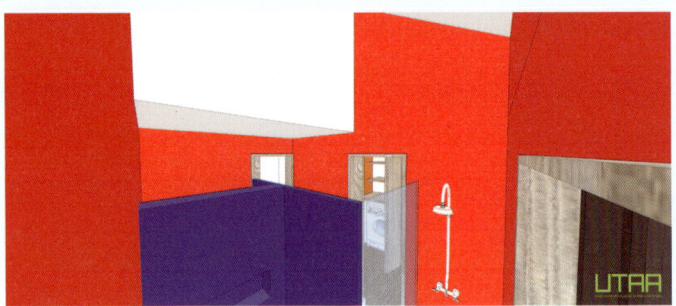

타일 시공 범위를 3D 도면에 표현한 사례

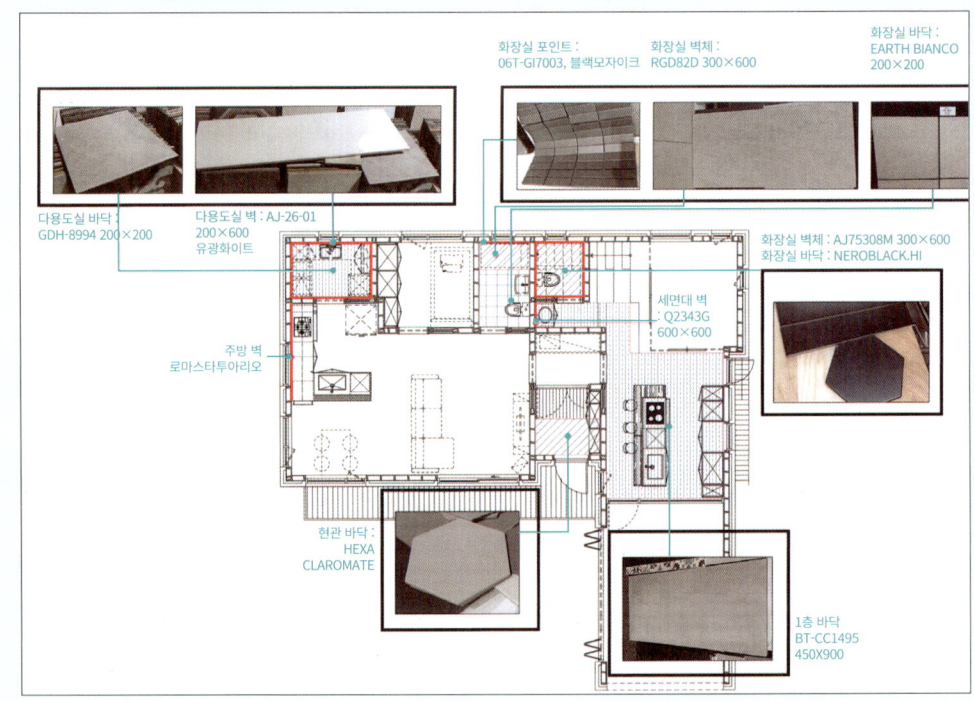

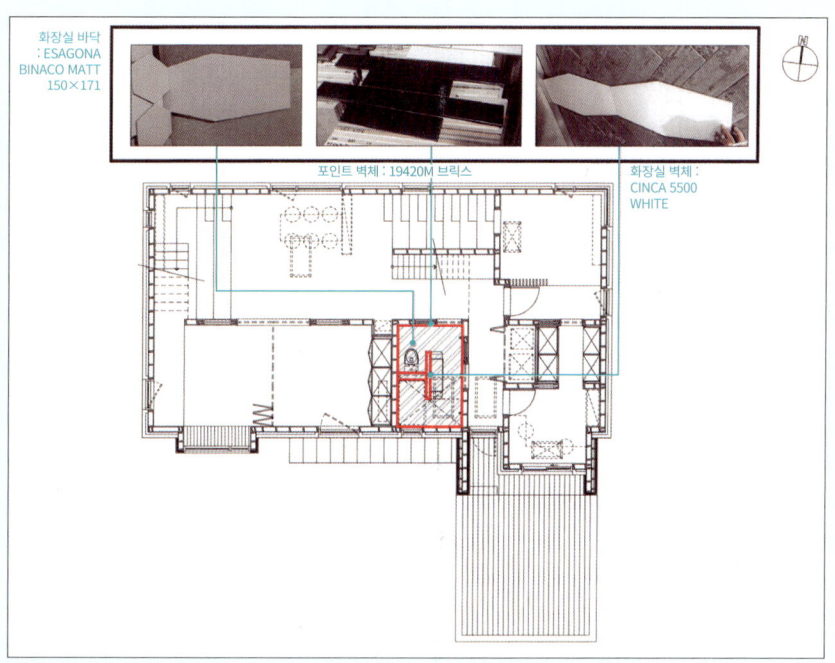

타일 시공 범위 및 종류를 평면도에 표기한 사례

욕실 도기류와 액세서리 선택하는 법

욕실 도기류 및 액세서리도 직접 보고 선택해야 한다. 서울 논현동 가구 거리에 이누스, 대림 바스, 로얄 앤 컴퍼니의 쇼룸에서는 화장실 타일과 도기가 함께 디스플레이 되어 있어 인테리어 아이디어를 얻을 수 있다. 마음에 드는 변기가 있으면 앉아보고 수전을 사용해 보아야 좋은 제품을 선택할 수 있다.

1) 변기의 종류 및 선택법

물론 변기는 물살이 센 게 좋지만, 디자인도 중요하고 무엇보다 앉았을 때 편해야 한다. 모든 변기를 비데 일체형으로 하기엔 가격이 부담스러울 수 있으니 각 변기 타입별 장단점을 잘 알아보고 구매하도록 한다.

비데 일체형 변기의 리모컨은 터치식으로 작동시키는 것보다는 버튼식이 좋다. 터치식은 인식이 잘 안 되는 경우가 많은데, 은근히 짜증을 유발한다. 또한, 자동으로 뚜껑이 열리고 닫히는 것은 고장이 빈번하게 발생할 수 있다. 특히 아이가 있는 집은 뚜껑을 억지로 여닫으며 장난치는 경우가 많아 고장이 더 잘 난다. 변기 디자인은 몸체의 옆 부분에 굴곡이 많은 것보다 몸체가 최대한 벽까지 막혀 있어 틈새가 적은 것이 청소하기가 쉽다. 굴곡이 많으면 그 굴곡에 때가 낄 수 있기 때문이다. 이렇게 굴곡 없이 뒤로 연결된 것을 '치마형'이라고 한다.

물탱크의 높이가 내려갈수록 미관상 예뻐 보이고 가격은 높아지지만, 물이 내려가는 수압은 그만큼 낮아진다. 화장실을 건식으로 설계하는 것은 우리나라 문화에는 맞지 않으므로 변기가 있는 쪽도 물청소를 할 수 있게 물이 빠질 수 있는 구배(기울기)를 잘 만들어주는 것이 좋다. 또한, 변기 옆에 물청소 호스를 설치하는 것을 추천한다. 청소나 일반 상황에서도 매우 유용하게 사용된다.

① 원피스 변기 : 전체 변기가 하나의 덩어리로 연결된 것

장점 : 고급스럽고 청소가 쉽다.
단점 : 가격이 좀 더 비싸다. 설치 및 고장 관리가 어렵고, 물이 덜 시원하게 내려간다.

원피스 변기

② 투피스 변기 : 변기가 두 덩어리로 나뉜 것

장점 : 가격이 상대적으로 저렴하다. 물이 시원하게 내려가고, 설치 및 관리가 쉽다.
단점 : 물이 내려갈 때 물이 튈 수 있어 변기 뚜껑을 일일이 닫아야 한다.

③ 비데 일체형 : 변기에 비데 기능이 합쳐져 있는 것

이 경우 변기 옆에 전원 콘센트를 도면상에 넣어줘야 한다. 추후 비데를 따로 설치할 경우를 대비해 콘센트를 두는 것이다. 이때 전원 콘센트는 청소 시 물이 튈 수 있으므로 뚜껑이 덮이는 콘센트를 사용한다.

장점 : 비데 및 변좌 온도 등 각종 추가 기능이 있고, 모양이 예쁜 것이 많다.
단점 : 일반 변기보다 최소 두 배 이상의 가격에서 시작한다. 지속적인 관리가 필요하다.

투피스 변기

비데 일체형 변기 제품

2) 세면대의 종류 및 선택법

① 세면대가 바닥까지 연결되어 내려오는 형태

장점 : 가격이 저렴하고 설치 및 관리가 간편하다.

단점 : 뒤에 배관들이 나와 보기 좋지 않다.

바닥까지 내려오는 세면대

② 벽에 붙은 형태

장점 : 배관들이 깔끔하여 미관상 훌륭하다.

단점 : 배관 관리가 불편하고 설치를 위해서는 시공 전 협의가 필요하다.

주의점 : 기초 전에 미리 이야기해야 물 오수 배관이 벽으로 빠질 수 있어 설치가 가능하다.

벽에 붙은 세면대

③ 탑볼 형태

장점 : 일반 아파트에서 보기 어려운 경우가 많아 인기가 있다.
단점 : 사용이 생각보다 편하지 않고 물이 많이 튀어 하부장과 주변 관리가 어렵다.
주의점 : 탑볼 세면대 밑에 하부장을 설치하는 경우 주방 가구 업체 측과 미리 치수에 대한 설계가 필요하다. 목이 긴 수전이 필요할 수 있기 때문에 수전은 세면대의 높이에 맞춰 구매해야 한다. 화장실 외부 손 씻는 곳 정도에 적당한 세면대이다.

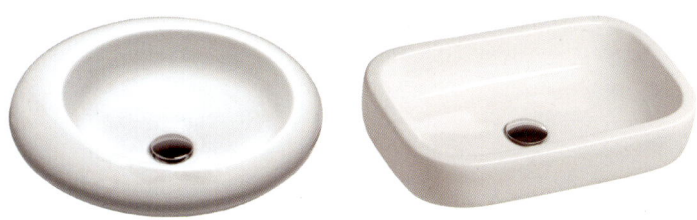

탑볼 세면대

3) 욕실 액세서리의 종류 및 선택법

욕실 액세서리는 휴지걸이, 수건걸이, 옷걸이, 화장실 붙박이장, 물 빠지는 트렌치 등이 있다. 욕실 액세서리 중 매립형 휴지걸이의 경우 골조에 들어가기 전 제품을 현장에 제공해 틀이 미리 설치될 수 있도록 한다. 액세서리류 선택 순서는 욕실 타일의 색과 콘셉트가 맞는 것이 중요하므로, 타일을 고른 후에 액세서리를 고르는 것이 맞다. 특히 변기나 세면대 도기와 같은 브랜드의 액세서리를 선택하면 매치하기 쉽다.

화장실 바닥의 물 빠지는 구멍에 있는 트렌치는 일반적인 은색으로 하는 것보다 타일 색상과 맞춰 구매하는 것이 좋다. 또한, 이러한 트렌치는 정사각형뿐만 아니라 호텔에서 사용되는 직사각형 모양도 있다. 액세서리만 잘 선택해도 적은 비용으로 훨씬 고급적인 느낌을 줄 수 있다.

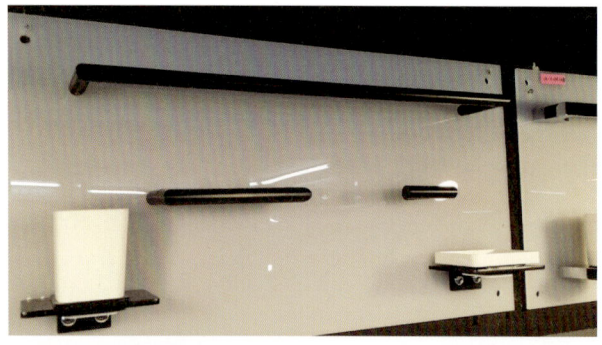

바스디포에 전시된 욕실 액세서리

화장실 타일 색에 맞는 트렌치

7-3
수전, 인덕션, 실링팬 직구하기

직구한 수전과 세면볼

국산 제품의 수전은 시공사에서 설치하기 쉽고 부품을 구하기도 편해 하자 처리도 어렵지 않지만, 모양이 단조롭고 수압이 맞지 않거나 수압과 온수 조절이 까다로운 경우가 있다. 반면 수입 제품은 규격이 달라 설치가 어렵고 하자에 대한 처리도 쉽지 않으며 심지어 고가이다. 대신 디자인이 멋지고 수압이 부드러우며 수압과 온수 조절이 자연스럽다. 특히 샤워 호스의 경우는 틈 없이 민자 형태라 때가 낄 염려가 없다.

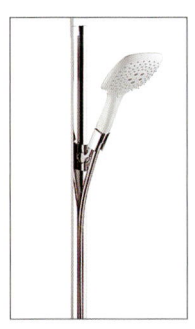 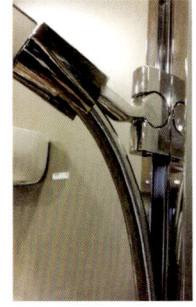

직구한 샤워기 세트 : 샤워기 호스가 국내 제품과 다르게 민자 형태이다. (제품명 : hansgrohe PuraVida 27853400)

수입 제품도 정식 수입 업체를 통하면 설치 및 A/S에 대한 걱정을 덜 수 있다. 하지만 재고가 부족한 편이라 한참 전에 주문해야 하고 A/S 처리 속도가 더딘 데다 (A/S 부품 재고가 없을 경우) 매우 고가이다. 따라서 이런 경우 A/S와 설치 부담을 건축주가 책임지고 정식 수입 업체보다 30~40% 저렴한 가격으로 구매할 수 있는 방법이 바로 '직구'이다.

보통 독일산 그로헤(Grohe) 또는 한스그로헤(Hansgrohe) 제품을 구매하는데, 제품 라인을 통일하는 것이 전체 콘셉트를 맞추기 좋다. 독일산 수전은 미국 아마존이 아닌 반드시 '독일 아마존'에서 직구해야 그나마 설치 가능한 방법을 찾을 수 있다. 독일산 수전에 사용되는 어댑터를 국내에서 판매하므로 그것만 사서 시공사에 제공하면 된다.

수입 수전 설치 시 욕실의 경우는 보통 시공사에서 하지만, 주방 가구나 하부장에 붙은 수전은 주방 가구 업체와 시공사가 서로 설치를 미룰 수 있다. 이때는 하자에 대한 책임을 건축주가 지더라도 수입산 수전 설치 경험이 있는 쪽에게 부탁하는 것이 좋다. 보통 시공사의 설비팀에게 부탁하는 경우 하자가 없다. 나는 설치 실수로 내부 부품이 깨진 것도 모르고 한 달 넘게 사용하다 물이 새서 하부장 일부와 수전 자체를 통째로 교체한 일이 있다. 수전은 특히 물과 관련된 부분이므로 설치에 만전을 기해야 한다(사실 무조건 직구가 능사는 아니다. 직구한 물품을 전문적으로 설치해주는 서비스가 있거나 설치하는 사람의 연락처 데이터베이스가 있으면 좋겠다는 생각에 조만간 이러한 데이터베이스를 구축하여 커뮤니티를 통해 공개할 생각이다).

수전의 구입 시기는 골조가 마무리되면 바로 수도 설비관 설치가 시작되므로 골조 마무리 전에 도착하는 것이 좋다. 이때 설비팀장에게 직구할 수전의 설치 가능 여부를 미리 물어보고 협의하는 것이 좋은데, 수전의 사이즈와 냉·온수 설비 치수 등이 있는 수전의 사양서를 출력해 설비팀장에게 제공한다. 제조사의 홈페이지에서 해당 수전의 이름을 검색하면 필요한 부품이 검색되고, 이 부품의 데이터시트를 주면 된다. 직구의 경우 배송기간까지 넉넉하게 한 달 정도로 잡고, 공사가 시작할 때쯤 현장소장 및 설비팀장과 협의하고 수전 구매해두면 좋다.

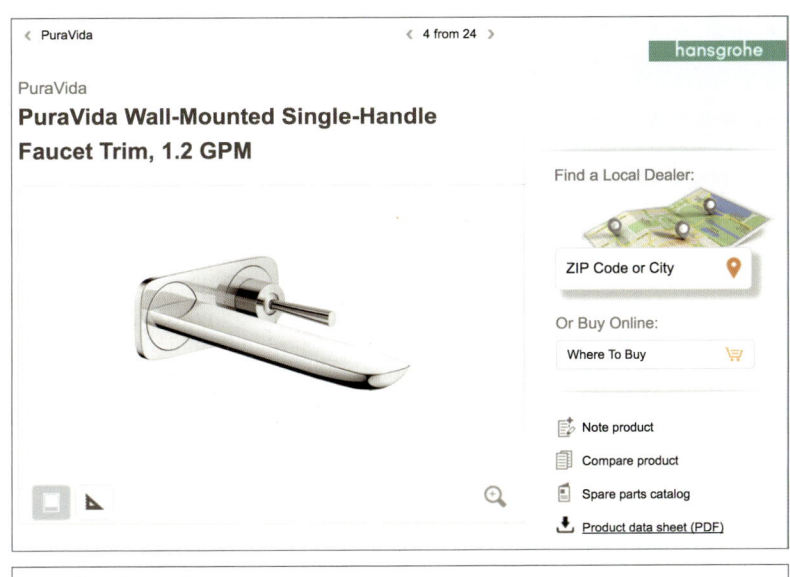

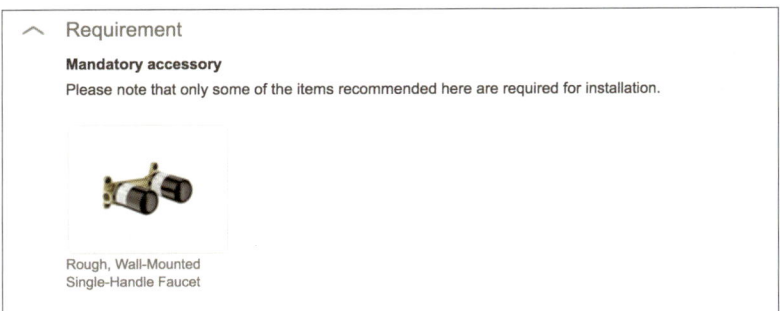

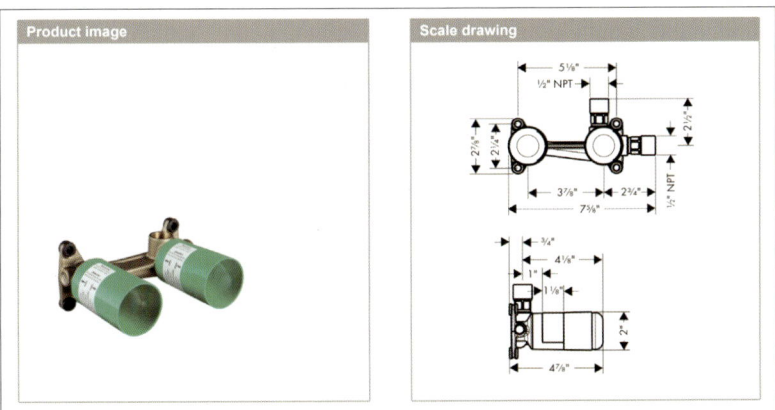

수전 회사 홈페이지에 있는 필요 추가 액세서리 및 치수 사양서

독일 아마존에서 브랜드명을 치면 많은 수전이 검색되는데, 해당 브랜드의 제품 라인명을 같이 검색해야 편리하다(예를 들면 'hansgrohe puravida' 식으로. 이 제품의 라인들은 해당 브랜드의 전자 카탈로그를 통해 확인할 수 있다). 이렇게 검색된 수전의 이름과 링크, 가격을 엑셀 파일로 정리해 구매대행 사이트에 한꺼번에 문의해서 주문해야 배송비를 절약할 수 있다. 배송 시점이 맞춰지지 않아 나눠서 오는 경우가 있으므로 배송 일정은 여유롭게 잡는다.

 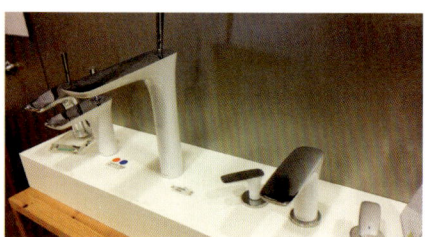

병행 수입사의 전시장에 전시된 수전

이렇게 직구는 제품의 실물을 보지 못하고 구매하게 되는 경우가 많다. 이때는 해당 수전의 병행 수입사 전시장을 방문해 가격 및 배송 기간을 확인해보고 실물을 직접 만져 조작해본다. 만약 가격이나 배송 기간이 적합하다면 직구할 것 없이 바로 구매한다. 설치는 물론이고 A/S 관리까지 해결할 수 있으므로 조건을 잘 보고 사는 것이 좋다.

직구한 같은 회사의 수전(제품명 : hansgrohe Axor 12012000 / PuraVida 15072400 / PuraVida 15472400)

수전이 독특한 형태라면 이에 맞는 세면대도 직구하여 구매할 수 있다. 해외의 도기류는 독일의 빌레로이 앤 보흐(Villeroy & Boch)의 제품이 유명하다.

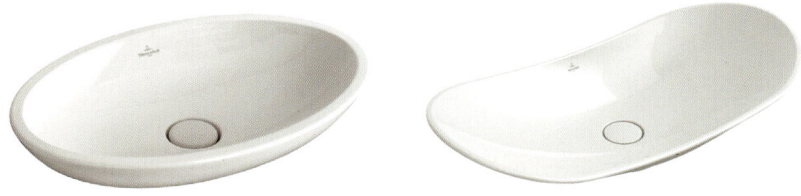

직구한 세면볼(제품명 : Villeroy & Boch 51510001 / 411080R1)

도착한 수전과 세면볼 등을 현장에 전달하고, 하부장 및 기타 수전들이 설치될 때 정확한 설치 위치를 같이 확인하고 최종적으로 설치를 완료하면 된다.

각 수전 및 세면볼이 설치된 실사례

기타 특별한 수전들

1) 세면대 일체형 샤워기

계단 밑에 자리한 화장실의 경우 변기와 세면기를 놓을 정도의 면적 밖에 나오지 않는다. 이때 샤워기를 세면기에 설치하게 되면 미관상 좋지 못하므로 세면대 일체형 샤워기를 쓰면 공간을 편리하게 활용할 수 있고 미적으로도 좋다.

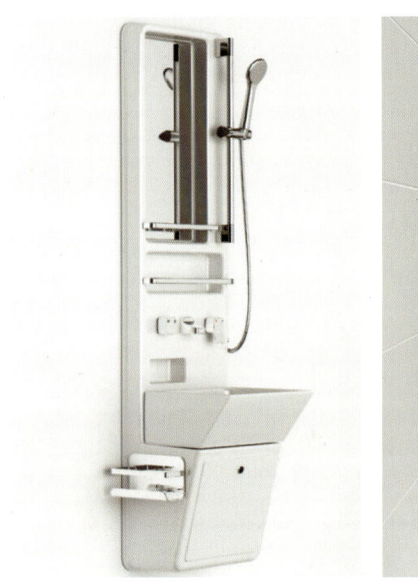 

세면대 일체형 샤워기 (제품명 : 세비앙 Allin3)

2) 외부 수전

외부 수전은 정원 식수에 물을 주거나 건물의 창문, 외벽 청소 등에 필요하다. 호스가 너무 긴 것은 수압이 약해지거나 각도상 사용하기 어려울 수 있으므로 건물의 각 면에 수전을 설치한다. 이때 반드시 좋은 품질의 부동 수전을 설치하고 바닥에서 높이 올라오는 것이 좋다. 겨울철이 되기 전 수전 뒤 손잡이를 돌려 물을 빼주어야 한다.

3) 테라스 수전

목조주택의 경우 건물 위에 있는 테라스에 수전을 설치하는 것은 위험하다. 내부 벽체 배관을 통해 올라가게 되는데, 만약에 겨울철에 이 배관의 물을 빼지 않았다가 외부에서부터 내부까지 얼어 터지게 된다면 물난리가 날 수 있다. 그럼에도 불구하고 사용 편의상 필요하다면 보통 한 군데 정도 설치하면 되는데, 이때 물을 빼주는 레버를 편리한 곳에 설치하고 수전을 사용했다면 겨울철이 되기 전에 물을 빼준다.

외부 부동 수전

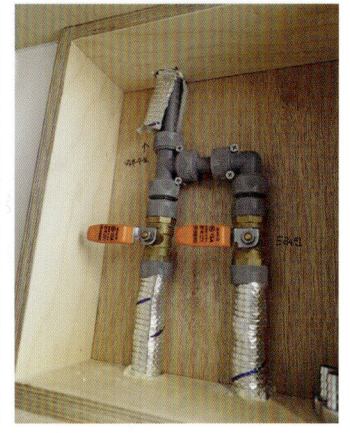

테라스 외부 수전과 물 빼는 레버

인덕션

인덕션의 경우 제품에 따라 직구 가격과 백화점의 가격이 2배 이상 차이가 나기도 하므로 직구를 추천한다. 다만 인덕션을 설치할 때 설계단계에서부터 고려되어 도면에 표기가 되어야 한다. 인덕션은 전기를 많이 소모하므로 시공사에서 인덕션을 위한 전기선을 배전함에서 별도 전기로 뽑아오도록 해야 하기 때문이다. 또한, 인덕션 제품에 따라 국내용 전기(220V, 60Hz)가 맞지 않을 수 있어 이에 대한 사양 확인이 필요하다.

인덕션은 인덕션용 스테인리스 냄비와 프라이팬 등이 따로 있으므로 인덕션을 직구할 때 이를 같이 구매하도록 한다. 냄비를 올려놓는 곳이 고정인 것도 있고 자유롭게 올려놓을 수 있는 것도 있다. 터치 디스플레이 하나로 모든 것을 설정하는 것은 처음엔 멋져 보이지만, 추후 터치가 의도대로 조절이 안 될 때가 많아 실용적이지는 못하다. 인덕션도 블랙, 그레이, 아이보리, 화이트 등 다양한 색상이 있으므로 주방 상판 색에 맞춰서 구매하면 디자인적으로 보기 좋다.

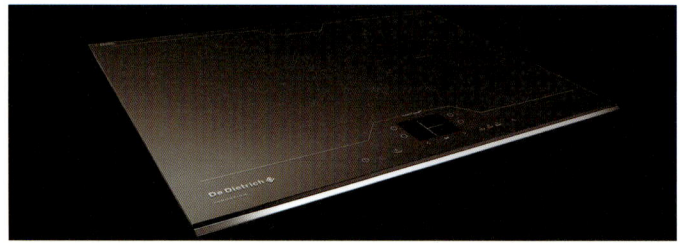

인덕션 제품 (사진 출처 : www.dedietrich.co.uk)

인덕션의 특징

장점 : 디자인이 예쁘고 단순하여 주방이 멋져 보인다. 부스트 모드를 쓰면 라면 먹을 정도의 냄비 물이 20초 안에 끓는다. 평평한 유리판으로 되어 있어 청소하기 간편하다. 기름종이를 인덕션 위에 올리고 냄비를 그 위에 올려도 종이가 타지 않고 냄비만 뜨거워진다. 사용 직후 인덕션 위 유리가 뜨겁기는 하지만, 인덕션 위에 냄비가 없으면 뜨거워지지 않으므로 가스레인지보다 덜 위험하다.

단점 : 사용법이 익숙해지는 데 시간이 걸린다. 뚝배기나 법랑 냄비는 사용할 수 없다. 프라이팬을 들면 인식이 꺼지는 경우가 있어 볶는 요리를 할 때 팬을 들고 흔들기 어렵다. 제품에 따라 인덕션에서 고주파음이 들리는 경우가 있다.

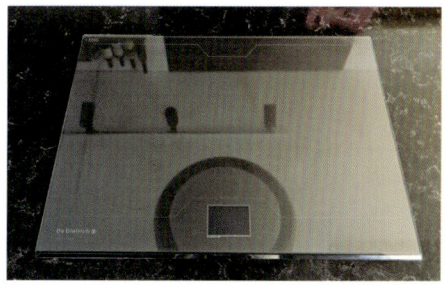

인덕션이 설치된 실사례 (제품명 : De Dietrich DTI1568DG)

실링팬

실링팬은 천장에 설치된 커다란 날개 달린 덮개 없는 선풍기라고 보면 된다. 우리나라에서는 일반 가정집에는 익숙하지 않을 수도 있지만, 상업 공간이나 외국에는 가정집에도 많이 설치되어 있다. 실링팬의 기능은 높은 천장인 경우 여름철 직접적인 바람뿐만 아니라 공기 순환을 시켜주므로 사용성이 좋고 냉난방의 효율성을 높여준다. 대신 여름에는 공기를 내려주는 쪽으로 돌리고 겨울에는 공기를 올려주는 쪽으로 돌려야 하므로 정방향, 역방향 기능이 있는 것이 좋다.

실링팬 제품
(사진 출처 : www.haikuhome.com / 제품명 : Haiku home I series)

국내에서도 실링팬을 쉽게 살 수 있지만, 대신 제품이 한정적이다. 특이한 디자인이나 스마트폰으로 제어하는 등의 특별한 기능을 원한다면 실링팬도 직구하는 것이 좋다. 제품에 따라 경사지붕에 설치 가능 여부를 확인해야 한다. 단독주택의 경우 설계에 따라 천장이 기울어진 경우가 있기 때문이다. 특히 현재 설계된 천장의 경사 각도를 파악해 제품의 상세 사양 등을 판매사에 문의할 필요가 있다. 하지만 직구의 경우 이러한 부분을 알아보기 쉽지 않은데, 이는 실링팬의 본사에 메일을 보내서 확인하는 것이 가장 좋은 방법이다. 경사도와 전기 배선 때문이라도 설계 때부터 위치를 먼저 반영해 설계 도면에 표기될 수 있도록 해야 한다.

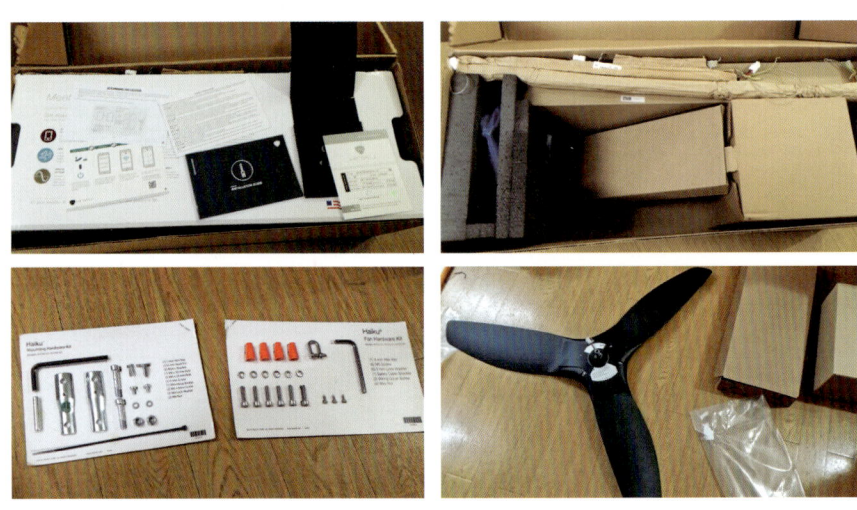

직구로 도착한 실링팬

나는 외국 제품 중 스마트폰으로 예약 시간에 맞춰 제어하는 기능이 있고, 디자인도 마음에 드는 제품으로 직구하였다. 요즘에는 설치하는 법이 동영상으로도 나와 있어 시공사와 미리 협의만 잘 한다면 설치가 어렵지 않다. 설치 후 사람이 없으면 자동으로 꺼지거나 아래 LED 조명을 설치할 수도 있어 밤에 은은한 조명이 되기도 하고 바람의 세기도 자연스럽게 조절할 수 있다.

이 모든 것을 리모컨뿐만 아니라 휴대폰으로도 할 수 있고, 내부 펌웨어도 업그레이드할 수 있어 사용하기 매우 편리하다. 이밖에 시간 예약의 경우 내가 원하는 시간에 켜지고 꺼지는 것이 가능한데, 휴대폰으로 쉽게 설정할 수 있는 것도 좋았다. 또한, 날개가 커서 바람의 범위가 넓고 대공간에도 어울린다.

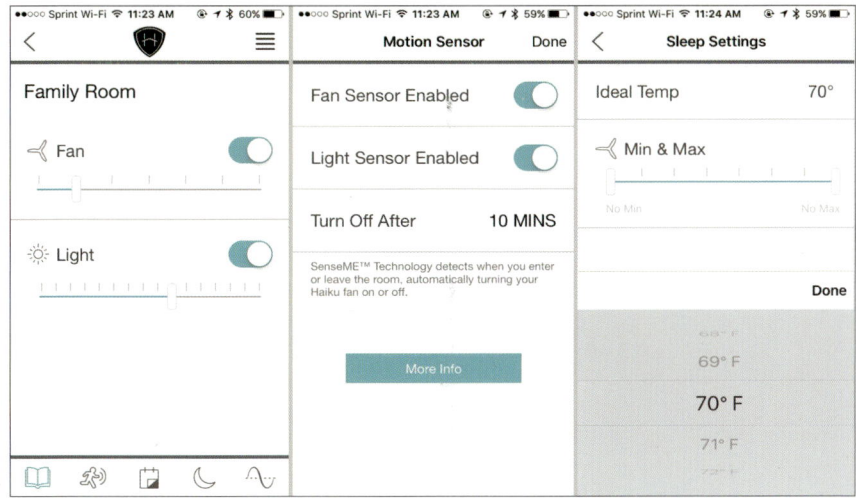

실링팬이 설치된 실사례와 스마트폰 앱으로 제어하는 화면

8장

나는 왜 집에 다양한 부가장치를 달았는가

편리한 스마트 시대의 스마트 하우스 직접 만드는 법

"희한하게도 건축은 참으로 미완의 사물이다. 아무리 건물이 완성되어도
그것은 늘 새로운 생명을 입게 마련이기 때문이다.
사람들이 그것을 어떻게 점유하는지,
어떻게 활용하는지, 어떻게 생각하는지,
그런 새로운 역동성의 한 부분이 바로 그 건물인 것이다."
— 다니엘 리베스킨트(Daniel Libeskind)

앞서 이야기한 수전, 조명, 스위치 등의 자재는 집에 없어서는 안 될 필수 항목들이다. 이외에 단독주택에서 더욱 편하게 살 수 있는 가전제품(식기 세척기, 로봇 청소기, 건조기 등)들을 '건축주가 가장 궁금해 하는 10가지 질문에 대한 명쾌한 답(61페이지)'에서 소개한 바 있다. 본 파트에서는 단독주택에서만 주로 설치 가능하고 활용성이 매우 높아 편리하게 지낼 수 있는 특별한 장치들을 소개하려 한다. 어디에 있건 스마트폰으로 집 내·외부를 확인 및 제어하고, 태양광으로 발전한 전기를 집과 전기차 충전에 사용하며, 훌쩍 다가온 4차 산업 시대에 스마트하우스를 만드는 법을 알아 본다. 우리 집에 직접 적용하고 사용해 보면서 느낀 특징과 현장에 적용 가능한 방법을 정리하였다.

8-1
모바일 확인 가능 CCTV

인터넷 CCTV의 특징

최근 CCTV는 어디서든지 스마트폰으로 확인이 가능하다. 단독주택의 경우 보안을 위해 CCTV를 설치하는데, 외벽뿐만 아니라 집의 내부에도 적용할 수 있다. 특히 아이와 다른 층에 있을 때 스마트폰으로 아이를 지켜볼 수 있고, 국내외 여행을 간 경우 인터넷만 연결되어 있으면 언제 어디서든 집의 상태를 확인할 수 있다. 이것이 IoT 기기와 연동되면, 집 내부에 인체 감지기를 설치해 만약 부재중일 때 누군가가 침입하면 스마트폰으로 알람이 오고 그때 집 내부 CCTV를 통해 집의 상태를 확인해 조치할 수 있는 것이다.

적용 방법 및 가격

단독주택 신축 시 우선 골조 단계에서 CCTV 설치업체를 선정하고 현장에 올 수 있도록 해야 한다. 외부 벽체 쪽으로 전기선을 연결해 놓아야 미관상 보기 좋고 작업이 쉬워지므로 시공사에 CCTV 업체 연락처를 알려 주고 미리 일정 협의가 될 수 있도록 한다. 외부 CCTV에서 연결된 선은 집 내부 한곳에 모이게 되는데 이 선을 무시하고 마감해버리면 벽을 뜯지 않는 이상 선을 못 찾고 무용지물이 될 수 있다. 따라서 CCTV의 선이 있는 곳을 사진 찍어 놓고, 전기팀에게도 반드시 CCTV 선이 지정된 위치로 빠져나오도록 알려야 한다. 문제 발생 시 서로 남의 일이라고 미룰 수가 있으므로 시공사와 CCTV 업체와의 원활한 협의를 위해 CCTV의 대금 지급을 시공사를 통해서 하는 방법도 있다. 인터넷 서비스 업체를 통해 CCTV를 설치할 경우에는 매달 망 사용료가 발생할 수 있지만, 고장 처리가 간편하다. 반면, 소규모 업체는 중국산 제품이지만 HD급으로 화질은 좋은 편이며 매달 사용료가 발생하지 않는다.

CCTV 제어기 본체의 용량과 화질, 카메라 대수에 따라 저장 기간에 차이가 발생한다. 보통 2주 이상의 녹화물이 저장될 수 있도록 업체를 통해 용량 지정하는 것이 좋다.

카메라 대수는 외부의 모든 각도를 커버할 수 있어야 한다. 집의 형태에 따라 상이할 수 있지만, 보통 4~5대 정도 설치하면 사각지대가 거의 없어진다. 내부까지 설치해야 하면 총 8개면 주요 부분이 커버된다. CCTV의 제어기에 설치할 수 있는 채널은 보통 4채널, 8채널, 16채널 단위로 제품이 구성된다. 대개 안방이나 드레스룸 등에는 설치하지 않고 아이 방, 거실, 주방 등의 공용 공간 및 복도에 설치하기 때문에 16채널은 일반 단독주택에서는 많이 남을 수 있다. 인터넷이 연결되어야 최종 설치가 마무리되며, 이렇게 하면 CCTV 제품 및 제어기 본체와 설치비까지 80만~120만원이 든다.

설치 주의점 및 실사례

① CCTV의 제어기 위치와 연결 주의점

CCTV의 제어기는 보통 통신 단자함 또는 TV 근처에 설치한다. 대부분 TV 주변에 인터넷 선과 공유기가 있고 TV에 연결하면 모니터로 활용하여 집 내·외부를 볼 수 있기 때문이다. 이때 CCTV 카메라에서 연결된 선이 제어기가 설치되는 곳까지 모두 도달할 수 있도록 해야 한다.

② 카메라 외장의 색과 선 정리

취향에 따라 CCTV 카메라를 두드러지게 노출되는 경우도 있지만, 미관상 집의 외관과 비슷한 색으로 선정하면 좋다. 이때 카메라의 색상은 외부에서 보이는 창틀이나 외부 조명 또는 지붕 색으로 맞추면 통일성이 있다.

외부 벽에 설치된 CCTV 카메라 : 카메라의 몸체 색을 창틀과 외부 조명의 몸체의 색과 통일시킨다.

카메라에서 선이 나오면 지저분해 보일 수 있으므로 이를 정리하는 박스가 있는데, 이 박스 크기가 보통 카메라보다 크다. 일반적으로 박스 색이 하얀색이라 같은 색상의 외관에는 어울릴 수 있지만, 어둡거나 진한 색의 외장에는 두드러져 보인다. 따라서 이런 외장이라면 박스를 하지 않고 선을 노출하되, 선 정리를 잘하는 것도 방법이다.

흰색 스터코 외장의 집에 설치된 CCTV와 선 정리 박스

내부 CCTV는 보통 천장에 설치하는데, 경사지붕인 경우 벽에 브라켓(Bracket)을 달아 설치하기도 한다. 또한, 미리 가구가 들어올 자리를 예상하고 선을 빼는 위치를 같이 협의해야 한다. 그렇지 않으면 붙박이 가구가 들어와 CCTV를 가릴 수 있으므로 CCTV 선이 노출되거나 전선 몰딩을 붙여야 할 수 있다.

선이 정리가 잘된 CCTV와 선이 나온 CCTV 사례

③ 카메라의 위치 및 각도

집의 외부 CCTV의 경우 나무가 자라 CCTV를 가리지 않게 해야 하고, 각도는 최종 설치 테스트 시 사각지대가 없는지를 확인해 최대한 넓은 시야를 갖게 하는 것이 좋다. 이때 각도를 잘 찾아 놓지 않으면 사다리를 타고 올라가 직접 조정해야 하는 불편함이 생길 수 있다.

사용 주의점 및 실사례

① 필요한 영상은 미리 추출해서 따로 보관

스마트폰을 통해 실시간으로 현재 촬영되는 화면을 볼 수 있고 기존에 녹화된 화면을 찾아볼 수도 있다. 꼭 저장이 필요한 장면은 반드시 스마트폰이나 제어기를 통해 영상을 캡처 또는 추출해 놓아야 한다. 그렇지 않으면 몇 주가 지나 영상이 없어질 수 있다.

② CCTV 카메라 근처에 가리는 것 또는 가까운 물건이 있는지 확인

CCTV 카메라를 가리지 않게 주변 확인이 필요하다. 특히 밤에는 물체가 가까이 있으면 그것에 밝기가 고정되어 영상의 뒷부분이 어둡게 보일 수 있다.

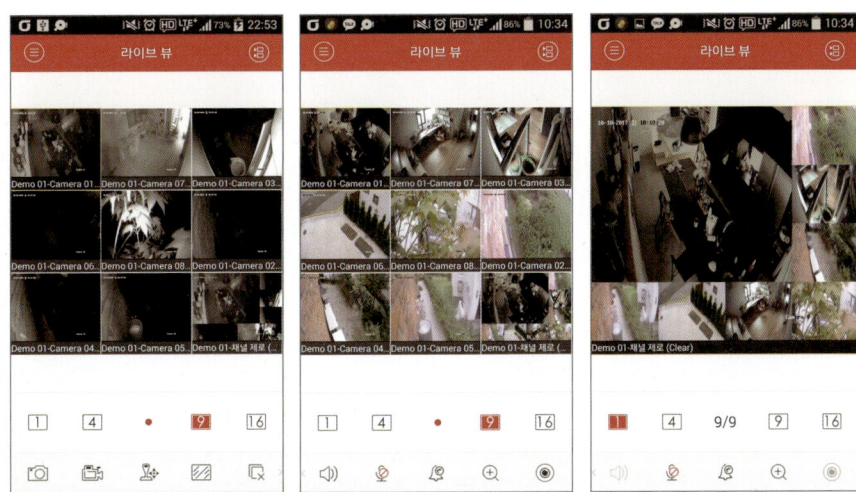

CCTV의 화면이 스마트폰을 통해 실시간으로 보이는 모습

③ CCTV 관리자 비밀번호는 주기적으로 변경

CCTV의 경우 비밀번호만 알면 외부에서 접속해 볼 수 있으므로 비밀번호를 주기적으로 변경할 필요가 있다.

8-2
IoT 제어
(모바일로 제어하는 보일러,
대문, 콘센트, 가스 밸브, 에어컨)

IoT 스마트 홈 제어의 특징

IoT란 Internet of Things의 약자로 사물에 인터넷이 연결되어 제어되고 통신할 수 있는 것을 뜻한다. 최근에는 스마트폰으로 집의 모든 것을 제어할 수 있는 스마트 홈으로 사용되고 있다. 특히 보일러에 많이 적용되고 있는데, 미처 보일러를 못 끄고 밖에 나왔을 때도 굳이 집으로 돌아갈 필요 없이 외부에서 스마트폰으로 끌 수 있는 제품이 출시되었다. 가전에 연결된 것 중에는 마트에서 냉장고 내부의 카메라를 통해 현재 냉장고에 뭐가 있는지 스마트폰으로 확인할 수 있다. 그뿐만 아니라 에어컨이나 가스 밸브, 콘센트 등도 제어할 수도 있다. 앞서 말한 CCTV 사례처럼 방범과도 연계될 수 있어 온종일 CCTV를 보고 있지 않아도 된다. 특히 단독주택에서는 층이 나누어져 있으므로 콘센트나 난방 및 에어컨을 조절하러 각 방을 이동하기 귀찮을 수 있다. 이때 스마트폰으로 켜고 끄는 것을 모두 조절할 수 있어 상당히 편리하다. 이 부분은 현재 내가 가장 많이 사용하는 기능으로 자기 전 누워 각 방의 난방이나 전등을 한 번에 조절할 수 있어 좋다.

또한, 스마트폰으로 대문을 여닫을 수 있어 손님이 먼저 집에 온 경우 비밀번호를 알려주지 않고도 문을 열어줄 수 있다. 최근에는 현관 벨을 누르면 벨에 있는 카메라가 현관의 화상을 스마트폰으로 전송해주어 부재 시 더욱 편리하게 사용할 수 있다.

적용 방법 및 가격

스마트 홈 서비스도 CCTV와 마찬가지로 인터넷 서비스 업체를 통해 설치할 경우 여러 면에서 편리할 수 있지만, 콘센트, 인체 감지, 가스, 보일러 등의 모든 기능을 담으면 비용이 굉장히 많이 들고 매달 사용료를 내야 한다. 반면 중소업체는 건축주가 신경을 써야 하고 배선 작업을 시공사 전기팀을 통해서 하게 되므로 내용 전달에 어려움이 있을 수는 있지만, 비교적 저가이고 사용료가 매달 들지 않는다.

나의 경우 직접 IoT 업체 대표를 만나서 설치와 사용, 확장성에 관한 내용을 듣고 제품을 확인한 후 집에 적용하였다. 특히 IoT 제어 박스를 미리 통신 단자함 쪽에 추가로 설치하고 인터넷 UTP선이 각 기기로 연결되어 있어야 하므로 집 전체에 해야 할 배선 작업이 꽤 있다. 따라서 현장소장과 시공 전부터 협의하는 것이 좋은데, 건축주가 미리 배선 관련된 사항을 숙지하여 건축사무소를 통해 도면화해 놓아야 서로 혼선이 없다. 또한, 이에 대한 비용을 전체 시공 견적 때 같이 받아야 배선 작업에 따른 추가 비용 부담을 덜 수 있다.

우리 집의 경우 각 방 에어컨, 보일러 온도 조절기, 대문, 현관 잠금장치, 콘센트, 인체 감지기, 가스 밸브 제어 기능을 모두 포함한 IoT의 설치 총 가격은 500만~600만원 정도였고 서버 사용료는 해당 IoT 업체를 통해 매달 무료로 이용 중이다.

설치 주의점 및 실사례

IoT의 보일러, 배선 설치 시에는 보일러 종류에 제한이 있을 수 있고 난방 분배기도 IoT 업체의 것을 따로 구입해 현장에 전달해야 하므로 배선과 관련하여 전기팀 뿐만 아니라 설비팀에게도 미리 이야기하고 협의할 필요가 있다. 설비팀과 IoT의 보일러 설치 관련 담당자를 연결해주는 것도 방법이다. 또한, 보일러의 각방 온도 조절기는 해당 보일러 회사의 것이 아닌 IoT 업체의 것을 사용해야 한다. 시공사가 보일러 회사의 조절기를 구매할 수 있으니 시공 계약 시 미리 각방 조절기를 구매하지 않도록 이야기할 필요가 있다. 이때 전체 중앙 온도 제어기는 보일러당 하나씩 필요하다.

IoT 업체에서 보낸 별도의 보일러 분배기함과 완공된 후의 사진 : 이것이 설비팀에게 전달되어야 설비팀이 각 방의 난방 엑셀관과 분배기를 연결할 수 있다.

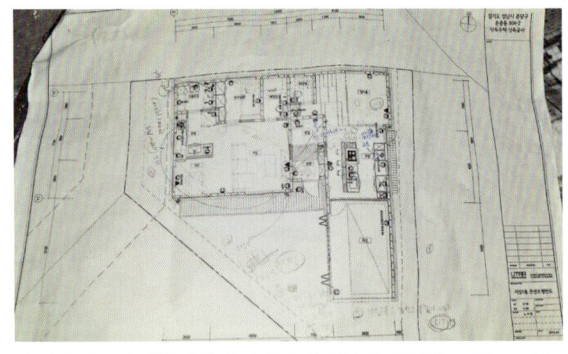

각 제어기를 설치할 위치에 어떤 선이 설치되어야 하는지를 그려 놓은 도면과 전기선이 들어오기 전 통신 단자함

이렇게 현실적으로 건축주가 협의하고 전달할 내용이 많으므로 반드시 설계 전에 도면화하고 해당 IoT 업체로부터 구매해야 할 부품을 미리 사두는 것이 좋다. 그래야 현장에 부품이 제때에 전달되어 시공이 지연되지 않을 수 있다.

나는 시공 중간에 IoT 업체를 선정하게 되어 앞서 언급한 문제점을 겪지 않고자 부품을 먼저 전달하고 옆 페이지의 사진과 같이 직접 도면에 적어 전기팀에게 설명하고 도면도 현장에 비치하였다.

 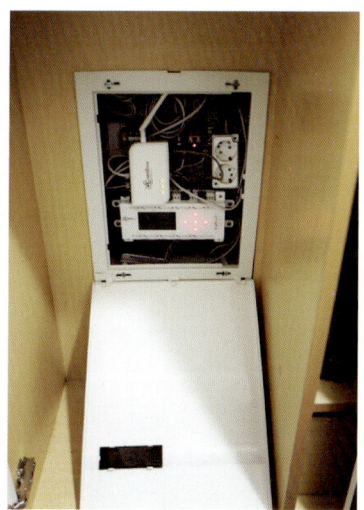

최종 연결된 IoT 홈박스

최종 설치 후 IoT 홈박스는 무선 연결되는 것도 있으므로 와이파이가 집안 곳곳에 연결되도록 공유기를 두는 것이 좋다. 철근콘크리트는 벽체에 철근이 있어 전파 간섭이 일어나 잘 안 잡히는 경우가 있지만, 목조주택은 전파 간섭이 덜하여 공유기 몇 개로도 전체 집을 커버할 수 있다.

또한, 각방 제어기는 문이나 가구와 간섭 되지 않게 미리 문을 설치했다 생각하고 여닫는 데 문제가 없는지 실험해본다. 미닫이문이나 여닫이문을 열다가 각방 제어기와 부딪힐 수 있기 때문이다.

성공적으로 모두 연결되면 아래와 같이 제어할 수 있는 기기들의 목록이 업데이트되고, 해당 기기와 방의 이름도 집에 맞게 변경하여 설정할 수 있다.

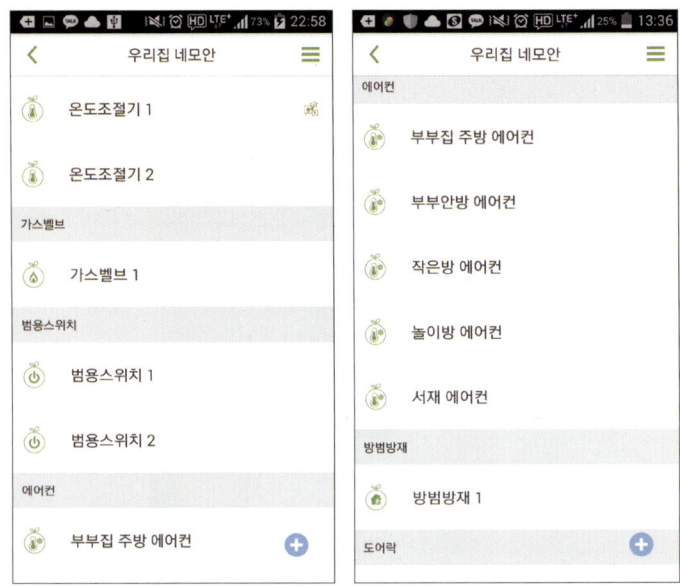

앱 설치 후 집의 기기에 접속한 화면

사용 주의점 및 실사례

스마트폰 앱으로 제어하는데, 온도나 시간 및 온·오프 스위치와 에어컨의 풍향 및 냉난방 바람의 온도 등을 설정할 수 있게 인터페이스가 제공된다. 특히 좋은 점은 대부분의 기기를 설정된 시간에 맞춰 알람처럼 자동으로 켜거나 끌 수 있다는 점이다. 다만 모든 제어 동작에는 약간의 딜레이가 있어 리모컨으로 직접 조작하는 것보다는 느릴 수 있다. 그러나 그 방까지 가지 않고 전 세계 어디서든 작동시킬 수 있는 점은 매우 편리하다.

IoT 기기 제어 앱의
유저 인터페이스 사용 사례

8장 나는 왜 집에 다양한 부가장치를 달았는가

앱에서 같은 시각에 온도가 24℃인 거실을 23℃로 설정하면 기기가 녹색 불을 밝혀 난방이 되지 않고 있음을 보여주고, 25℃로 설정하면 기기에 빨간색이 들어오고 앱에도 온도 옆에 불 표시가 생기면서 보일러가 동작하여 해당 공간에 난방이 들어온다.

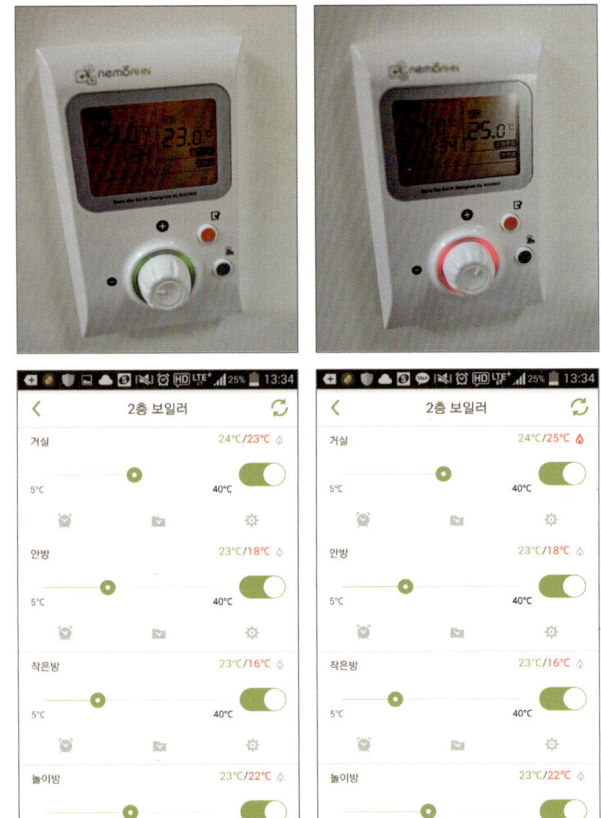
IoT 기기의 각방 온도 조절기를 스마트폰 앱에서 제어하는 모습

간혹 인터넷이 갑자기 안 되더라도 각방 난방 조절기는 인터넷과 별개로 동작하므로 문제없이 사용 가능하다. 이는 오프라인으로 제어하는 것을 우선시하여 동작하기 때문이다.

8-3
열회수 환기장치
(미세먼지와 환기)

열회수 환기장치의 특징

굳이 패시브하우스가 아니라 하더라도 최근에 제대로 지어지는 단독주택은 최대한 기밀하게 시공되어 단열성이 좋다. 하지만 공기가 순환되지 않아 이산화탄소 농도가 올라갈 수 있고 내부에서 발생하는 먼지로 인해 환기가 요구된다. 그런데도 봄에는 미세먼지 때문에, 여름에는 더워서, 겨울에는 추워서 창을 오랜 시간 열어 놓지 못한다.

열회수 환기장치란 집의 천장에 환기구를 설치하여 외부의 신선한 공기를 유입시키는 장치이다. 이때 내부 온도를 활용하여 외부에서 들어오는 공기의 온도를 데워 덜 차가운 공기로 실내에 유입하는 것이다. 최근에 발매되고 있는 열회수 환기장치는 실내 열에너지의 90% 이상을 회수한다고 한다. 또한, 먼지 필터를 통해 기기에 따라 2~5㎛ 수준의 초미세먼지를 제거해서 들여보내 주기 때문에 청정한 공기를 마실 수 있다.

다양한 천장 및 벽체와 연결된 열회수 환기 장치의 환기구

물론 맞바람이 잘 들이치는 창문을 활짝 열어놓을 수 있으면 좋겠지만, 아이가 감기에 걸릴 수 있는 상황에서 한밤에도 창문을 자주 열기란 쉽지 않다. 따라서 24시간 동안 계속해서 실내에 신선하고 덜 차가운 공기를 유입시키는 기기는 주택 삶의 질에 있어 큰 도움이 된다.

적용 방법 및 가격

열회수 환기장치의 환기구는 집의 천장과 벽체 등에 연결되는데, 이는 다음의 흰색 관과 같이 환기 배관이 천장으로 지나가게 된다. 따라서 천장의 높이를 고려하고 열회수 환기장치의 메인 기기가 설치되는 위치를 관리하기 쉬운 곳으로 지정해야 한다.

열회수 환기장치의 환기 배관(흰색 배관)이 설치된 실사례

즉, 설계 초반부터 도면에 이 배관들을 고려한 천장의 높이 등이 반영되어야 하고, 환기장치 역시 미리 설계 단계에서부터 고려한다. 시공사에서는 교환기의 환기구가 나오는 위치를 건축사무소 및 열회수 환기장치 업체와 협의해 디자인적으로도 무리 없고 환기 효율이 좋은 곳에 잡는 것이 중요하다. 또한, 전체 면적에 따른 배관과 설치 기기의 가격 견적을 미리 뽑아봐야 한다. 보통 50~60평의 단독주택에 국내 제품으로 설치할 경우 기기 및 배관과 설치비 등을 포함하여 500만~600만원, 독일 제품으로 설치할 경우 이의 2~3배 비용 증가가 발생한다. 실제로 사용해보니 필터 교환을 포함한 유지·보수를 고려했을 때 국내 제품도 가격 대비 성능이 괜찮다.

설치 주의점 및 실사례

열회수 환기장치의 기기는 A/S 등을 감안해 관리하기 편리한 위치에 둔다. 특히 6개월~1년 안에 내부 이물질이나 먼지 등을 제거해주고 필터를 교체해야 하므로 기기의 몸체 또는 필터 교환 문을 여는 곳은 옆에 충분한 공간이 있어야 한다. 이 문은 기기에 따라 위치가 다를 수 있으니 미리 확인해 설계 때부터 반영한다.

기기의 컨트롤러는 벽에 붙어 있는 타입이 있는데, 일반적으로 거실의 온도 조절기 또는 현관 비디오폰 기기 옆에 설치한다. 보통 방이 많이 있는 2층이

나 안방 근처 공용 공간에 설치하는 것을 추천한다. 환기구는 갑자기 찬바람이 들어오거나 약한 소음이 발생할 수 있는 것을 대비해 침대 위쪽에 설치시키는 것은 지양한다.

열회수 환기장치의 본체
: 냉장고 반 정도만한 사이즈로 부피감이 꽤 있다.

열회수 환기장치의 컨트롤러
: 손바닥 정도의 크기다.

사용 주의점 및 실사례

겨울뿐만 아니라 여름철 냉방을 할 경우에도 실내외 온도는 차이 날 수 있으므로 전열 교환 기능은 계속해서 켜두는 것이 좋다. 바람의 세기는 급히 환기해야 할 경우를 제외하고는 중간 이하의 속도로 해두고 24시간 동안 지속해서 신선한 공기가 유입되도록 한다.

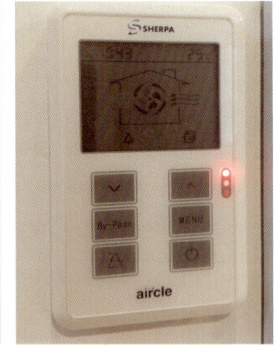

실내 공기 컨트롤러의 디스플레이창에 필터 교환 표시가 있다. 업체를 통해 필터와 열교환 소자를 주기적으로 교체해 주어야 지속적인 성능과 쾌적한 실내 공기를 유지할 수 있다.

8-4
태양광 발전

태양광 발전의 특징

최근 정부 지원과 태양광 패널 가격이 현실화되면서 태양광 발전이 널리 퍼지고 있다. 일반 가정집에서도 친환경적으로 에너지를 직접 생산하고 소비하는 것이 가능해진 것이다. 특히 전 세계적으로 원전이 제한되는 추세이고 누진세에 따라 전기 소비에 제한이 걸릴 수도, 전기 가격이 어떻게 될지 알 수도 없는 상황에서 독립적인 발전원이 집에 있다는 것은 든든하다. 물론 전기 소비가 많은 달은 전기세가 나오겠지만, 남는 전기로 전기차를 충전할 수도 있다. 최근에는 우리 집 태양광 패널에서 발전하는 양을 실시간으로 모바일이나 컴퓨터로 확인할 수 있어 발전에 문제는 없는지, 한 달 생산량 등을 확인하고 전기세에 반영되는지를 점검할 수 있다.

적용 방법 및 가격

태양광 패널의 방향은 남향에 30~40° 경사가 효율이 높으므로 그에 맞춰 지붕 설계를 고려해야 한다. 지붕의 경사도도 패널에 맞게 반영하는 것이 좋은데, 그렇지 않고 평지붕으로 하게 되면 지붕 위에 다리를 높이 올리고 태양광 패널을 설치해야 하므로 미관상 좋지 못하고 뒷집의 채광을 가릴 수도 있다. 지붕에서 태양광 인버터 기기 및 전기 계량기로의 배선도 중요하므로, 시공사가 배선 처리를 깔끔하게 연결할 수 있어야 한다. 따라서 지붕 모양이 선택되는 설계 초반부터 태양광 패널 설치 여부를 건축가에게 전달하고 도면에도 반영한다. 보통 시간당 3kW급으로 설치하는데, 그러면 1,640×992㎜ 사이즈의 패널이 총 12장 배치되어야 한다. 배치되는 모양도 디자인과 천창 등을 고려해야 한다.

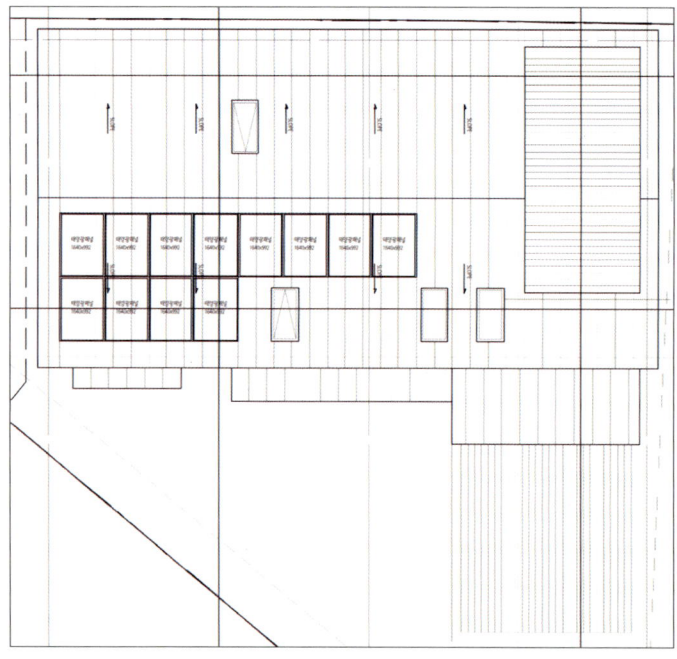

태양광 패널이 반영된 지붕 도면

태양광 패널 설치 시 정부 지원금이 있는지 확인할 필요가 있는데, 매년 정부 정책과 지방 정부에 따라 변경될 수 있으니 유의해야 한다. 보통 정부 지원금과 지방자치단체 지원금이 같이 있지만, 지원할 수 있는 수가 제한되어 있고 선착순

이므로 상반기에 끝나버리는 경우가 많다. 단, 추가경정예산이 편성되는 경우 하반기에 집을 짓더라도 지원할 수 있다. 시간당 3kW급까지 지원되며, 이렇게 지원금을 받고 설치하면 500만~600만원 정도의 비용이 든다.

업체를 선정할 땐 정부 지원금 신청 가능 여부를 해당 업체를 통해 확인하면 되고, 업체에서 안내해주는 서류를 보내어 신청하면 된다. 보통 패널에 따라 효율이 다르다고 하는데, LG 제품이 단위면적당 효율이 좋다고 하여 값이 비싸다.

설치 주의점 및 실사례

지붕 도면에 맞게 설치하는 것이 중요하다. 설치 시 지붕 경사도나 주위 환경에 따라 사다리차가 필요할 수도 있는데, 이 경우 설치비용이 17만~25만원 정도 추가된다.

지붕 도면대로 시공된 태양광 패널: 선이 미리 계획되어 외부로 노출되지 않는다.

패널이 외부로 노출되지 않아야 미관상 보기 좋고, 태양광 발전 인버터와 전기 계량기의 위치가 가까운 것이 좋다. 인버터는 태양광에서 발전한 전기를 집에서 사용할 수 있는 전기로 변환해 주는 기기로, 전기 계량기와 같이 외부에 있는 경우가 많다. 태양광 패널의 수명은 20년이 넘고 인버터의 경우 7~10년 이상이다. 요즘 인버터 가격이 점차 저렴해지고 있고 현재 50만~60만원이면 기계를 구할 수 있다. 인버터는 보통 5년까지 무상 A/S가 되는데, 이는 태양광 업체와 계약 시 확인해야 한다. 또한, 인버터 기능에 따라 인터넷이 연결되면 발전량의 결과를 스마트폰이나 컴퓨터로 실시간 확인할 수 있으므로 이 기능이 있는지도 업체에 물어볼 필요가 있다.

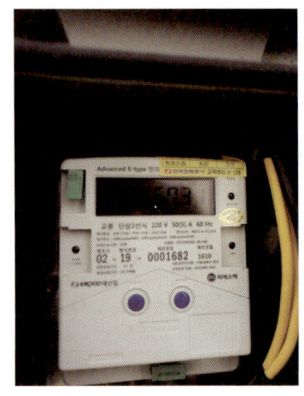 

태양광 발전 인버터와 전기 계량기

사용 주의점 및 실사례

태양광 발전은 보통 여름과 겨울에 온도 때문에 효율이 낮고, 봄과 가을의 적정 온도에 효율이 가장 높다. 특히 여름에 장마가 있거나 비가 많이 오는 달은 효율이 떨어진다. 봄과 가을에 발전이 잘되지만, 전기 사용이 많지 않아 발전된 전기가 남을 수 있는데 이는 이월해 사용할 수 있다. 오른쪽 페이지의 그림은 실제 우리 집의 1월부터 10월 초까지의 발전량 결과이다. 7, 8월의 생산량이 줄어든 것을 볼 수 있는데, 생산이 잘될 때는 한 달에 450kWh 정도, 안 될 때는 250kWh 정도로 발전되었다(보통 일반 가정집의 한 달 전기 사용량은 200~300kW라고 한다). 그런데 단독주택은 기본적으로 사용하는 전력량이 아파트보다 높은 편이라 태양광 패널이 없으면 전기 절약을 잘해야 전기세 폭탄을 맞지 않는다. 아파트에서 살 때보다 전력 소비량을 높게 보고 태양광 발전을 선택하는 것이 합리적이다.

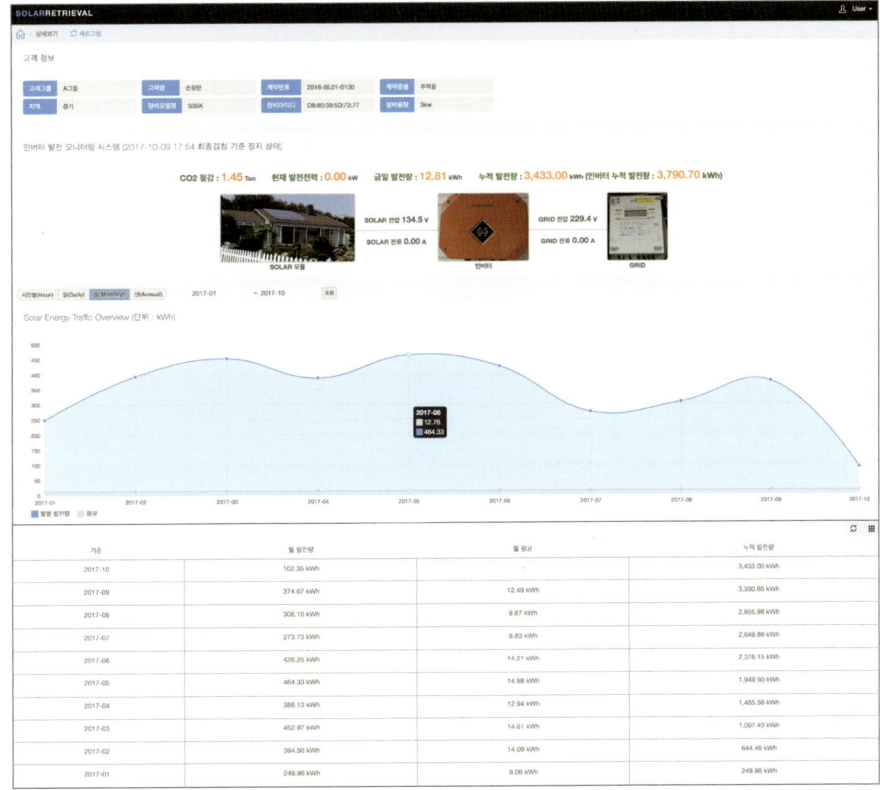

웹사이트에서 확인하는 실시간 태양광 발전과 매달 발전량 비교 그래프

모바일 앱으로 확인하는 발전량 상태

8장   나는 왜 집에 다양한 부가장치를 달았는가

8-5
차고와 전동 차고문, 그리고 전기차 충전

차고 및 전기차 충전의 특징

보통 집 내부에 차고를 만드는 경우는 드물다. 그 이유는 경사지에 있어 지하 차고를 만들어야 할 경우는 비용이 비싸고, 평지인 경우 집 내부에 차고를 만들면 한정된 용적률에서 내부 공간이 줄어들기 때문이다. 우리 집의 경우 원래 차고 부분이 주방과 연결된 식당이었다. 그러나 4명이 거주할 것이므로 식당을 제외해도 '가족 수에 맞는 평수 계산법'으로 40평이 되어 공간이 넉넉했고, 아이들이 어려 식당을 따로 가지더라도 사용 빈도가 낮다고 판단되었다. 마침 식당이 될 자리가 도로와 만나는 집의 입구에 해당하는 부분이었기 때문에 이를 차고로 변경하기로 했다.

차고의 장점은 우천 시 비를 맞지 않고 집에 들어갈 수 있는 것과 자동차를 관리하기 쉽다는 것이다. 우리 집은 주방과 차고가 큰 창으로 연결되어 있는데, 마트에서 장을 보고 바로 냉장고로 짐을 옮기기가 편하고 집 안에서도 차를 볼 수 있다는 장점이 추가되었다.

차를 넣고 주방으로 바로 들어가기 때문에 매연이 없는 전기 모드가 가능한 자동차를 선택했고, 태양광 발전 후 남는 전기로 자동차에도 밥을 줄 수 있다. 이에 사람은 주방의 아일랜드 테이블에서 밥을 먹고, 자동차는 그 옆에서 전기 밥을 먹는 본래 계획되었던 식당 역할까지 하는 차고가 되었다.

  차고 입구에 전동문(오버 헤더 도어)을 달면 바람과 비뿐만 아니라 외부의 시선도 차단할 수 있다. 차고문은 차 안에서 리모컨을 통한 조작 외에 스마트폰이나 스마트 워치로도 여닫을 수 있는 방법이 생겼다.

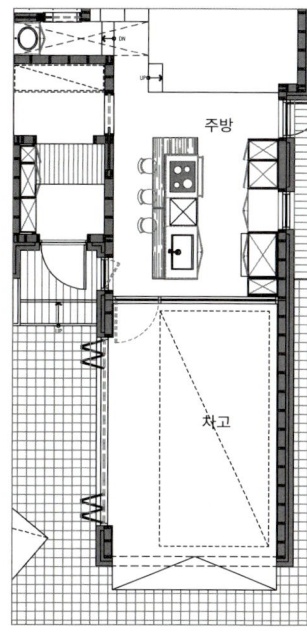

차고와 주방이 연결된 도면

특히 전기차의 경우 아파트나 빌라와 같은 공동 주택에서 충전용 주차장과 전기차 충전기 등을 설치하려면 입주민 다수의 동의를 구하는 복잡한 절차가 있지만, 단독주택은 설치가 용이하고 밤새 충전을 해도 주차에 대한 스트레스가 없어 운용하기 좋은 환경이다. 테슬라(Tesla)에서도 태양광 발전 패널이 포함된 지붕 건축자재와 벽체에 전기 저장소를 설치하는 제품을 개발하는 등 점차 단독주택에서 전기차에 대한 활용성이 높아지는 제품들이 나오고 있다.

적용 방법 및 가격

차고는 처음 설계 단계에서부터 아래의 요소를 고려하면 좋다.

① 도로 쪽에서 쉽게 차고로 진입하는 동선
② 주차 후 집 내부로 쉽게 들어갈 수 있는 동선
③ 동승자도 쉽게 타고내리고, 차고문을 편하게 닫을 수 있는 차고 사이즈
④ 전동 차고문과 전기차 충전기를 고려한 전기 도면
⑤ 간단한 물 세차를 위한 물 빠짐

가정용 완속 충전기도 300만원 정도 설치 보조금이 나오는 경우가 있으니, 전기차 구입 시 충전기 설치 위치와 신청 요건을 잘 확인한다.

차고는 일반적인 집의 내부 공간보다 인테리어 비용이 조금 덜 들어가는 수준이다. 전동 차고문은 보통 재료에 따라 다르지만, 설치비용까지 총 400만~500만원이 든다. 대부분 차고문이 건물의 정면에 위치해 있어 집의 인상을 좌우할 수 있으므로, 아래와 같이 건축사무소에서 여러 가지 디자인을 검토해주는 것이 좋다.

차고문의 디자인 검토 사례

설치 주의점 및 실사례

전기차 충전기는 일반 가정에는 완속 충전기를 설치하는데, 정격 용량이 7㎾이므로 이에 맞는 용량 규격의 두꺼운 전기선을 충전기를 설치할 벽체 쪽으로 따로 뽑아 두는 것이 좋다. 또한, 차고문 컨트롤 기기가 보통 차고의 천장에 설치되기 때문에 조명 전기선뿐만 아니라 이를 위한 전기선이 반영되어야 한다. 이 기기는 보통 미국 제품(110V)이 많아 전기 변압기도 같이 설치한다. 그리고 빨간색 줄이 천장에서 내려오게 되는데, 이것은 전기가 들어오지 않을 때 수동으로 여닫을 수 있는 손잡이다.

차고문의 자재는 철재와 목재 등이 있고, 유리창이 있는 것과 없는 것이 있다. 우리 집은 프라이버시를 보호하면서도 햇볕을 일부 받을 수 있도록 위쪽에만 유리창을 설치하였다. 특히 차고문 전체가 유리로 되는 경우는 안전에 주의가 필요하므로 잘 제작되지 않는다.

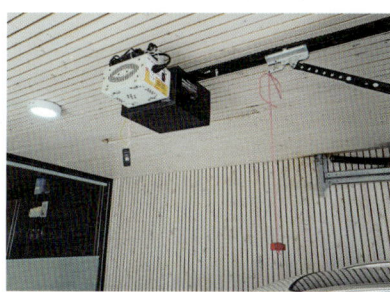

차고문과 제어 기기가 설치된 실사례

사용 주의점 및 실사례

내 차는 순수 전기차가 아닌 플러그인 하이브리드(Plug-in Hybrid) 차량이므로 전기를 많이 먹지 않아 일반 220V에 꽂아도 4~5시간이면 금세 충전되어 충전기를 따로 설치하지 않았다. 추후 전기차를 구매하게 되면 충전용 전기선을 만든 자리에 월(Wall) 충전기를 설치할 예정이다. 또한, 옆 벽면에는 폴딩 도어를 설치하여 공간의 활용성을 높이고 차고에 채광을 들일 수 있다.

차고문은 차에서 리모컨 버튼을 누르면 3~5초 만에 열리고 차가 진입한 후 다시 차안에서 리모컨을 통해 차고문을 닫는다.

차고 옆면의 폴딩 도어와 차가 전기를 먹고 있는 모습

8-6
전동 제어 천창

전동 제어 천창의 특징

다락에 있는 천창은 아래와 같이 수동 레버를 돌리면서 여닫는다.

천창을 수동 레버로 여는 모습

천장으로 열이 많이 빠져나가게 되므로 열고 닫고를 잘해주면 집의 온도 관리와 환기에도 좋다. 하지만 손이 닿지 않는 높은 곳의 천창을 둘 경우 전용 막대기를 넣고 돌려서 열어야 하는데, 막대기를 세워놓기도 마땅찮고 열어놓고 외출했는데 비가 오면 집안으로 비가 들이 칠 확률이 높다. 또한, 블라인드를 조절하기도 쉽지 않다.

이를 위해 전동 천창이 있다. 리모컨을 통해 조작하여 창을 여닫을 수도 있고 비가 오면 레인센서가 있어서 자동으로 닫힌다. 이밖에 차양막도 리모컨으로 조절할 수 있어 편리하다.

전동 천창의 두 가지 형태의 리모컨

적용 방법 및 가격

전동 천창도 전용 사이즈가 있으므로 미리 알아 두어 설계 때 반영하고 중간에 변경이 없도록 한다. 전동 천창의 가격은 사이즈가 제일 큰 경우 터치식 리모컨을 포함하여 200만~300만원 선이다. 손이 닿지 않는 높은 천장도 채광과 환기를 위해 천창을 하나 정도 두는 것이 좋다. 그러나 한 공간에 천창이 여러 개가 되면 단열이 좋지 않으므로 너무 많은 천창은 지양한다. 또한, 높지만 좁은 공간의 천창은 굳이 여닫는 기능이 있을 필요가 없다.

설치 주의점 및 실사례

전동 천창은 전기선이 설치될 천장 쪽으로 들어갈 필요가 있다. 이를 모두 도면화해 두어야 설치 가능하다. 만약 전기선이 안 나와 있어 전원 연결이 안 된 채로 마감되면 전동 기능을 쓰지 못하고 천장을 다 뜯어야 하는 경우가 발생한다. 현장에서 문제가 되는 것은 시공 중간 도면에 없는 것이 추가되거나 변경된 경우 모두에게 숙지되지 않아 반영이 안 될 수 있기 때문이다. 천창도 방충망이 있는데, 이는 반드시 적용하는 것이 좋다.

북쪽 방향에 설치된 전동 천창으로 은은한 빛이 들어온다.

사용 주의점 및 실사례

천창의 제조사에서 터치 리모컨을 제공하는데, 이 리모컨으로 여러 개의 전동 천창을 등록할 수도 있고 시간대별로 동작하게 설정할 수도 있다. 다음 사진과 같이 터치로 여는 정도 또는 블라인드를 닫는 정도가 조절 가능하다.

터치 리모컨으로 전동 천창을 여는 모습

8장 나는 왜 집에 다양한 부가장치를 달았는가

터치 리모컨으로 전동 천창 블라인드를 닫는 모습

8-7
스마트 미러

스마트 미러의 특징

스마트 미러는 하프 미러 필름(Half Mirror Film)을 사용하여 평소에는 거울처럼 보이지만, 내부의 디스플레이가 작동하면 거울 표면에 정보를 띄워주는 장치이다. 시간과 날짜 및 날씨, 공휴일과 최근 뉴스 헤드라인 정보를 와이파이(Wifi)로 받아 보여준다. 주로 화장실에 시계를 별도로 설치하고 싶지 않거나 양치를 하며 뉴스와 날씨를 보고 싶을 때, 또는 인테리어 용품으로 사용할 수 있다.

스마트 미러 제품(사진 출처 : 제조사 '루고 LUGO' 홈페이지)

적용 방법 및 가격

집에 적용하기 위해서는 화장실 거울에 연결할 별도의 전원이 도면에 반영되어야 하고, 10㎏ 이상 무게가 나가므로 설치할 부분에는 벽체 자체에 합판 보강이 필요하다고 현장소장에게 이야기해야 한다. 주문 제작도 가능하며, 가격은 50만~80만원 선이다. 디스플레이가 되는 부분의 사이즈는 고정이며 위치는 변경 가능하다.

설치 주의점 및 실사례

와이파이를 통해 정보를 읽어오므로 거울 근처 공간에 무선 공유기를 설치할 수 있는 랜선이 나와 있어야 한다. 또한, 설치할 벽체에 나사를 박은 다음, 스마트 미러 뒷면을 글루건과 금속용 강력 접착제를 발라 뒷면 전체를 벽체에 고정해야 한다. 미러가 땅에 떨어지거나 수전이나 세면대 등이 깨지면 사람이 다치는 불상사가 발생할 수 있으므로, 최대한 벽 전체에 붙이는 것이 좋다.

화장실에 설치된 모습

사용 주의점 및 실사례

거울에 비치는 면이 흰색 또는 밝은색이거나 낮에 직사광선이 들어오면 가독성이 떨어질 수 있다. 따라서 스마트 거울이 설치되는 곳은 비치는 면이 어두운 곳이면 더 좋다. 가끔 정보가 업데이트되지 않거나 멈추는 경우가 있는데, 거울 옆의 전원 버튼은 디스플레이 자체만 끄는 것이므로 들어오는 해당 전원의 차단기를 내려서 초기화해주어야 한다.

스마트 미러에 글씨가 나타난 실사용 사례

8-8
영화관 시스템

영화관 시스템의 특징

일반적으로 집에는 AV 시스템(Audio Visual system)이라고 일컬으며 여러 대의 스피커와 영상 장치의 조합을 통해 영상과 음향 정보를 극대화해서 즐길 수 있는 시스템을 설치한다. AV 시스템 업그레이드의 최고 레벨은 집을 업그레이드하는 것이라는 말이 있을 정도로 단독주택은 자유롭게 음향을 크게 해서 즐기기에 적합한 장소이다. 대신 창문을 닫아 옆집에 피해를 주지 않을 정도면 된다. 최근 시스템 창호를 통해 방음도 잘되고 특히 목조주택은 집 전체가 울림통이므로 사운드 시스템에 좋은 환경이다.

적용 방법 및 가격

기기와 선 연결이 많아 벽체를 통해 선이 나가고 들어와야 깔끔하게 정리될 수 있다. 스피커 선은 잘라 쓸 수 있으므로 여러 개의 연결을 위해 50m 정도의 길이를 구매하면 되고, HDMI(High-Definition Multimedia Interface) 선은 여러 소스를 대응하고 선이 고장 날 것을 대비해 2개를 벽체에 넣는다. 미디어 기기는 보통 리시버$^{(Receiver)}$ 근처에 있으므로 벽체를 통하지 않고 선을 연결하고, HDMI 선을 너무 길게 하면 선이 둘둘 말려 보기 좋지 않으므로 리시버에서 프로젝터까지 거리를 재서 30% 정도만 더 넉넉한 길이를 갖추는 것이 좋다. 이때 10m를 넘게 되면 HDMI 선에 USB 단자가 같이 달려서 나오는데, 이는 HDMI 신호를 증폭하는 전원 공급을 위한 USB 선이다. 이 선들을 골조가 끝날 때쯤까지 전기팀에 전달하고 각 시스템을 설치할 위치와 선이 나올 위치를 선정하여 알려주면 된다. 이후 각종 기기는 보통 자가 설치하거나 AV 업체를 통해 설치한다. 간혹 CCTV의 업체가 AV 시스템의 제품 구입 및 설치하는 사례가 있으므로 이곳에 의뢰할 수도 있다.

  스피커는 5.1채널 정도만 설치해도 훌륭한데, 100만~200만원 선을 추천한다. 스피커와 프로젝터 및 미디어 기기를 서로 연결해주는 리시버는 50만~100만원 정도의 제품이 최신 포맷을 모두 받아들이고 훌륭한 음향을 전달할 수 있다. 프로젝터 역시 너무 비싼 것을 구매할 필요는 없고 100만~200만원 정도면 좋은 화질을 뽑아준다. 전동 스크린은 캐나다 그랜드뷰$^{(GRANDVIEW)}$社의 제품이 가격 대비 성능이 좋다. 100인치 기준으로 50만원 정도이고, 150인치의 경우 90만원 선이다. 다만 프로젝터 사양을 보고 투사 가능 거리 대비 스크린 크기를 가늠하는 것이 좋다. 아래 적힌 사이트에 제조사와 모델명을 조회하면 간단히 알 수 있다.

| www.projectorcentral.com/projection-calculator.cfm

설치 주의점 및 실사례

AV 시스템을 위한 최소한의 장비는 다음과 같다.

  ① 스피커 5.1채널 : 앞 3개$^{(양옆과\ 가운데)}$, 뒤 2개$^{(양옆)}$ 스피커와 서브 우퍼 1개
  ② 프로젝터와 대형 스크린 : 프로젝터는 최소 풀 HD$^{(Full\ High\ Definition)}$ 이상의

화질을 쓰고 스크린은 보통 100인치 이상의 전동 스크린을 사용한다.

③ 미디어 기기 : DVD나 블루레이 등을 플레이하는 기기

④ 리시버 : 미디어 기기로부터 영상 소스와 음향 소스를 받아서 각각 프로젝터와 각 채널의 스피커로 사용자의 입맛에 맞게 튜닝해 전달하는 기기. 소리를 증폭시키는 앰프의 기능도 어느 정도 포함되어 있다.

스피커 5개와 서브 우퍼 1개 설치 사례

이 기기들끼리 각각 연결을 위한 선은 다음과 같다.

① 스피커 5.1채널 : 앞에 3개와 뒤에 2개의 스피커 선이 벽을 통해 각각 리시버가 있는 쪽으로 선이 나와 리시버 뒤편의 각 스피커 단자에 연결, 서브 우퍼가

리시버의 서브 우퍼 단자에 직접 연결

② 프로젝터와 대형 스크린 : 뒤쪽 천장에 프로젝터와 연결될 HDMI 선 2개가 벽을 통해 리시버가 있는 쪽으로 선이 나와 리시버 뒤쪽의 HDMI output 단자로 연결, 프로젝터의 전원선 연결, 앞쪽의 대형 스크린에 전원선 연결

③ 미디어 기기 : 영상 소스 기기에 연결될 HDMI 선이 나와서 벽 리시버 뒤쪽의 HDMI input 단자로 바로 연결, 스트리밍 플레이를 위한 인터넷 랜선 연결

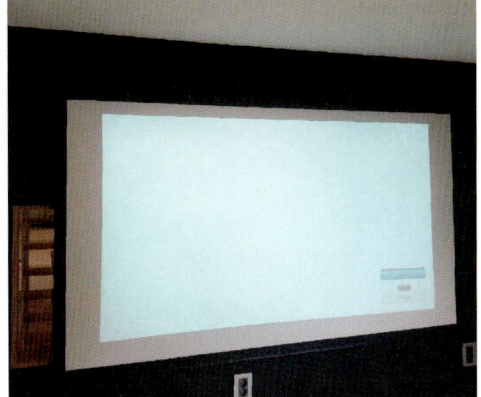

거실과 안방의 프로젝터 및 스크린 설치 사례

리시버 설치 사례

④ 리시버 : 스피커 선과 프로젝터 선을 리시버로 연결하고 리시버에 공급할 전원선 연결, 보통 시청자가 보는 앞의 라인에는 스피커 3개와 스크린이 있고 밑의 바닥에는 리시버와 미디어 기기와 서브우퍼가 있다. 뒤의 라인에는 스피커 2개가 있으며, 리시버와 미디어 기기 쪽은 랜선 포트가 나오도록 설계하고 전원 포트는 4구를 넣는 것이 멀티탭 사용을 최소화 하는 방법이다.

영화관 시스템은 가족이 모이는 공동 공간에 있으면 자주 사용할 수 있다. 다만 이곳은 암막 블라인드 또는 커튼을 설치해야 한다. 만약 천장이 경사지붕이라 스크린 설치가 어렵다면 스크린 설치를 위한 박스를 인테리어 팀장에게 의뢰하여 제작하는 것이 좋다.

사용 주의점 및 실사례

낮에 영화를 감상할 경우는 암막 블라인드를 다 내려 최대한 어둡게 해야 한다. 프로젝터를 사용하지 않고 리시버에서 블루투스나 직접 연결 후 음악만 감상해도 온 집에 음악이 울려 퍼져 카페와 같은 느낌을 줄 수 있다.

영화관 시스템 사용 사례

9장

나는 왜 이 집에 살고 있는가

주택에 살면서 어른들과 아이들이 달라진 점

"나의 집이란 장소가 아니라, 사람들이다."
― 루이스 맥마스터 부욜(Lois McMaster Bujold)

"가정은 삶의 보물 상자가 되어야 한다."
― 르 꼬르뷔지에(Le Corbusier)

9-1
입주하고 나서 해야 할 일

꿈의 집이 지어졌다. 이제 살면 된다. 그러나 새로 지어진 집에서 시간이 지나도 계속해서 편하게 삶을 영위하고 싶다면 초기에 몇 가지 확인할 것들이 있다. 그중 가장 중요한 것이 하자를 초기에 발견해서 시공사를 통해 손을 보는 것이다. 시공사에게 잔금 및 최종 정산금을 주고 나면 약발이 점점 떨어질 수 있다. 초반에는 확실한 하자라고 검증하기 편하지만, 시간이 지날수록 누구의 과실인지 따지기 애매하여 고치는 데 돈이 들어간다. **특히 하자인 것과 아닌 것을 구분하는 것이 중요하다. 하자가 아닌 것은 시공사를 통해 천천히 손을 보면 되고 하자인 것은 조치를 빠르고 확실하게 취하는 것이 좋다.**

✓ 입주 후 체크사항

1) 보일러가 잘 동작하는지

일주일 정도 보일러를 돌리고 환기를 반복적으로 하는 베이크 아웃(Bake out)을 하여 자재에서 나는 냄새를 없앤다. 특히 보일러를 1, 2층 나누어 설치할 때, 상향식 보일러인 2층용은 계속해서 사용하다 보면 소리가 나면서 제대로 작동이 안 되는 경우가 있다. 이때는 보일러 압력 게이지를 보고 게이지가 '0'에 가까이 갔다면 밸브를 돌려 물을 보충한다. 최근에는 자동으로 물 보충이 되는 시스템들이 있으므로 상향식 보일러 적용 시 이러한 제품으로 적용하면 더욱 편리하게 관리할 수 있다.

2) 타일의 메지 및 바닥과 벽체의 실리콘이 갈라지는지

목조주택의 경우 6개월~1년여 동안은 구조가 자리 잡아가는 기간으로, 문틀이나 타일의 메지 및 바닥과 벽체의 실리콘 등이 갈라질 수 있다. 특히 장마 기간이나 습기가 많은 여름에 골조 공사가 된 경우 더욱 그럴 수 있다. 이런 부분은 하자는 아니나 시공사를 통해 입주 두세 달 후 날을 정해 한 번에 수정될 수 있게 한다. 건축주가 해당 위치를 잘 체크하여 정리해 놓아야 빠짐없이 수정할 수 있으므로 타일이나 틈새의 실리콘 등을 꼼꼼히 확인할 필요가 있다.

주변부 색에 맞는 색으로 얇고 예쁘게 시공된 실리콘 실사례 : 나무 부분은 해당 나무색으로, 타일과 타일이 벽체에서 90도로 만나는 부분은 타일의 메지 색에 맞추어 실리콘이 시공되었다.

바닥과 벽체가 만나는 부분 등에 실리콘을 두껍게 시공하면 미관상 좋지 못함에도 불구하고 그렇게 하는 이유는 실리콘의 갈라짐이 덜하고 쉽게 시공할 수 있기 때문이다. 이때 실리콘 색을 주변부 색에 잘 맞추고 얇게 하는 것은 인테리어팀의 오차 없는 실력뿐만 아니라 목구조 때부터 구조 보강이 잘 된 것이 뒷받침되어야 한다.

3) 수압에 대한 확인

모든 수전에 온수 및 냉수가 제대로 나오는지 확인하고 여러 개를 동시에 틀어 변기 물을 내려 보면서 수압이 저하되는지를 확인해 본다. 특히 수입 수전의 경우 계속 물을 틀어 놓고 하부장 내의 수전과 배관이 연결된 부분에서 물이 새는지를 확인해야 한다. 물이 새면 나중에 하부장이 썩어 전체를 들어내고 새로 교체해야 하는 번거로움이 발생한다.

또한, 내부 수전뿐만 아니라 외부 수전도 같이 확인하고 물을 빼는 것까지 테스트한다. 겨울에 수전이 얼지 않도록 물을 빼주는 방법을 반드시 숙지하고 실제로 해볼 필요가 있다.

4) 전체 조명 및 스위치 테스트

보통 시공 중간에도 테스트하겠지만, 이삿짐을 옮긴 후 써봤을 때 불편한 스위치가 있다면 초반에 시공사를 통해 수정하도록 한다. 벽체에서 나온 AV 시스템을 위한 선 마감이 제대로 안 된 경우도 많으므로 최대한 커버를 씌워 조치한다.

5) 결로에 대한 확인

철근콘크리트구조의 경우 습식 시공으로 많으므로 1~2년은 동안은 겨울철 창문에 결로가 발생하기 쉽다. 목조주택도 처음 지내는 겨울에는 결로가 생길 수 있다. 블라인드를 치면 더욱 심해지는데, 이 상황에서 가습기를 틀거나 주방, 화장실과 같이 습기가 많이 발생하는 공간은 더 많은 결로가 발생한다. 첫 겨울은 창대목에 걸레를 받치고 있어야 할 정도이다.

특히 실내 창 주변부의 창대목이 천연목인 경우 썩지 않게 물기를 잘 닦아 줘야 한다. 그러나 겨울이 지날 때쯤이면 결로도 없어지는데 블라인드를 치지 않았음에도 계속해서 문제가 생기거나 현관문이 결로로 얼어버린다면 하자일 가능성이 있으므로 시공사를 통해 해결한다.

6) 비가 오면 빗물이 잘 내려가는지

비가 오면 지붕에서 빗물이 고여 물 내려가는 관으로 내려가는데, 이때 물소리가 집에서 들릴 정도로 크지 않은지 점검한다. 또한, 외부에서 보았을 때 창틀의 빗물받이를 통해 빗물이 창틀의 벽체를 타고 내려오는지 확인해 본다. 만약 벽체를 타고 내려오면, 특히 스터코로 마감된 주택의 경우 오염될 확률이 높으므로 더 오염되기 전에 빗물받이를 조정해야 한다. 마당이나 집의 테라스에서 빗물이 고이거나 넘치지 않는지도 확인해본다.

7) 화장실이나 세탁기의 배수구에서 악취가 나지 않는지

3~4개월 정도 지나보면 화장실이나 세탁기의 배수구에서 악취가 나는 경우가 있는데, 이는 배수구에서 역류하는 냄새를 막아주는 트랩이 설치되지 않은 것이 원인이 될 수 있다. 그러므로 이 또한 시공사를 통해 트랩의 설치 확인 및 설치 요청을 한다.

8) 세탁기나 발 울림의 정도 확인

목조주택은 2층에서 주는 울림이 크기 때문에 세탁기나 탈수기를 사용하면 많이 울릴 수 있다. 구조 보강 및 시공이 잘된 주택에서는 별로 영향이 없으므로, 2층에서 발을 굴러 보았을 때 크게 울리고 빈 느낌이 들면 구조가 탄탄하게 보강 안 된 것일 수 있다. 조용한 밤에 세탁기를 돌렸을 때 잠을 자지 못할 정도로 소음이 크다면 문제가 있는 것이다.

앞서 언급한 사항들을 확인 후 해당 부분에 문제가 있으면 반드시 사진을 바로 찍어서 시공사에 보내고 조치될 수 있는 날짜를 받아 놓는 것이 중요하다. 시공사가 오기 전 건축주가 할 수 있는 대처법도 함께 물어보고 건축주 선에서 할 수 있는 것은 미리 해 두는 것이 하자의 사태를 크게 만들지 않는 방법이다.

9-2
단독주택에 살면서
달라진 점
(아파트 보다 좋은 점)

✓ **아파트보다 좋은 점**

  1) 쓰레기와 음식 쓰레기 및 분리 수거물을 처리하기 편리하다.

쓰레기 버리는 곳까지 엘리베이터를 타고 내려가지 않아도 되는 것만으로도 편하다. 분리수거를 해 집 앞에 두면 매일 새벽에 수거해 가므로 분리수거물이 쌓이지 않아 냄새, 벌레 걱정이 없다. 또한, 환경부 인증을 받은 음식물 분쇄 처리기를 사용해 음식물 쓰레기를 버릴 필요 없어서 에너지가 훨씬 덜 든다.

  2) 자연이 근처이고 밖에 나가기 편하다.

산책로가 가깝고 현관에서 바로 나가면 길이라 주변을 거닐다 오기 좋다.

  3) 전용 차고가 있어 자동차 관리가 용이하다.

일단 주차 스트레스가 없다. 또 세차나 경정비하기 좋고, 특히 전기차라 충전하기가 편리하다. 걱정이 없이 주차하고 차는 충전기만 연결하고 바로 집 안으로 들어가면 된다.

4) 층간 소음 스트레스가 없다.

밤에 세탁기를 돌려도 된다. 어떤 시간에도 마음껏 영화를 보거나 음악을 들을 수 있다. 아이들이 뛰어다닌다고 혼내지 않아도 된다.

5) 단열과 채광이 잘된다.

높은 등급의 단열재 및 창호 덕분에 집이 더욱 따뜻하다. 특히 천창에서 들어오는 빛은 같은 단면적의 3배 크기 벽창의 채광 효과가 있다. 입체적인 창호를 통해 시간대별로 다양한 각도의 빛이 집 구석구석을 비춘다.

6) 집에서만 있어도 즐겁다.

공간이 다채로워 집에 있어도 답답하지 않고, 곳곳에 재미있는 공간이 있으니 아이들이 즐거워한다.

7) 내가 고른 친환경 자재와 쾌적한 시스템으로 건강해 진다.

내가 고른 친환경 자재로 시공되고 열교환 환기장치를 통해 24시간 신선한 공기가 온도에 맞게 공급되어 건강해지는 느낌이다. 또한, 계단이 있고 돌아다닐 일이 많아 운동이 된다. 특히 아파트에 살 때 생겼던 비염이 없어졌고 피부도 좋아졌다.

8) 어디에든 책장과 전시 공간을 만들 수 있다.

수많은 책과 수집품을 전시하고 짐을 수납할 공간이 많아서 좋다.

✓ 아파트보다 안 좋은 점

1) 층 분리로 인해 계단을 오르내리기 귀찮다.

방이 2층에 있고 주방이 1층에 있어 야식을 먹으러 가기 귀찮게 되었다. 층과 층 사이를 다니는 게 힘들어 휴대폰이 다른 층에 있으면 안 가지러 가게 되고 내려오거나 올라가는 사람에게 부탁하게 된다. 땅이 크면 단층이 좋을 것 같다.

2) 택배를 맡아주는 시스템이 없다.
집에 사람이 없을 때 마당이나 현관 대문 앞에 두고 가게 하거나 옆집에 부탁해야 한다.

3) 청소해야 할 곳이 많다.
구석구석 입체적인 구조로 인해 청소할 면적이 크고, 잘 안 올라가는 창고나 다락은 먼지 쌓이기 쉽다.

4) 벌레가 있다.
방충망 잘되어 있으면 그리 많지 않지만, 현관이나 다른 경로로 돈벌레가 들어오는 경우가 있다.

5) 정원 관리가 필요하다.
깔끔하면서 쉽고 편리하게 정원을 유지하기 위해 투수블록으로 시공했다. 큰 관리가 필요 없지만, 잡풀이 블록 중간에 나면 뽑아주어야 한다.

주기적인 관리가 필요한 나무와 장모님이 가꾸는 작은 정원

9-3
집의 다양한 공간과 에피소드

건축사무소에서 만들어 준 집의 모형 : 실제와 같은 외관과 내부 구조를 담고 있다.

즐거운 공간

1) 멋진 서판교 뷰

'ㄱ'자 창으로 보이는 운중천과 레스토랑 뷰

운중천의 끝에 튀어나온 필지에 있어 안방의 'ㄱ'자 창으로 운중천과 그 옆의 단독주택들이 옹기종기 모인 전경이 보인다. 이 'ㄱ'자 창은 동쪽에 있어 아침에

자고 일어났을 때 밝은 빛을 들여보내 천천히 일어날 수 있게 한다. 갑작스럽게 깬 아침의 놀란 기분은 저녁까지 간다고 하는데 이러한 자연스러운 빛을 통해 깨어나는 것이 뇌 건강에도 좋다. 또한, 운중천의 수목들을 보며 내가 굳이 관리하지 않아도 되는 싱그러운 자연을 볼 수 있다. 밤에는 레스토랑과 카페들이 은은한 조명을 밝혀 분위기 있는 동네의 모습을 드러낸다. 이렇게 창 하나로 아침에는 상쾌한 기분을, 밤에는 운치 있고 분위기 있는 풍경을 선물 받았다.

　침대에 누워 하늘을 봤을 때 한눈에 들어오는 집을 둘러싼 소나무도 기분을 좋게 만들어준다.

안방의 'ㄱ'자 창으로 보이는 운중천과 도심의 풍경

안방 침대에 누우면 보이는 집 주위를 둘러싼 소나무

소나무가 지붕을 감싸고 있어 새집과 소나무가 천창으로 보이는 뷰

거실에 있는 큰 천창을 올려다보면 소나무가 보이는데, 아이가 소나무에 있는 새집을 발견하고 좋아하는 모습은 매우 뭉클했다. 집안에서도 자연을 발견하고 교감하는 모습이 뜻밖의 감동으로 다가왔다. 공사가 완료되어 가는 시점에 아이가 처음 집을 둘러볼 기회가 있었는데, 그때 가장 좋아했던 것도 바로 천창으로 보이는 나무와 새집이었다.

거실의 천창과 그를 통해 보이는 소나무와 새집

2층 가족실 창으로 보는 탁 트인 타운하우스의 전경

가족실의 창은 북쪽으로 나있지만, 은은하고 차분한 분위기의 도서관과 같은 느낌이라 빛의 느낌이 매우 잘 어우러진다. 2층에서 가장 큰 창문으로, 바로 앞 인도의 가로수와 멀리 서판교의 타운하우스, 청계산의 둥그런 능선이 보여 사람의 마음마저 부드럽게 완화해준다.

옥상 테라스에서 보이는 눈앞의 소나무와 마을 모습

옥상 테라스에 올라가면 건물의 3층에 해당하는 높이에서 소나무가 보이고 그 뒤로 서판교의 전경이 한눈에 들어온다. 덕분에 이곳은 시원한 개방감을 느낄 수 있는 전망대가 된다.

2층 거실의 북쪽 창을 통해 보이는 전경

옥상 테라스에서의 소나무와 서판교 뷰

2) 때로는 무대가 되고 때로는 쉼터가 되는 평상

1층 평상 공간은 편하게 걸터앉거나 누울 수 있는 곳이다. 이곳에 밥상을 놓고 저녁을 먹기도 하고, 아이가 발레 학원에서 배운 춤을 보여주는 무대가 되기도 한다. 피아노 위의 창은 원래 설계에는 없었지만, 골조가 올라가는 시점에 현장에서 보니 전망이 좋아서 시공사에 추가로 요청해 만들어진 것이다. 피아노를 치면서 액자와 같은 뷰를 차경으로 활용할 수 있다. 평상 바닥과 맞닿은 창은 빛이 은은히 들어와 차분한 마음을 갖게 하고, 그래서인지 이곳에 앉아 차를 마시는 것이 좋다.

쉼터와 무대가 되는 1층의 평상과 피아노 앞에 놓인 창

효율적인 공간

1) 트랜스포머형 공간

여러 공간을 별도로 만드는 것이 아니라 필요에 따라 유연성이 있도록 문 또는 장치 등을 공간의 목적에 맞게 변신시킬 수 있다.

도서관에서 영화관으로 변신

책을 전시할 수 있는 도서관 같은 공간에 블라인드를 내리고 문을 모두 닫으면 암실이 된다. 그리고 가족이 다 같이 계단 벤치에 모여 앉으면 대형 스크린의 영화관으로 변신한다. 강의도 하고 부동산 개발 및 기획 일도 하고 있어 PT할 수 있는 공간으로도 활용 가능하다. 함께 생활하는 공간에서 영화를 보자고 하면 바로 그 자리에 앉아 감상할 수 있는 공간을 원했다.

거실과 합쳐지기도, 분리되기도 하는 아이 방

아이 방의 3면에 문을 만들어, 문을 모두 열면 확장한 커다란 거실이 되고, 모두 닫으면 각각의 독립적인 방으로 변신한다. 아이들이 어릴 때는 큰 공간을 만들어 키즈카페처럼 함께 놀 수 있도록 하고, 아이들이 크면 중간 문을 닫거나 가운데 가벽을 세워 각각의 방으로 만들 수 있다. 이렇게 시간이 지날수록 세대 구성원에게 맞게 변화될 수 있는 것이 바로 설계가 된 단독주택의 묘미이다.

세 방향으로 열고 닫히는 가변형 문이 있는 아이 방

2) 욕실과 세탁실, 빨래 건조를 위한 동선

욕실에서 이동해 세탁기를 사용하고 테라스로 가 빨래를 널거나 건조기에 빨래를 넣는 최적화된 동선은 설계 때부터 고려해 배치된 것이다. 샤워할 때 바로 옷을 벗어 세탁기에 넣기도 좋고, 드레스룸도 가까워 옷을 갈아입기도 편리하다.

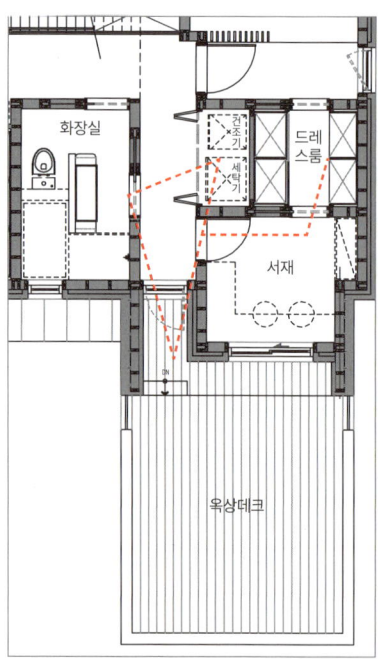 

욕실과 세탁기, 빨래를 널어놓는 테라스의 최적화된 동선

테라스는 차고의 지붕에 해당하는 곳으로, 공간 활용 및 방수 면에서도 좋고 집에서 가장 해가 잘 든다. 테라스에서는 빨래를 말리는 것뿐만 아니라 2층에서도 바로 자연과 마주할 수 있는 마당의 역할을 한다. 겨울에는 이곳에서 아이에게 눈사람을 만들어주며 추억을 쌓았다.

테라스에 만든 표정이 살아 있는 눈사람

소통의 공간

보고 싶을 때는 편하게 보고 안보고 싶을 때는
완벽히 분리 되는 따로 또 같이 집

우리 집은 3세대 주택으로 장모님과 함께 삶을 공유하는 주택이다. 가족이지만 서로 생활양식이 다른 만큼 편하게 있을 수 있는 자신만의 분리된 공간이 있어야 한다고 생각했다. 분리되니 여유가 생기고 여유가 생긴 만큼 더 다가가고 싶다. 그러나 서로 왕래할 때 신발을 신고 현관을 지나서 가게 되면 더 안 만나게 된다. 또 각각 단열 도어와 현관, 신발장을 만드는 비용도 꽤 크다. 따라서 현관을 하나로 하고 넓은 전실을 마련해 이곳에서 서로 다른 집으로 분리가 될 수 있게 했고 주방도 각각 따로 두었다. 결국, 겉에서는 대문도 하나인 한 집처럼 보이지만, 내부에서는 분리되어 독립적인 각각의 집이 되는 것이다. 이렇다 보니 아이들도 '할머니 집 갈래'하면서 놀러 간다.

장모님 집과 내부 문을 통한 집의 분리

재미있는 공간

1) 키즈 카페 같은 아이들의 놀이터

계속해서 회귀하며 돌아다닐 수 있는 공간

아이 방의 벙커 침대에서 거실로, 안방에서 서재와 복도를 지나 다시 안방으로, 화장실의 두개의 문으로, 다락으로 올라간다. 그리고 반대편 계단으로 다시 내려오는 등 막힘없이 뛰어다니며 놀 수 있도록 했다.

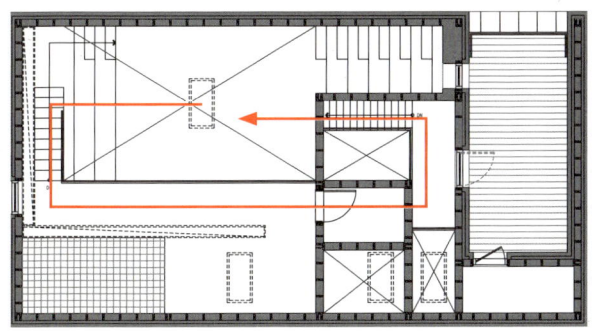

2층과 다락을 넘나드는 회유하는 동선

아이들의 창의성이 올라갈 수 있는 공간

아이가 다락에 올라가서 아이 방의 천장인 그물망에서 놀면 아래에서 인사할 수 있다.

아이 방의 천장에 있는 그물에서 노는 다락

또한, 계단이나 다락 등 어디든지 손닿는 곳에 책장이 있어 책을 자주 접하고 스스로 책 읽는 것을 좋아하게 되었다. 그리고 여기저기 숨어 놀 곳이 많아 혼자서도 재미있는 놀이를 만들거나 연극을 하며 창의적으로 바뀌었다. 아파트에 살 때에는 TV를 자주 보여 달라고 했었는데, 이제는 그런 소리가 줄었다.

거실과 연결된 아이 방의 벙커 침대와 광폭 계단 밑의 장난감 수납 다락 및 계단 책장

무조건 높은 천장보다는 목적에 맞게 층고가 다양한 공간을 원했다. 안방과 자는 공간은 르 꼬르뷔지에의 모듈러 이론의 설계처럼 아늑한 천장으로 낮게, 대 공간 또는 다 같이 공부하고 노는 공간은 높게 만들었다. 경사진 천장에도 일정한 높이의 천장, 천장이 그물인 공간, 천창으로 하늘 위 나무가 보이는 공간 등 층고의 조절로 다양한 공간감이 있었으면 했다. 그 결과, 천장의 높이와 각도가 공간에 따라 계속 변화되는 재미난 공간이 탄생했다.

복도에서 본 거실과 계단에서 보이는 여러 개의 창 : 계단에서 보이는 창은 서로 다른 공간을 보여 준다.

아이가 달과 이야기하는 화장실과 복도의 천창

욕실 천장에 창이 있는데 첫째 딸이 목욕할 때 그 창문으로 달빛이 들어와 달이랑 인사하고 대화를 했다고 한다. 이렇게 천창을 통해 창의성도 증가하고 자연에 대한 감수성까지 발달할 수 있었다. 또한, 해당 천창을 2층에서도 볼 수 있어 다른 각도의 시선을 마주할 수 있다.

만월이 비치는 복도의 천창과 그 천창을 2층에서 본 모습

2) 취미를 전시할 수 있는 공간

타로 카드, 영화 피규어와 블루레이, 건축 작품 모형 등 취미로 수집한 것을 매달 조금씩 바꾸어가며 전시할 수 있다. 가족끼리 큐레이팅하는 방식의 전시 공간을 원했다. 오스트리아 수도원의 비밀 도서관을 방문했을 때 느낀 점에 착안하여 붙박이 책장으로 둘러싸인 공간을 요청했다. 이로써 우리 가족의 역사와 관심사들이 책장을 통해 정리되었다. 또한, 창 주변의 창대목에도 관심사인 소품이 전시되어 있다.

하늘 복도의 전시장

창대목에 전시된 소품들

특이한 공간 / 다양한 공간 / 자동차와 함께 밥을 먹는 공간

1) 자동차와 함께 밥을 먹는 주방

나는 자동차 엔지니어라 차를 좋아한다. 우리 집은 1층 주방과 차고가 큰 창으로 연결되어 있어 1층에서 들어오면서 차를 볼 수 있다. 지붕의 태양광으로 충전한 전기로 밥을 먹이는 전기차이다. 우습지만, 부모가 아이들이 밥을 잘 먹으면 자신의 배가 부르다고 하는데 자동차를 보면서도 그런 심정을 느낄 수 있다는 것을 알았다.

전기를 차에 충전하는 모습과 주방 및 주방에서 보이는 차의 전경

2) 불의 방 - 서재

타로 카드와 유럽의 각 건축 작품을 방문하여 수집한 건축 모형을 전시한 곳이자, 심리 및 타로 강의 준비와 연구를 하는 홈오피스이자 서재를 만들었다. 방의 내장이 전부 낙엽송 합판이고 에디슨 전구 조명까지 더해 불타오르는 듯한 느낌을 주는 열정적인 공간이다.

남향 창으로 들어오는 빛과 커튼을 걷을 때의 빛

3) 유럽에서의 체험을 모티브로 한 공간

설계 시 르 꼬르뷔지에의 현대 건축의 5대 요소인 건축적 산책로, 필로티의 주차장, 옥상정원, 'ㄱ'자 창의 파노라마 뷰, 2% 다른 입면, 다채로운 내부 공간을 반영하여 다양한 공간을 활용하고 재미를 느낄 수 있도록 건축가에게 부탁했다. 겉으로는 단순해 보이지만, 꽉 찬 콘텐츠가 있는 집이 되기를 원했다.

르 꼬르뷔지에의 건축적 산책로 적용된 사례

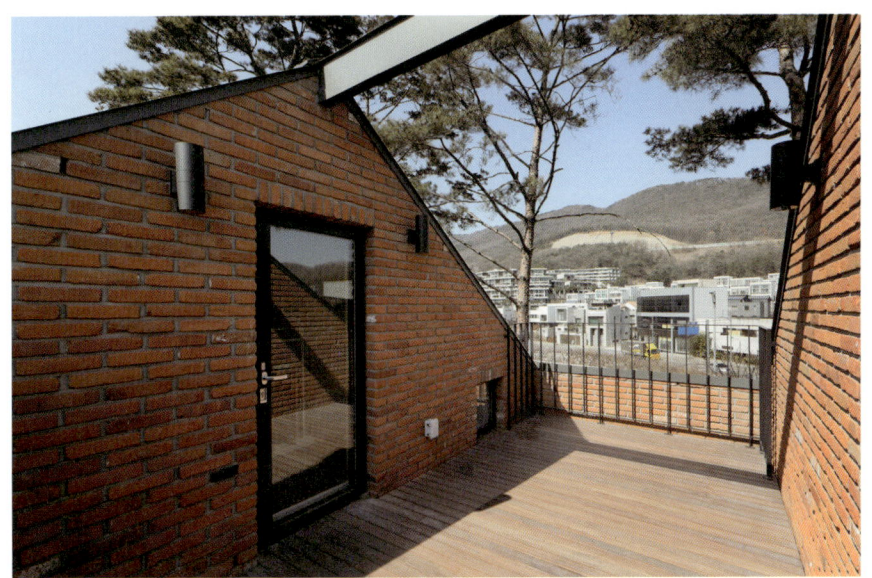

전망 좋은 옥상 테라스

부록

잘 지은
유럽 명작 주택 체험하기

부록에서는 2장에서 언급했던 건축가의 명작 주택을 직접 탐방하며 느끼고 배운 점과 이를 바탕으로 우리 집에 반영한 요소들을 정리했다.

건축주를 위한 부록 사용법은 다음과 같다.

1) 각 건축가들의 작품을 건축주 입장에서 순례한 기록을 통해 간접 경험을 해본다.

2) 그것을 본 저자가 자신의 집에 실제 적용한 사례를 확인한다.

3) 자신의 집에 적용할 만한 좋은 사례를 추려 그곳에 직접 찾아가본다.
· 건축가가 설계한 펜션 또는 오픈하우스 방문 또는 단독주택 전세로 살아보기 : 단독주택과 좋은 집에 대한 체험치가 증가한다.
· 국내·외의 명작 주택 탐방 : 국내 건축 작품이나 가까운 일본부터 유럽 또는 북미의 명작 주택을 탐방한다. 돈이 많다고 무조건 멋지고 좋은 건축을 할 수 있는 것은 아니다. 오히려 한정된 예산에서 다양한 아이디어로 문제를 해결해 나가다 보면 만족스러운 결과물이 나오게 된다. 특히 자신의 집에 적용하는 것이 최우선의 목적이라면 집을 지을 곳과 기후가 비슷한 지역의 건축물을 보는 것이 좋다.

4) 직접 체험해본 집에서 반영하고 싶은 요소와 자신이 살고 싶은 집을 정리해 건축가에게 제안한다.

내가 다녀본 건축가별 건축물의 특징을 아래의 구조로 정리하여 부록 페이지에 정리하였다.

> 1) 대지와 건물의 관계성
> 2) 외관
> 3) 각 실의 관계와 동선
> 4) 층고와 사이즈
> 5) 창과 빛
> 6) 내부 인테리어와 소품
> 7) 배운 점과 우리 집에 적용한 요소

집을 짓기 전, 유럽 명작 주택은 어느 대지에 어떤 모습으로 어떠한 내부 구조와 인테리어, 디테일이 적용되었는지를 보며 건축 작품 순례를 할 수 있다. 이를 통해 건축주의 건축적인 지식과 시각이 높아질 수 있고, 특히 건축 설계가 왜 필요한 것인지를 체험해 볼 수 있다.

건축가들의 건축가,
르 꼬르뷔지에 작품 순례와 배운 점

"나는 한 손 가득 받았고, 한 손 가득 주었다."
"주택은 인간이 살아가도록 해 주는 기계"
— 르 꼬르뷔지에(Le Corbusier)

빌라 사보아(Villa Savoye)

이 건물의 첫인상은 어떠한가? 아래가 떠 있는 느낌이고 긴 파노라마 창과 깔끔하고 정제된 선으로 이루어져 있다. 굉장히 모던한 느낌의 건물이다. 그런데 이 건물이 건축된 지 약 90년(1928년) 된 건물이라면 믿어지는가? 다음 사진을 보자.

부록   잘 지은 유럽 명작 주택 체험하기

롱샹 성당(Ronchamp chapel)

이 건물의 느낌은? 먼저 본 건물과 같은 건축가가 설계했다는 사실이 믿어지지 않는다. 두 건물 모두 건축가들이 배우는 건축가 르 꼬르뷔지에(Le Corbusier)가 설계한 것이다. 그는 당시 새로운 재료였던 철근콘크리트를 사용하여 다양한 실험을 통해 현대 건축의 기본 원칙을 정립했다.

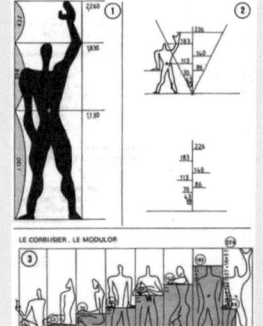

르 꼬르뷔지에의 모듈러 이론

그가 행한 현대 건축이란 전위적이기만 한 것이 아닌 공간에 따른 인간의 심리를 고려한 건축이었다. 무조건 크고 높게 만들지 않고, 출입구와 복도, 방과 거실의 높이 및 너비 등을 모두 인간의 비례에 맞는 치수를 사용하였다. 이것이 그의 모듈러(Moduler) 이론이다. 예를 들면 그의 주택 대표작인 빌라 사보아(Villa Savoye)의 문의 사이즈는 집 크기에 비해 작은데, 문의 입구 폭과 높이가 사람에게 딱 들어맞아 지나갈 때 묘한 쾌감마저 느껴진다. 이렇게 인간의 신체 비례가 집의 모든 치수에 적용되어 과함과 모자람이 없이 공간이 정확히 맞춰진 듯하다.

그는 오늘날 아파트라고 불리는 높은 현대식 공동 주거 건축물의 시초를 설계했다. 그것이 '유니테 다바타시옹(Unit d'Habitation)'이다. 요즘의 천편일률적인 아파트와 달리 다양한 평면이 있고 건물 가운데는 상업시설이, 옥상에는 수영장과 카페 같은 공동시설이 있었다. 이곳에도 여지없이 그의 모듈러 이론이 적용되었다. 집안의 내부 층고는 226㎝로 이는 183㎝의 사람이 손을 뻗었을 때의 높이다. 또한, '건축은 삶을 디자인한다'는 그의 말처럼 집뿐만 아니라 인테리어와 거기에 들어갈 가구까지 디자인했다. 이를 통해 전체적으로 통일성을 주고 완성도를 높여 '오직 사람이 중심이며, 집은 살기 위한 기계다'라는 그의 사상에 부합하는 건축을 선보였다.

모듈러 이론과 더불어 르 꼬르뷔지에의 가장 유명한 이론은 그가 정립한 '근대 건축의 다섯 가지 요소 〈①필로티 ②옥상정원 ③자유로운 평면 ④파노라마 창 ⑤자유로운 입면〉'이다.

르 꼬르뷔지에가 디자인한 의자 : 스위스 취리히의 '르 꼬르뷔지에 센터'와 브뵈의 '호숫가의 작은 집'에 전시되어 있던 의자다. 금속 프레임에 신체가 닿는 부분만 송아지 가죽이 덧대어져 튼튼하다. 사람 신체 비율에 맞춘 사이즈로, 앉아보면 딱 들어맞아 편안함을 느낄 수 있다.

부록   잘 지은 유럽 명작 주택 체험하기

① **필로티**

단독주택은 땅과 붙어 있기 때문에 아래에서 습기가 직접적으로 올라온다. 때문에 사람의 주거 공간을 땅에서 분리하고자 1층을 들어 올리고 기둥으로 받쳤다. 2층으로 올라간 공간은 앞 건물로부터의 가려짐을 피해 해를 더욱 잘 받을 수 있다. 올라간 건물 때문에 1층에는 처마가 생겨 현관에서 비를 맞지 않고 내부로 들어올 수 있고, 그 아래서 쉴 수 있는 전이 공간도 마련되었다. 국내 건축법상 필로티는 용적률에 포함하지 않으므로 공짜 공간이 더 생기는 것이다.

빌라 사보아의 필로티 공간 : 공간을 들어 올려 기둥이 받치고 있다. 우리나라에서는 주로 다가구주택에서 주차장을 넣기 위해 이렇게 하는 경우가 많은데, 단독주택에서도 사용하면 충분히 좋은 아이디어다.

② **옥상정원**

철근콘크리트구조는 방수에 있어서는 목구조보다 나으므로 옥상을 평평하게 만들고 1층에 있던 기존 나무와 풀을 그대로 옥상에 올릴 수 있다. 이를 통해 철근콘크리트에서 취약한 꼭대기 층의 단열이 좋아지고, 가용할 수 있는 공간이 더 생기며, 높은 데서 보는 경치가 덤으로 생긴다. 또한, 옥상 방수층이 흙이나 데크로 덮이면 그것이 단열재 역할을 하게 된다. 방수 시공된 부분은 태양 빛에 의해 분해되어 그 기능이 점점 약해질 수 있으나 흙은 자체로 열을 차단해준다. 최근에는 흙의 무게를 줄이기 위해 옥상정원용 흙으로 덮는다.

빌라 사보아(왼쪽)와 호숫가의 작은 집(오른쪽)의 옥상정원

③ 자유로운 평면

르 꼬르뷔지에가 창시한 돔이노(Dom-ino) 구조는 큰 집이나 건물에서 볼 수 있는 원형 기둥이 기존의 내력벽을 대체하여 내부 평면의 벽을 자유롭게 배치할 수 있다. 이는 커다란 창과 대공간까지도 가능하게 한다.

빌라 사보아의 넓은 거실과 큰 창 : 흰색 기둥들이 바닥과 천장을 받치고 있어 그 공간 안에 벽이 있어도 되고 없어도 된다. 또 기둥이 끝까지 가지 않은 것은 외벽에 창을 붙일 수 있기 때문이다.

④ 파노라마 창

돔이노 구조로는 외벽이 더 이상 내력벽이 아니게 되므로 긴 띠창을 둘러 파노라마 느낌의 창호를 구성할 수 있다. 띠창을 통해 외부의 경치를 멋지게 담아낸다.

⑤ 자유로운 입면

필로티로 들어 올린 구조, 옥상정원이 있는 평평한 지붕, 돔이노 구조를 통한 외벽 창호 크기 및 위치, 새로운 건축 재료에 따른 구조적 자유로움으로 인해 박공

지붕과 작은 창호라는 전통 방식의 주택과는 다른, 기존의 틀을 깨는 입면이 가능해졌다.

빌라 사보아와 호숫가의 작은 집의 내·외부에서 본 파노라마 창. 한 곳은 푸른 숲을, 한 곳은 맑은 호수를 담아낸다.

르 꼬르뷔지에 센터의 입면

르 꼬르뷔지에의 초기작

르 꼬르뷔지에는 사실 본명이 아닌 할아버지의 이름을 딴 필명이다. 그의 본명은 샤를 에두아르 잔느레(Charles Edouard Jeanneret)다. 그는 스위스 시계 산업의 요람인 뇌샤텔(Neuchatel)주의 라쇼드퐁(La Chaux-de-Fonds)에서 태어나고 자랐다. 차를 타고 찾아가보니 해발 1,000m가 넘는 고지대였다. 그의 할아버지와 아버지도 시계 산업 종사자였으며, 그도 라쇼드퐁 예술학교에서 시계 세공을 배웠다. 그러나 그의 남다른 재능을 알아본 교장 선생님의 권유로 건축 공부를 시작하게 되었고 라쇼드퐁에 여러 채의 건축물 설계를 하게 된다.

라쇼드퐁의 시계 박물관 : 박물관 입구에 쓰여 있는 '남자와 시간(L'HOMME ET LE TEMPS)'이라는 문구가 인상적이다. 박물관에 전시된 시계와 같은 금속 세공 시계 장식을 르 꼬르뷔지에가 했다고 한다.

1. 잔느레-페레 주택

1912년作
주소 : Chemin de Pouillerel 12, 2300 La Chaux-de-Fonds, Swiss
오픈 시간 및 정보 : 금, 토, 일 오전 10시부터 오후 5시까지 관람 가능하며, 자세한 안내 사항은 홈페이지(www.maisonblanche.ch)를 참조한다.

건축가들에게 가족은 첫 번째 실험 대상이 된다. 르 꼬르뷔지에도 그가 건축에 입문한 지 몇 해 지나지 않아 부모님의 집을 설계했고, 그 집이 바로 '잔느레-페레 주택(Villa Jeanneret-Perret)'이다.

1) 대지와 건물의 관계성

도시 자체가 높은 지대인 라쇼드퐁에서도 북쪽의 높은 언덕 위 하얀 집이다. 근처 공터에 주차하고 약간의 가파른 길을 따라 오르면 12번지라고 쓰인 기둥이 보이고 그 위로 집이 있다.

높은 곳에 위치해 있어 성과 같은 느낌을 받았다. 소박하기보다는 과시하는 듯했다. 그 위를 올라 정원에 도착하면 경사진 입구와 대비되어 평평하게 다져진 정원이 있다.

그 동네 언덕에는 큰 규모의 단독주택이 많이 있었다. 전망이 멋지고 프라이버시가 보장되는 높은 성곽 안에 자리 잡은 모습이 마치 용인의 향린동산을 연상케 했다. 이전에 향린동산에 위치한 단독주택 경매에 입찰한 적이 있고, 그곳 땅과 주택 매물을 여러 번 봐서인지 익숙한 느낌이 들었다. 르 꼬르뷔지에가 17살 나이로 설계에 참여한 첫 주택인 빌라 팔레가 바로 근처에 있었는데, 그는 이 주택을 계기로 부유한 집의 설계를 하게 되었다고 한다.

잔느레-페레 주택은 대지 자체에 경사가 꽤 있어 정원으로 가는 데에도 여러 계단을 올라가야 했다. 집의 입구에서는 정원과 1층 거실 및 식당 내부가 보이지 않았는데, 이는 사적인 영역을 보호하려 한 것 같았다. 좀 더 올라가니 기울어진 경사면과는 대조적으로 평면적으로 깔끔하게 정리된 정원이 있었다.

2) 외관

외관 : 빛을 받아 하얗게 빛나는 외벽이 돋보인다.

주변 주택과는 대조적으로 하얀색의 외벽이 빛을 발했다. 가까이서 보니 거친 질감의 테라코트 외장재와 비슷했다. 2005년 리모델링하면서 외장이나 지붕을 보수했을 텐데, 고증하여 기존 느낌을 잘 살려냈다. 지붕은 우리나라의 우진각 지붕 형태였고, 끝선이 외벽보다 나와 있었다. 이를 통해 비가 내려도 2층 창을 열어 놓을 수 있고 차양 역할도 한다. 지붕과 둥그렇게 튀어나온 외형 때문인지 미국식 양옥처럼 느껴졌다.

정원 가운데에는 십자 형태의 길과 바깥 면을 두르는 길이 있었고 동양적인 정자 같은 것도 있었다. 높은 곳에 있어 뷰가 좋았고 하늘정원스러웠다. 새로 칠한 듯한 파란색 벽의 아치문으로 들어가려고 보니 멀리 출입문도 같은 형태였다.

정원의 모습

건물 출입문 : 아치 형태의 문과 출입문의 원형 창호는 정원의 정자, 현관 근처 손 씻는 곳에서도 사용된 것을 볼 수 있다.

3) 각 실의 관계와 동선

현관을 거쳐 집 안으로 들어가자마자 주방으로 통하는 곳과 손을 씻는 곳이 있었다. 집에 들어와 먼저 손을 씻고 장 본 식재료를 바로 주방에 가져다둘 수 있는 동선에 신경 쓴 구조였다.

    안쪽으로 피아노와 벽난로가 놓인 큰 거실이 있다. 복원한 예전 꽃무늬 벽지는 시골스러우면서도 이상하게 자연스러웠다. 원래 벽난로에는 도자 문양이 있었는데, 그것은 사진으로만 남아 있었다. 식당은 주방과 연결되어 있지만, 둥그렇게 튀어나온 공간에 있어 정원과 더 맞닿은 느낌이 들었다. 1층에는 공적인 공간이 있고 개인의 방과 욕실과 같은 사적인 공간은 모두 2층에 있다.

1층 거실과 주방 : 현관과 거실과 주방은 중간에 폴딩 도어가 있어 독립적으로 구분 지을 수도 있다. 문을 열어놓으면 전부 연결된 공간이 되어 회유하는 동선이 된다.

2층에는 르 꼬르뷔지에의 아뜰리에와 형제의 방, 부모님의 방이 있고 욕실은 하나만 있었다. 대신 욕실 문을 2개 달아 방에서도, 복도에서도 바로 연결된다. 이렇게 여러 사람이 사용하는 곳은 몇 걸음의 동선만 절약해도 굉장히 편하다.

르 꼬르뷔지에의 작품 중 이 집을 처음부터 추천한 이유는 지금 보아도 예쁜 요소가 많고, 무엇보다도 일반 사람들이 생각하는 기본적인 구조와 비슷해 거부감이 덜 들었기 때문이다. 기본에 충실하면서도 특이하고 기능적으로 효율적인 동선(현관과 주방 동선, 화장실의 문이 두 개 있는 구조)이 가미된 형태이다.

4) 층고와 사이즈

이 집을 설계할 당시엔 그의 모듈러 이론이 정립되기 전이라 층고와 복도 및 문의 사이즈 등이 정제되어 있다고 보기는 어려웠다. 전체적인 집의 규모는 120평이 넘었다. 지하부터 1, 2층 그리고 다락(다락 자체가 하나의 층처럼 되어 있다)까지 한 가족을 위한 집치고는 매우 거대한 규모였다. 직접 전체를 둘러보니 왜 이 집을 짓고 그의 부모님의 재산이 바닥났는지, 왜 이 집을 감당하지 못하고 팔 수 밖에 없었는지 짐작이 갔다. 이를 통해 집의 규모는 가족 구성원과 목적에 맞춰 계획되어야 함을 깨달을 수 있었다.

복도와 문의 크기

5) 창과 빛

집의 모든 전등이 켜져 있지 않음에도 북향 적절한 곳에 창이 있어 은은하게 빛이 들어왔다. 예를 들면 계단실에 창이 있었는데, 이는 계단을 오르며 좁아지는 공간을 답답하지 않게 해주고 계단실을 밝혀 안전하게 오르는 데 도움이 되었다. 손을 씻는 곳도 동그란 원형의 창으로 빛이 보이면서도 액자처럼 밖의 경치가 들어왔다. 이렇게 빛이 곳곳에서 들어와 집 안 구석구석을 때로는 환하게 때로는 은은하게 비춰주었다. 공간이 가지는 목적에 맞게 빛을 조절하는 느낌이었다. 창은 길게 배치하여 주변의 숲을 보여주거나 높은 곳에서 먼 곳까지의 경치를 담을 수 있게 적재적소에 설치되어 있었다.

곳곳을 밝혀 주고 경치를 보여주는 창문

이 집에서 가장 놀라웠던 창은 르 꼬르뷔지에의 아틀리에를 밝혀주는 천창이었다. 처음에 이 공간에 들어갔을 때 천장 조명을 켜놓은 줄 알았다. 작업실은 집중해야 하는 곳이므로 직접 내리쬐는 빛보다 은은하게 퍼지는 빛이 마음을 차분하게 해준다. 이러한 빛은 자연적이고 색감을 있는 그대로 보여줄 수 있었다.

르 꼬르뷔지에의 작업실 : 그곳에 걸려 있었던 사진에는 그의 동료였던 오장팡, 그의 형, 그리고 르 꼬르뷔지에가 나란히 앉아 있다.

6) 내부 인테리어와 소품

출입문 손잡이가 도마뱀 형상을 하고 있어 재미있었다(이 손잡이는 주택 내부 기념품 가게에서 판매한다). 집 곳곳의 조명과 손잡이, 수전, 가구는 전체적으로 각이 없는 느낌이었다. 가족의 삶에서도 둥글둥글한 원만한 관계를 맺게 하려는 의도가 아니었을까 생각해 본다.

잔느레-페레 주택의 액세서리들

부록   잘 지은 유럽 명작 주택 체험하기

7) 우리 집에 적용한 요소

① 현관과 주방과 손 씻는 곳의 동선

현관과 주방과 손 씻는 곳으로 접근하는 효율적인 동선에 감탄했다. 그래서 이를 참조해 1층 현관에서 들어오면 바로 주방이 있고 다른 쪽에는 따로 손 씻는 곳을 만들었다. 장을 보고 무거운 식자재를 냉장고에 넣는 동선이 줄었고 집에 오자마자 바로 아이들과 함께 손을 씻을 수 있어 편리하다.

잔느레-페레 주택(위)과 북스텝 2.5(아래)의 현관-주방-손 씻는 곳의 연결

② 2층 욕실에 달린 2개의 출입문

2층에는 공동욕실을 하나만 계획했다. 아이가 어리기도 하고 욕실은 다른 실보다 시공비가 높으며 욕실이 많아지면 청소 등의 관리가 어렵기 때문이었다.

한 곳에만 두는 대신 동선을 잘 짜고 양쪽에 잠금 문을 두면 프라이버시도 확보되고 편하게 이용할 수 있겠단 생각이 들었다. 사용해보니 역시 몇 걸음만 아껴도 편리하고 거실과 드레스룸에서 오는 동선을 둘 다 확보할 수 있어 좋다. 또한, 함께 아이와 쓰다 보니 수전 하나로는 부족해 수전을 두 개 설치했다.

잔느레-페레 주택과 북스텝 2.5의 욕실 동선과 두개의 수전

③ 거실의 북향 천창과 다락의 천창

2층의 거실은 다 같이 공부하는 공간으로, 차분한 분위기가 필요해 잔느레-페레 주택의 아틀리에처럼 북쪽 천창을 만들어 빛이 은은하게 들어오도록 하였다. 또한, 다락 천창이 여름철 뜨거운 공기가 위로 빠져나갈 수 있게 하면서도 어두

운 곳을 환하게 밝혀 빛을 확보하는 것을 보고 아이가 노는 다락에 이를 적용했다. 낮에는 불을 켜지 않아도 될 만큼 환하다.

잔느레-페레 주택과 북스텝 2.5의 북쪽 천창 및 다락 천창

2. 슈보브 주택

1916년作
주소 : Rue du Doubs 167, 2300 La Chaux-de-Fonds, Swiss
일반적인 관람은 불가능하다.

이 노란색 벽돌집은 그가 터키 여행을 바탕으로 만든 집으로, 앞뒤로 둥근 배처럼 튀어나온 부분이 있다. 이곳도 막대한 자금을 들여 만든 저택으로 건축주와 다소 분쟁이 있었지만, 여러 책과 잡지를 통해 르 꼬르뷔지에가 직접 집을 소개했다고 한다. 재미있는 것은 지도에는 '빌라 슈보브(Villa Schwob)'라고 되어 있고, 근처의 버스정류장의 이름은 '빌라 터키(Villa Turque)'로 되어 있었는데 이곳 사람들에게는 터키 집으로 더 유명한 듯했다. 우리 집이 동네사람들에게 북스텝 2.5보다는

빨간 벽돌집으로 불리는 것과 비슷한 이유이지 않을까. 이곳을 찾아가려면 구글 맵에서는 라쇼드퐁 내의 'Villa Schwob'으로 된 곳을 찾아가면 맞다.

1) 대지와 건물의 관계성

대지는 약간의 경사 있는 주택들 사이에 있다. 중심 상권과는 거리가 있는, 한적한 주택가에서 도로를 낀 코너 자리였다. 잔느레-페레 주택과는 달리 길에서도 정원과 창이 보여서 커튼을 하지 않는다면 내부가 보일 정도였다. 건물은 대지의 중간쯤에 놓여 있고 그 앞뒤로 정원이 있었다. 길에서 보이는 정원은 파티나 연회를 하는 곳 같았고, 뒤쪽 정원은 개인적으로 사용하는 듯했다.

슈보브 주택의 대지와 길

2) 외관

철근콘크리트구조로 매우 거대한 느낌이지만, 외장재가 벽돌이라 튼튼하고 다부져 보였다. 정면에서 보면 경사진 길 위에 안정적으로 안착한 느낌인데, 이는 벽돌이 주는 무게감과 중후함 때문이라고 생각한다. 외부 담이자 건물의 외벽에는 유리 장식이 있었다. 이 부분을 통해 빛을 내부까지 흡수하는지 궁금했다. 유리 장식 또한 터키에서 영감을 받은 듯했다.

현관 위로 큰 처마가 있고 양옆으로 문이 두 군데가 있었는데, 이는 보통 듀플렉스 주택에서 사용하는 방식이라 의아했다.

현관문은 전체 스타일에 맞게 나무로 되어 있고 작은 화단의 꽃과 하얀 자갈이 인상적이었다. 이것을 참조해 우리 집에도 작은 꽃 화단과 하얀 조약돌을 두었는데, 간단하면서도 조경의 효과가 좋았다.

주택 외관과 외장 벽돌, 유리 장식

출입문과 화단의 조약돌

3. 호숫가의 작은 집

르 꼬르뷔지에가 부모님을 위해 설계한 두 번째 집으로, 따로 'UNE PETITE MAISON'이라는 책을 냈을 만큼 애착이 강했던 집이다. 안타깝게도 그의 아버지는 이 집에서 일 년 만에 별세했지만, 그의 어머니는 100세의 나이로 영면할 때까지 이곳에서 여생을 보냈다. 그가 타인을 위해 설계한 집 중 가장 작은 집이었으나 집이 갖춰야 할 모든 것을 갖췄고 동선까지 편리하게 설계되었다. 르 꼬르뷔지에가 자금의 압박을 받던 시절에 지어져 매우 한정된 예산으로 지어졌지만, 이 때문에 더 창의적이고 좋은 아이디어가 많이 나온 듯하다. 책이나 사진에서 보지 못했던 지하실과 딱 맞추어 설계된 수납 공간까지. 직접 눈으로 보니 손톱만 한 공

1923년作
주소 : Route de Lavaux 21, 1802 Corseaux, Swiss
오픈 시간 및 정보 : 토, 일 오전 10시 또는 오후 2시부터 5시까지 관람할 수 있으며, 계절과 기간별로 상이하므로 자세한 시간 및 사항은 홈페이지(www.villalelac.ch)를 참조한다.

간도 남김없이 잘 활용한 것이 느껴졌다. 대지와 공간, 강아지와 고양이까지 배려한 깨알 같은 요소들이 합쳐져 가장 저렴했지만, 가장 재미있는 주택이 되었다.

마침 이곳을 방문했을 때 마리오 보타(Mario Botta), 자하 하디드(Zaha Hadid), 알바로 시자(Alvaro Siza) 등 세계 유명 건축가들이 '이곳 호숫가의 작은 집을 리모델링한다면 어떻게 할지'에 관한 전시를 하고 있어 재미있게 보았다.

1) 대지와 건물의 관계성

그는 집 내부 설계를 마친 후 주머니에 항상 설계도를 넣고 집과 어울릴 대지를 찾아다녔는데, 그 조건을 맞추기가 쉽지 않았다고 한다. 호수가 바로 앞에 펼쳐져 있고 호수에 동서로 뻗은 산맥이 비추어야 하면서도 파리에 있는 그가 부모님이 계신 곳을 찾아가기 편하도록 열차역과도 가까운 곳이어야 했다. 그러다 어느 날 이 대지를 만나게 되었고 그는 처음 본 순간 '장갑처럼 꼭 들어맞는다'라고 생각했다.

나 역시 이 집과 대지를 만났을 때 그저 감탄사를 연발했다. 그의 표현에 꼭 들어맞는 곳이었다. 에메랄드 빛깔의 호수가 그림처럼 놓여 있고 높은 산맥이 정면으로 비치는 곳에 정확히 남쪽으로 자리 잡은 작은 집. 처음엔 호수가 너무 가까운 것 같았지만, 호수에 비치는 입사각과 습기를 고려해 집을 지었다는 그의 말대로 집에서 보니 호수에 비치는 빛이 눈이 부시기는커녕 보석같이 반짝거렸다.

이 대지는 레만 호수(Lake Leman. 이 호수는 제네바까지 이어진다)를 끼고 있는 꼬르소(Corseaux)라는 작은 동네에 있다. 호숫가로 갈수록 대지의 해발고도가 낮아졌다. 근처에는 브베(Vevey)라는 와인으로 유명한 동네가 있어 경사진 절벽에도 포도밭이 많았는데, 이 땅 주인도 포도를 재배하는 사람이었고 대지를 계약하는 날 르 꼬르뷔지에도 그와 같이 와인을 한잔했다고 전해진다.

집에서 보이는 풍경과 호수와의 거리, 그리고 집을 가리키는 길 건너의 표지판과 출입문

대지가 도로보다 아래에 내려가 있고 집의 높이도 법정 기준 최저로 지어졌다. 그래서 집과 면한 도로에서 보면 건물을 찾기가 쉽지 않지만, 건너편 도로에 'Villa Le Lac'이라는 표지판이 있다. 실제로 들어가 본 집은 소박하며 작은 나무와 의자들이 고향집처럼 정겹다.

도로에서 본 집 : 소박하고 작아 찾기가 쉽지 않았다.

2) 외관

앞서 언급한 대로 예산이 매우 한정적이라 외벽은 주로 지붕에 사용되던 함석판으로 마감되었다. 르 꼬르뷔지에는 이런 재료가 항공기에 사용된다며 나름 첨단이라고 좋게 생각했다고 한다. 실제로 보면 튀지 않고 주변과 자연스럽게 묻어나지만, 이 부분만 놓고 보면 창고 같기도 하다. 옆면 작은 필로티는 스터코와 비슷한 에메랄드색의 고운 페인트 마감으로 되어 있다. 외관은 전체적으로 단순하고 웅장함과는 전혀 거리가 멀다. 사실 그래서 더 정겹다. 나름 필로티와 파노라마 창, 재미있는 순환 평면 등이 있어 지루하지 않고 근대 건축의 다섯 요소가 녹아 있다.

집의 외관

담장과 정원의 테이블

건물뿐만 아니라 외부 건축적 요소도 재미있는 것들이 많았다. 마당의 한쪽은 담장으로 막혀 있는데 그곳을 창처럼 직사각형으로 뚫고 콘크리트로 만든 테이블을 놓아두었다. 르 꼬르뷔지에의 어머니가 커피나 간단하게 식사를 하며 오붓하게 경치를 즐겼을 모습이 상상된다.

도로 쪽으로는 반려견이 지나다니는 사람을 보고 인사할 수 있는 작은 구멍이 있고, 옥상정원으로 가는 계단에는 길고양이도 호수의 경치를 감상하게끔 발판을 만들어주었다. 이처럼 아기자기하고 소소한 요소들이 이 집의 이야기를 소담스럽게 들려주며 살아 있는 집처럼 보이게 한다.

반려견을 위한 구멍과 고양이 디딤판

3) 각 실의 관계와 동선

내부의 동선에서 가장 인상적인 것은 현관에서 주방, 거실, 방, 다용도실로 이어지는 동선이다. 문으로 구분되지 않고 열린 공간으로 한 바퀴를 순환하게 되어 있어 효율적일 뿐만 아니라 크지 않은 내부를 더욱 넓고 다채롭게 만드는 역할을 한다.

4) 층고와 사이즈

18평 남짓한 작은 단독주택이지만, 실제로 보니 다양한 공간이 아기자기하게 배치되어 있었다. 외부 공간을 함께 활용할 수 있고 긴 파노라마 창과 호수가 탁 트인 청량감을 주었다. 파노라마 창으로 지나가는 복도는 선박 같았고 모든 가구와 개수대까지 그것을 위한 공간처럼 딱 맞게 만들어 놓았다. 문은 매우 작았지만, 지나다닐 만했다. 답답하지 않고 아늑하게 만드는 공간이 인간을 가장 편안하고 이롭게 하는 공간이라고 느껴졌다.

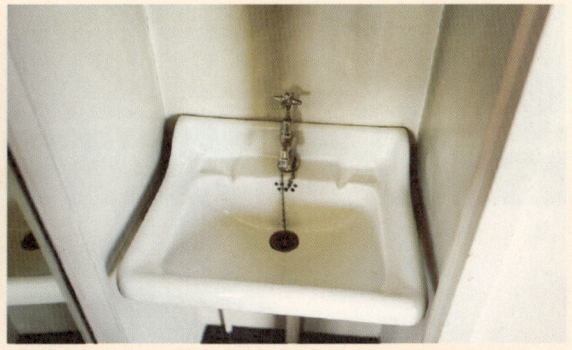

내부 : 집의 끝과 끝을 볼 수 있는 긴 복도는 공간을 더 넓어 보이게 하고, 가구와 세면대는 집에 딱 맞게 짜여 있다.

5) 창과 빛

창 중 단연코 압도적인 것은 호수가 보이는 11m 길이의 긴 파노라마 창이었다. 집 어디에 있어도 시원하게 뻗어 있는 풍경을 볼 수 있고 멀리 보이는 산은 아득하게 잡아주는 느낌이다. 높은 곳에 있는 고창과 천창을 통해 들어온 빛이 집의 구석구석을 비추었다. 특히 고창이 있는 거실은 그 부분만 층고가 높아 상대적인 개방감을 준다. 다용도실과 세탁실의 천창은 습기를 없애주고, 옥상정원에서 보수할 수 있도록 되어 있다(당시 이 천창 유리의 접착제는 타르를 기반으로 만들어진 것이라고 한다). 지하에서 보이는 가로 띠창과 다용도실 바깥의 세로 띠창은 크지 않아 열을 덜 뺏기면서도 시각적으로 멋진 비율을 만들어냈다.

환한 빛이 들어오는 내부 공간

집의 창호들

6) 내부 인테리어와 소품

르 꼬르뷔지에가 어머니에게 만들어준 책상과 의자가 내부에 놓여 있었는데, 수납이 꼼꼼하게 설계된, 다분히 건축적인 가구였다. 그 외에 대걸레걸이나 스위치, 문손잡이와 경첩까지 하나하나 작동하기 편리했다.

옥상정원에서 볼 수 있는 굴뚝의 덮개는 일반적인 박공지붕 집 모양으로 위트가 있었다. 바람에 날아가지 않게 쇠사슬로 벽에 고정해 놓은 화분마저도 인상적이었다.

집의 가구와 액세서리

7) 우리 집에 적용한 요소

① 순환하는 동선

우리 집에서 순환하는 내부 동선은 세 가지가 있다. ①효율을 위한 '안방과 욕실, 드레스룸을 순환하는 동선' ②아이를 위한 '거실에서 아이방 범퍼침대로 들어가서 다시 거실로 나오는 동선' ③재미를 위한 '다락으로 올라가는 두 개의 계단을 이용해 크게 도는 동선(9장 참고)'이다.

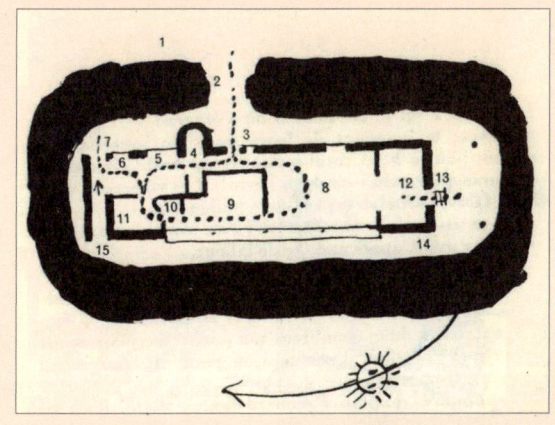

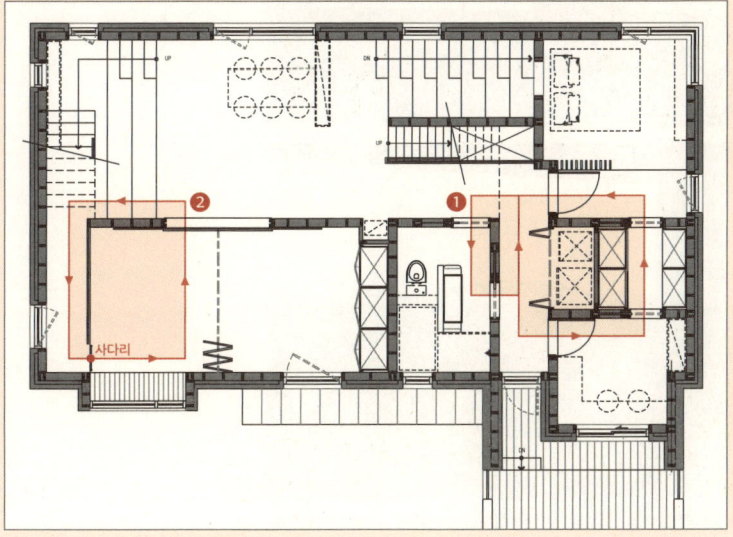

호숫가의 작은 집 동선(위)과 북스텝 2.5의 순환하는 동선(아래) 평면도

이를 적용하니 걸음을 아끼고 아이와 함께 숨바꼭질하며 놀아줄 수도 있었다.
　　이렇게 사소한 곳에서 오는 장점이 쌓여 아파트 못지않은 편리함과 아파트에서 줄 수 없는 재미를 아이들에게 선물했다.

　② 산이 보이는 뷰
호숫가의 작은 집에서 정면에 산이 보이는 뷰는 안정감을 가져다주었다. 따라서 우리 집의 뷰와 창문 크기 및 위치를 결정할 때도 이를 고려해 산을 마주 볼 수 있는 곳으로 선택했다. 덕분에 입주한 뒤에도 거실 창에서 멀리 동서를 가로지르는 둥근 산맥의 전망을 매일같이 볼 수 있다.

호숫가의 작은 집과 북스텝
2.5의 긴 창에서 보이는 풍경

4. 빌라 사보아

빌라 사보아는 르 꼬르뷔지에의 가장 유명한 역작으로 알려져 있다. 이 주택에서 근대 건축의 다섯 요소가 정립되었다. 건축주는 부부와 아이를 위한 파리 근교의 주말 주택을 의뢰했고, 르 꼬르뷔지에의 발상이 더해져 세계에서 가장 유명한 주택 건축물 중의 하나가 되었다. 1층의 필로티 공간으로 차가 들어와 건물 안에 주차하면 비를 맞지 않고 집 안으로 들어갈 수 있다. 그리하여 2층이 하늘에 떠 있는 듯한 현대 건축의 효시가 탄생한 것이다.

1928년作
주소 : 82 Rue de Villiers, 78300 Poissy, France
오픈 시간 및 정보 : 월요일을 제외한 오전 10시부터 오후 5시 또는 6시까지 관람 가능하며, 계절과 기간별로 상이하므로 자세한 시간 및 사항은 홈페이지(www.villa-savoye.fr)를 참조한다.

1) 대지와 건물의 관계성

프와시(Poissy)는 파리에서 약 30km 정도 떨어진 근교 도시로, 기차로 40~50분 남짓 걸렸다. 기차에서 내려 버스를 타고 가다 보면 빌라 사보아로 가는 팻말이 보인다. 입구에 도착하면 큰 담이 있고, 빌라 사보아를 꼭 닮은 에메랄드색 건물이 세워져 있다. 관리실처럼 보이는 건물이었다.

빌라 사보아의 버스 정류장과 입구의 건물

입구에는 큰 숲길이 있어 마치 공원 같았다. 대지만 해도 1,000평은 넘어 보였다. 조금 더 들어가니 기다리고 있었다는 듯 하얗고 각이 살아 있는 매스가 나타났다. 건물을 중심으로 대지 한 바퀴 돌아보니 사방이 나무에 둘러 쌓여 있고 그 한가운데 건물이 놓여 있었다.

대지의 첫 길

2) 외관

전체적인 모습은 굉장히 딱 떨어진 현대적인 느낌이었다. 90년 가까이 된 건물인데도 세련됨이 느껴졌다. 건물은 옆으로 길었고 어느 면에서도 파노라마 띠창이 보였다. 단순하지만, 지붕 위 언뜻언뜻 보이는 곡선의 벽이 눈에 들어와 심심하지 않았다. 외벽은 오늘날의 흰색 스터코 마감 같았고, 1층은 진한 녹색이었다. 필로티 아랜 그늘이 있어 편했다. 현관 쪽에는 얇고 긴 수직 유리들로 외벽이 이루어져 묘한 개방감이 있었다.

필로티 아래의 길과 유리창

원형 계단과 건축적 산책로

3) 각 실의 관계와 동선

내부에 들어오자마자 원형의 계단과 옥상정원까지 이어진, 병원에서 휠체어를 타고 올라가는 느낌의 길이 있다. 1층에는 화장실과 매표소, 당시 집에서 일하던 사람들이 거처로 쓰던 방과 차고가 있었다. 완만한 경사의 길을 따라 계속 오르면 2층을 거쳐 옥상정원까지 다다르는데, 이것을 '건축적 산책로'라고 한다. 정말 집안을 산책하는 기분이 들었다. 2층은 큰 주방과 작은 테라스가 있었다.

주방과 그 옆 작은 테라스

아이 방에는 붙박이 책상이 있고, 이곳 역시 욕실에 방에서 들어가는 문과 복도에서 들어가는 문 2개가 있었다. 욕조 부분만큼 방으로 둥그렇게 튀어나온 오렌지색 벽이 눈길을 끈다.

아이 방 책상과 욕조로 인해 튀어나온 벽

아이 방에서 나와 거실로 가면 넓은 공간이 펼쳐지고 거기에는 벽난로가 있었다. 반대편에는 지금 기준에서도 매우 큰 유리창과 테라스가 위치한다(밖에서 보면 전체가 건물 같지만, 2층의 일부는 비어져 테라스가 되었다). 테라스를 바라보는 쪽에 독립적인 서재가 있고 더 들어가면 욕조가 놓인 마스터룸이 있다. 이 욕실은 천창에서 해가 들어와 밝고 보송보송한 느낌이다. 다시 테라스로 나와 걸어 올라가면 둥근 흰색 벽으로 가려진 옥상정원이 나타난다. 여기서 천창을 청소하고 관리할 수 있다.

거실과 외부 테라스

4) 층고와 사이즈

층고는 대부분 3.2m 정도로 꽤 높았다. 그래서 같은 면적보다 훨씬 크고 넓어 보인다. 대신 문이나 복도의 폭은 약 80㎝로 약간 좁은 느낌이었으나 불편하지 않고 오히려 아늑하다. 좁은 긴 복도를 지나 탁 트인 곳으로 나오면 기분까지 상쾌해진다. 지하와 1층은 크지 않았지만, 2층과 옥상정원까지는 80~90평 정도로 외부에서 봤던 것보다 컸다. 외부 테라스와 정원 등 풍성하고 큰 공간들 때문인 것 같다.

마스터룸의 서재와 욕조 및 복도

옥상정원

내부 공간감

5) 창과 빛

외부와 면한 창호는 대부분 긴 파노라마 창이고 주변이 숲으로 둘러 쌓여 있어 어디를 보든 푸르른 녹색이 눈에 들어온다. 이러한 시도는 지금 봐도 신선하고 멋지다.

빌라 사보아의 파노라마 창

여러 가지 창

여기에는 가로 또는 세로로 연결된 긴 창들이 있어 삼각형이나 둥근 곡선 형태로 창호를 배치할 수 있었고, 이를 통해 독특한 모양의 빛이 내부로 들어온다. 또한, 천창이 적재적소에 배치되어 복도 끝에서 빛이 내려오는 등의 신비한 분위기까지 자아낸다. 이는 훗날 롱샹 성당에서도 잘 활용되었다.

6) 내부 인테리어와 소품

스위치와 수전과 손잡이 등에는 모두 끝에 동그란 장식이 달려 있는데, 이로 인해 조작성이 더 좋아졌다. 몇 개 달린 벽등도 둥그런 형태를 보여준다.

빌라 사보아의 액세서리

안방 욕조는 파란색의 모자이크 타일로 시원스러운 분위기를 낸다. 욕조에 걸터앉는 턱 부분은 르 꼬르뷔지에가 설계한 의자와 비슷한 형태를 띤다. 편안한 느낌을 주기 위해 의도된 듯하다. 또한, 곳곳에는 붙박이장이 있고 이 붙박이장은 그 자체로 파티션 역할을 해 방 안에서 실을 나누는 벽체가 되기도 한다.

안방 욕조의 형태와 붙박이장

부록 잘 지은 유럽 명작 주택 체험하기

7) 우리 집에 적용한 요소

① 건축적 산책로

빌라 사보아의 건축적 산책로는 외부 옥상정원까지 갈 수 있는 공간이었다. 이를 우리 집에 차용하여 1층에서 2층까지의 책들이 있는 계단과 2층에서 다락, 그리고 다락에서 외부 테라스까지 사색하며 걸을 수 있도록 했다.

빌라 사보아와 북스텝 2.5의 건축적 산책로

② 복도 끝 천창에서 떨어지는 빛

복도 끝에 천창에서 빛이 떨어지게 하여 어두운 복도를 밝히고 신비로운 느낌을 줄 수 있도록 하였다.

빌라 사보아와 북스텝 2.5의 복도 끝 천창에서 떨어지는 빛

③ 욕실의 천창

욕실에 남향의 천창을 두어 습한 욕실에 햇빛이 구석구석 전달돼 청결하게 유지될 수 있도록 하였다. 실제로 사용해 보니 우려했던 습기가 천장에 맺히는 일도 없고, 낮에 해가 욕실 전체에 골고루 들어가 습하지 않았다.

빌라 사보아와 북스텝 2.5의 욕실 남향 천창에서 떨어지는 빛

④ 테라스를 바라보는 서재

서재 책상에서 야외 테라스를 바라보면 자연의 푸름을 만끽할 수 있어 눈이 피로할 때 쉴 수 있다.

빌라 사보아와 북스텝 2.5의 야외 테라스를 바라보는 서재

5. 롱샹 성당

1950-1954년作
주소 : 13 Rue de la Chapelle, 70250 Ronchamp, France
오픈 시간 및 정보 : 매일 오전 9시부터 오후 5시 또는 7시까지 관람 가능하며, 계절과 기간별로 상이하므로 자세한 시간 및 사항은 홈페이지(www.collinenotredameduhaut.com)를 참조한다.

롱샹 성당은 2차 세계대전 때 부서진 성당을 재건축해달라는 의뢰를 받고 만들어진 종교 건축물이다. 그 이전에는 중세 시대 느낌이 나는 건물이었지만, 르 꼬르뷔지에에 의해 완전히 탈바꿈되었다. 그의 이전 건축물과는 달리 매우 역동적인 곡선들이 사용되었다. 가우디와 같이 자연의 선을 사용했고 조개껍데기에서 영감을 받았다고 한다. 그래서인지 조개껍데기 하나가 외벽에 붙어 있다.

1) 대지와 건물의 관계성

대지로 가는 길은 완전한 산길이었고 롱샹 성당은 산꼭대기에 있다. 롱샹 시내의 조망이 보이는 높은 지대지만, 가파르기보다 완만하다. 이탈리아의 건축가인 렌조 피아노(Renzo Piano)가 설계한 게이트 하우스를 지나 조금 더 올라가면 성당이 그 모습을 드러낸다.

롱샹 성당으로 가는 길과 모형

렌조 피아노가 설계한 게이트 하우스

2) 외관의 느낌

성당의 외관

입면은 역동적인 느낌으로, 콘크리트로 빚어낸 자연을 닮은 조각품 같았다. 기존의 성당과는 완전히 다른 새로운 분위기로 우주선처럼 보이기도 했다. 전체적으로 매우 거대해 보이지만, 실제로는 인간이 받아들일 수 있을 정도의 사이즈였다. 반원 기둥 반대편의 평평한 면은 사람 얼굴 같았다. 건물의 구조를 활용한 야외 예배당은 건물의 지붕이 천장 역할을 해주고 있다. 외벽은 거친 콘크리트 면에 흰색 페인트를 바른 듯했고, 거친 입자의 질감이 고스란히 살아 있었다.

3) 각 실의 관계와 동선

입구로 들어가면 예배당이 있다. 마침 예배가 있어 더 엄숙한 분위기였다. 예배당을 중심으로 독립적이면서도 문이 없는 기도실이 있었는데, 밖에서 봤을 때 거대한 반원기둥이 바로 기도실이었다.

4) 층고와 사이즈

여느 종교 건축물처럼 층고가 높았지만, 무언가를 제압하려는 느낌이 아니라 자연이 만든 거대한 동굴 같았다. 이곳에도 르 꼬르뷔지에의 모듈러 이론이 적용되었다. 그래서인지 거부감이 들지 않고 편안했다.

5) 창과 빛

예배당은 전체가 인위적인 빛이 없고 촛불과 창을 통해 들어오는 빛만 느껴졌다. 각각 다른 크기의 창문으로 노란색, 빨간색, 파란색, 초록색 등의 색색의 빛이 들어왔다. 스테인드글라스(Sained Glass) 분위기도 났지만, 더 모던했다. 창호가 아니라 벽에 유리블록만 박아놓은 것 같았고, 각가지 색의 유리에는 여러 상징 또는 글귀가 쓰여 있었는데 복잡하지 않고 한 칸에 한 가지 상징이 있었다.

더욱 압도적인 것은 기도실이었다. 테이블 위에 성경책과 촛불 하나씩만 있고 그 위로 빛이 쏟아졌다. 반원의 높은 기둥으로 만든 이유를 알 것 같았다. 기둥의 갈라진 틈으로 들어온 빛이 벽에 부딪히며 기도실마다 다른 색의 빛들이 내려왔다. 굉장히 성스러웠고 경외감마저 들었다. 유럽의 중세 종교 건축물이 주는 화려한 장식과 높디높은 층고가 주는 압도감이 아닌 인위적이지 않은 자연스러움이 있었다.

6. 르 꼬르뷔지에 센터

1967년作
주소 : Höschgasse 8, 8008 Zürich, Swiss
오픈 시간 및 정보 : 이벤트에 따라 오픈 기간이 일정하지 않을 수 있으므로, 자세한 시간 및 사항은 홈페이지(http://heidiweber-centrelecorbusier.com)**를 참조한다.**

르 꼬르뷔지에의 마지막 작품이라고 알려진 곳이다. 실제로는 사후에 완공되었다. 하이디 베버 하우스(Heidi Weber Haus)라고도 불리는 이곳은 개인 주택보다는 갤러리 같은 곳이다(하이디 베버는 르 꼬르뷔지에와 오랫동안 인연을 맺은 건축주로, 르 꼬르뷔지에의 후원자이자 열렬한 팬이다). 개인적으로 르 꼬르뷔지에 작품 중 가장 참신하고 재치 있는 곳이며 그의 건축 이론이 총 망라된 곳이란 생각이 들었다.

1) 대지와 건물의 관계성
대지는 취리히 시내의 호숫가 공원 부지에 있다. 한적하고 여유로운 공원이었고 근처에는 커다란 모래 놀이터가 있었다. 누구나 다닐 수 있는 공공 부지의 평평한 땅끝에 건물을 놓아둔 느낌이었다. 건물 앞에는 수공간이 있다.

대지에 건물이 앉혀진 모습과 모형

2) 외관

실제 규모는 크지 않았지만, 건물 위를 덮고 있는 우산처럼 생긴 콘크리트 지붕 때문에 더 커 보였다. 이 지붕은 호불호가 갈리기도 하는데, 이로 인해 옥상 전체에 그늘이 생겨 휴식 공간으로서의 장점은 강해졌다. 철골조에 외벽은 색색의 철판 또는 유리를 끼워 마감했고, 마치 컨테이너나 레고와 같은 모듈을 쌓아 만든 느낌으로 한 층의 높이가 네모난 한 칸의 높이가 되는 재미있는 형식이다.

센터의 외관

3) 각 실의 관계와 동선

1층은 거실 같은 넓은 공간과 작은 주방이 있고, 르 꼬르뷔지에 센터와 관련된 각종 도면, 모형이 전시되어 있었다. 외부로 출입 가능한 거대한 벽체 회전문은 롱샹 성당에서 따온 것 같았다. 2층으로 올라가는 방법은 빌라 사보아와 마찬가지로 계단으로 가는 것과 건축적 산책로처럼 길게 걸어가는 경사로가 있다. 계단은 노출콘크리트로 만들어졌는데, 계단의 옆면과 하단부를 1층에서 모두 볼 수 있었다. 2층에는 르 꼬르뷔지에의 회화, 조각품, 의자와 가구, 그간 출간한 책 등 그의 업적이 한자리에 모여 있다.

센터의 1층과 2층

가장 좋았던 공간은 역시 옥상정원이다. 사람 하나가 간신히 지날 수 있는 타원형의 문을 열면 둘러앉을 수 있는 의자가 있고 지붕이 해를 막아주어 매우 편하게 쉴 수 있다. 또한, 지붕 아래 1층 수공간의 물결이 비쳐 마치 물속에 있는 느낌이 들었다. 게다가 탁 트인 호수에서 바람마저 시원하게 불어오니 휴식처로는 더 없는 공간이었다. 지하로 내려가면 르 꼬르뷔지에가 인도에 설계한 도시인 찬디가르(Chandigarh)에 관한 다큐멘터리가 상영 중이고 그와 관련한 자료가 있다.

옥상정원과 지하

4) 층고와 사이즈

그의 모듈러 이론이 집대성된 곳답게 1층에 놓인 모듈러 모델이 226㎝의 층고를 알려 주고 있다. 2층까지 뚫린 곳은 정확히 층고의 2배가 됨을 창문 두 칸으로 보여 준다. 건축적 산책로의 복도 너비도 한사람이 가기 딱 적당했다.

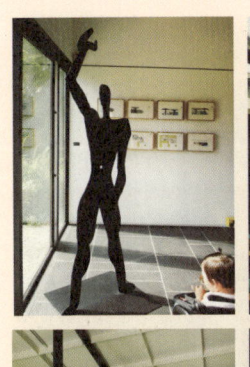

센터 층고와 사이즈

5) 창과 빛

복도를 올라가다가 벽이 양옆에서 환해진다. 가까이 가보니 벽에 숨겨진 얇은 채광창으로 간접 조명을 만든 것이었다. 심지어 이 얇은 창은 경첩이 있어 환기를 위해 여닫을 수도 있다. 큰 창에서도 빛이 은은하게 들어올 수 있도록 했고, 지하에도 천창을 곳곳에 배치해 채광이 좋다.

자연 채광 창

6) 내부 인테리어와 소품

창문 잠금장치는 모두 동일한 모양으로 수제작된 듯 했고 잠금쇠를 잡는 것은 벽 자체에 부착되어 있었다. 그림이나 전시된 가구와 조각들은 모두 르 꼬르뷔지에의 작품이었는데, 원래 이 집에 있던 가구라 해도 될 만큼 잘 어우러졌다. 조명 스위치는 하나의 판으로 모두 조작할 수 있었고, 붙박이 수납 가구는 벽과 일치하게 짜였다. 자투리 공간에도 용도별 수납을 할 수 있게 배려한 흔적이 엿보인다. 특히 이 건물의 마감은 선이 완벽할 정도로 정리가 잘되어 있어 오차가 거의 없었다.

액세서리와 가구 및 장식품

마감 디테일로 만들어진 엽서

7) 우리 집에 적용한 요소

① 옥상정원

르 꼬르뷔지에 센터의 옥상정원이 인상에 남아 우리 집 옥상도 전체를 정원으로 만들고 싶었을 정도였다. 그러나 옥상의 활용도와 방수 관리, 목구조라는 특성을 반영해 적당한 사이즈로 결정했다. 덕분에 옥상정원에 누워 있으면 경치뿐만 아니라 시원함과 쾌적함, 여유로움을 동시에 느낄 수 있다.

르 꼬르뷔지에 센터와 북스텝 2.5의 옥상정원

② **가변형 문**

르 꼬르뷔지에 센터 1층의 가변형 문은 공간을 독립적으로 또는 연속된 공간으로 만들었다. 우리 집 거실과 아이 방 문은 모두 닫으면 방 2개와 거실이 개별 공간으로, 모두 열어 놓으면 하나의 공간이 되어 큰 거실을 이룬다.

르 꼬르뷔지에 센터(위)와 북스텝 2.5(아래)의 가변형 문

나무를 세입자로 받은 훈데르트바서 작품 순례와 배운 점

"혼자 꿈을 꾸면 한낮 꿈일 뿐이지만 우리 모두가 함께 꿈을 꾼다면 그것은 새로운 현실의 출발이다."
— 프리덴슈라이히 훈데르트바서(Friedensreich Hundertwasser)

훈데르트바서는 오스트리아의 건축가로, 자연주의 건축가이자 화가이자 환경운동가였다. 그래서인지 그의 건축물들은 형형색색의 현란한 색으로 동화의 나라에 온 듯하면서도 곳곳에 나무와 수풀들이 함께했다. 심지어 오스트리아의 수도 빈의 한가운데 있는 공공임대주택에도 말이다. 그 임대주택의 창문에서는 나무가 뚫고 나오기도 했는데 훈데르트바서는 그것을 '나무 세입자'라고 불렀다. 이웃집에 나무가 산다니 재미있는 발상이 아닐 수 없다. 또한, 건물을 세우면서 기존에 그 땅에 있던 흙과 나무도 그대로 올려 옥상정원에 옮겨 심었다. '인간은 자연을 빌려 쓰고 최대한 그대로 보존한다'는 정신을 보여준 것이다. 나는 그를 '백수 아저씨'라고 부른다. 그 이유는 훈데르트바서는 독일어로 나누어서 읽으면 '100개의 물'이라는 뜻으로, Hundert(백) wasser(수), 한국어로 읽으면 '백수'이다.

그는 환경운동가답게 친환경 화장실도 만들었다. 그의 건축물은 모두 그가 그린 화려한 색감의 그림에서 튀어나온 듯하다. 인위적인 직선을 싫어해 일반적인 복도조차 자연스러운 경사가 가미되어 있다고 한다.

빈의 시영 주택인 훈데르트바서 하우스 : 중간에 나무 세입자가 살고 있다.
바트 블루마우 리조트의 옥상정원

바트 블루마우 리조트 숙소 중 한 건물과 훈데르트바서의 작품 사진

1. 훈데르트바서 하우스

훈데르트바서 하우스는 오스트리아의 수도인 빈에서 운영하고, 지금도 세입자들이 거주하는 시영 주택이다. 훈데르트바서의 아이디어를 설계도로 구현해줄 건축가와 같이 완성한 건물이다. 독특한 점은 세입자들에게 창문에 대한 권한을 부여한 최초의 주택이라는 것인데, 이 권한은 세입자가 자신의 집 창문 바깥쪽 손이 닿는 부분까지는 마음대로 색을 칠하거나 꾸밀 수 있다는 것이다.

1986년作
주소 : Kegelgasse 36, 1030 Wien, Austria
오픈 시간 및 정보 : 집의 내부는 개인이 거주하고 있으므로 직접 들어가 보기는 어렵고 외관과 정원, 분수대 정도 볼 수 있다. 자세한 정보는 홈페이지(www.hundertwasserhaus.info)를 통해 확인 가능하다.

또한, 몇몇 공간을 따로 할애해 거대한 스테인리스 화분을 창가에 설치하고 거기에 나무를 심었다. 이 나무는 길에서도 잘 보여 마치 그 집에 사는 사람처럼 느껴진다. 건물 바닥은 일부러 자연스럽게 고르지 않게 마감했다고 한다.

1) 대지와 건물의 관계성

이 건물이 위치한 곳은 빈의 도심지로, 독특한 외관으로 주변 건물과 비교된다. 건물 내부에는 큰 중정이 있어 각 집은 빛을 받을 수 있고, 중정은 건물의 정원이 되어 여러 나무와 식물이 자리하고 있다.

훈데르트바서 하우스의 중정

부록   잘 지은 유럽 명작 주택 체험하기

2) 외관

창문의 크기와 형태, 위치 등이 일정하지 않아 내부 구조가 다양하다. 또한, 집의 범위를 알 수 있게 모자이크 타일로 외벽에 한 집의 단위가 표시되어 있다.

훈데르트바서 하우스의 외관 : 1층부터의 외벽과 창문은 여느 빈의 건물과 비슷하지만, 위로 올라가며 점차 훈데르트바서의 색과 선으로 변화한다.

건물 앞의 바닥은 평평하지 않고 입구로 들어가는 부분이 마치 동굴과 같다. 건물의 외벽을 자세히 보면 갖가지 타일이 모자이크처럼 붙어 있는데, 이는 건물의 기둥과 분수에도 적용되어 가우디의 구엘 공원을 연상시킨다.

출입구 통로와 분수

2. 로그너 바트 블루마우 리조트

1997년作
주소 : Bad Blumau 100, 8283 Bad Blumau, Austria
오픈 시간 및 정보 : 일반적인 호텔 예약 사이트에서 숙소 예약을 하고 방문하면 된다. 자세한 내용은 홈페이지(www.blumau.com)를 통해 확인하도록 한다.

로그너 바트 블루마우 리조트는 건축주인 로그너가 온천 마을인 바트 블루마우에 자연주의적인 리조트를 설계하는 것을 훈데르트바서에게 의뢰하여 만들어졌다. 바트 블루마우는 빈에서 차로 3시간 정도 거리에 있는 곳으로, 이곳만을 가기 위해 방문하여도 좋을 만큼 환상적이다. 바트 블루마우는 굉장히 작은 시골이었지만, 이곳 리조트만큼은 많은 사람이 모인다. 리조트 가운데 큰 온천 수영장이 있고 대부분 가족 단위로 방문한다. 화려한 색채와 직선이 없는 건물들이 넓은 지역에 여러 개가 있어 동화 나라에 들어온 듯한 느낌이다.

1) 대지와 건물의 관계성

긴 길을 한참을 들어가다 보면 거대한 출입문이 있고 그것을 통과해서도 쭉 가야 독특한 건물들이 나타난다. 드넓게 펼쳐진 대지 위에 낮은 건물이 땅과 함께 어우러진 것 같다.

모든 건물이 주차장부터 리셉션과 레스토랑, 수영장까지 길고 긴 동굴 같은 복도에 의해 유기적으로 연결되어 있다. 마치 개미의 굴처럼 보이는데, 이 통로들은 평평하지 않고 울퉁불퉁한 자연적인 길로 만들어졌다.

바트 블루마우 리조트의 출입문과 건물

건물과 건물을 이어주는 길고 긴 통로

2) 외관

건물의 외관은 모두 높이가 다르고 앞뒤로 울퉁불퉁하여 직선이 거의 없다. 외벽 하나하나 각양각색의 타일과 페인트로 시공되어 있다. 시공자들이 과연 도면을 어떻게 보고 공사했을까 싶을 정도다. 창틀의 색상 또한 모두 달라 알록달록하고 유리의 크기, 형태도 다양하다. 마치 아이가 아무렇게나 그린 그림을 현실에 옮겨 건물로 지은 듯한 느낌이다. 그러면서도 그 색감과 무늬가 잘 조화되었고 이상한 나라의 성처럼 고급스럽다.

건물들의 외관과 다양한 색의 창틀

3) 각 실의 관계와 동선

모든 건물은 긴 복도에 의해 연결되고 온천 수영장을 중심으로 동선이 배치되어 있다. 또한, 건물이 사람이 지나갈 곳을 비켜주듯 길이 만들어져 있다.

건물이 연결된 길과 수영장 및 건물 아래의 길

4) 층고와 사이즈

전체 부지는 드넓고 건물은 가까이서 보면 거대해 보이지만, 복도와 객실의 층고는 아담하고 아늑한 사이즈였다.

건물 아래의 아치문과 객실 현관의 아치문

5) 창과 빛

객실 욕실과 침실 사이의 벽에는 유리블록이 박혀 있었는데, 이것으로 욕실의 불이 켜져 있거나 사람이 있는지 알 수 있다. 또한, 어디를 보든지 숲과 동화 같은 풍경이 펼쳐져 있어 창 자체가 예쁜 풍경화가 되고 자연주의적인 내부 장식을 잘 비춰준다. 뿐만 아니라 반원, 동그라미, 세모, 네모 형태의 다양한 창에서 다채로운 느낌의 빛이 들어오는 것을 볼 수 있다. 아이들이 좋아할 수밖에 없는 공간과 소품들로 이루어져 있어, 이러한 일반적이지 않은 공간에서 아이들의 창의력이 샘솟을 수 있다고 느꼈다.

객실 유리블록과 다양한 모양의 창

6) 내부 인테리어와 소품

내부는 어디를 보던지 모자이크 타일이 매우 많았고 심지어 복도 바닥도 모두 크기 다른 모자이크 타일이다. 비정형화된 형태로, 시공할 때 손이 굉장히 많이 갔을 것 같았다.

내부의 타일 장식 : 모양이 모두 다른 모자이크 타일들이 곳곳에 있고 심지어 엘리베이터 버튼을 누르는 곳도 모자이크 타일이다.

복도의 황금색 생명의 나무 장식

복도의 벽에는 황금색 생명의 나무들이 그려져 있고, 핀 조명도 있다. 소품과 액세서리, 가구들은 모두 건물의 외벽처럼 알록달록한 색깔로 자연 친화적인 느낌이다. 창문 손잡이는 인체공학적으로 손에 꼭 맞게 설계되었다.

가구 및 장식

현대 유명 건축가들의 작품 전시장, 비트라 캠퍼스와 스위스 건축가의 작품 순례

"예전에 나는 따로 떨어져 빛나는 보석과 같은 건물을 만들려고 했다. 그러나 지금은 그 건축물들이 모두 연결되고, 새로운 경관을 만들고, 동시대의 도시들과 그곳에 사는 사람들이 함께 흘러가도록 하고 싶다."
— 자하 하디드(Zaha Hadid)

바젤에 위치한 헤르조그 앤 드뫼롱의 작품과 유명 건축물

부록   잘 지은 유럽 명작 주택 체험하기

보다 최신 설계가 들어간 현대 건축물을 보고 배우기 위해 스위스 현대 건축의 총본산인 바젤(Basel)로 갔다. 바젤은 스위스, 프랑스, 독일의 세 나라의 국경이 모여 있는 도시다. '바젤 월드'라는 세계 최대의 시계 박람회가 열리고 문화와 예술이 공존한다. 그런 만큼 전 세계의 내로라하는 건축가들의 작품이 이 한 도시와 지역에 집중되어 있다. 특히 바젤이 고향이고 베이징 올림픽 스타디움의 건축가이자 스위스 건축의 거장 헤르조그 앤 드뫼롱(Herzog & de Meuron)의 작품이 많고, 벽돌을 자주 사용하는 우리나라 교보 타워의 건축가 마리오 보타(Mario Botta), 파리 퐁피두센터와 롱샹 성당의 게이트 하우스를 설계한 이탈리아 건축가 렌조 피아노(Renzo Piano)의 건축물까지 건축계의 노벨상이라고 불리는 프리츠커상(Pritzker Architecture Prize)의 향연이다. 바젤에서는 최신 현대 건축의 진수를 볼 수 있었다. 바젤에서 가기 좋은 인접한 도시에는 렌조 피아노가 설계한 바이엘러 미술관이 있고, 또 다른 도시의 비트라 캠퍼스에는 스위스뿐만 아니라 일본, 미국 등의 유명 건축가의 작품들로 공장과 전시장, 갤러리 등이 만들어졌다.

바젤 인근 리헨에 있는 렌조 피아노의 바이엘러 미술관(Beyeler Foundation Museum) : 이 미술관에는 모네의 수련이 유명하다. 앞에는 수공간이 있고 내부가 훤히 들여다보인다. 간접적인 천창과 큰 채광창을 통한 자연광으로 작품의 색이 자연스럽게 보이는 것이 인상적이다.

1. 비트라 캠퍼스와 비트라 하우스

1981년부터 2016년까지 15개가 넘는 세계 유명 건축가들의 작품이 만들어졌고, 지금도 건축되고 있다.
주소 : Charles-Eames-Straße 2, 79576 Weil am Rhein, Germany
오픈 시간 및 정보 : 오전 10시에서 오후 6시(크리스마스 이브는 오후 2시까지). 비트라 디자인 뮤지엄에서 출발하는 건축 투어가 매일 오전 11시 30분에 있다. 자세한 정보는 인터넷(www.design-museum.de / www.vitra.com)에서 확인 가능하다.

비트라 캠퍼스는 찰스 임스(Charles Eames)와 같은 유명 가구 디자이너의 가구와 라이프스타일 용품을 파는 '비트라(Vitra)'란 회사의 공장이자 가구 갤러리 및 박물관이다. 인테리어에 관심 있는 사람이라면 누구나 봤을 법한 가구는 모두 비트라에서 만들어진 것이다. 1981년 큰 화재로 공장들이 대부분 전소되었는데, 그것을 계기로 공장부터 갤러리까지 전 세계의 저명한 건축가들이 설계해 산업디자이너뿐만 아니라 건축가의 성지가 되었다.

바젤에서 차로 20분 정도 만에 도착한 이곳은 입구에서부터 압도적인 건물이 눈길을 사로잡았다. 워낙에 다양한 스타일의 건축물이 있기 때문에 건물에 대한 비하인드 스토리까지 듣기 위해서는 자체에서 진행하는 건축 투어를 추천한다. 사실 건축 투어가 아니면 공장 내부에 있는 자하 하디드나 알바로 시자, 장 프루베 등이 설계한 건축물을 볼 수 없다. 따라서 시간을 잘 맞춰서 가는 것이 무엇보다 중요하다. 투어 중 가장 인상적이었고 건축적으로 영감을 많이 받은 작품을 꼽아보았다.

1) 비트라 디자인 뮤지엄(1989년作) : 프랭크 게리(Frank Gehry)

입구로 들어가자마자 보이는 건물은 프랭크 게리의 작품이다. 프랭크 게리는 프라하의 댄싱 하우스와 스페인의 빌바오 구겐하임 미술관 및 월트 디즈니 콘서트홀로 유명한데, 대부분 건축물이 선이 일정하지 않고 뒤틀어져 있어 저걸 어떻게 시공했을까 싶을 정도다. 그가 비트라 캠퍼스에 설계한 건축물은 총 세 가지로, 비트라 디자인 뮤지엄과 갤러리 게이트, 공장 건물이다. 흰색 스터코 외장에 징크 지붕 마감이고, 뒤틀어진 부분들은 마치 곧 튀어 나갈 것 같다. 딱딱한 고체로 유연한 탄력성을 표현한 것이 신기할 따름이다.

비트라 디자인 뮤지엄과 팩토리

2) 페트롤 스테이션(2003년作) : 장 프루베(Jean Prouvé)

건축가이자 금속 기술가이기도 한 장 프루베는 건축을 하면서도 금속을 활용한 가구를 많이 디자인하고 만들었다. 그는 비트라 캠퍼스에 주유소를 설계하였는데, 역시 대부분이 금속제로 이루어졌다. 기름이 떨어졌을 때 멀리서도 알아보라는 의미인지 빨간색이 눈에 띈다.

페트롤 스테이션

3) 돔(2000년作) : 리차드 버크민스터 풀러(Richard Buckminster Fuller)

둥근 집에서 창의성이 나온다고 주장한 리차드 버크민스터 풀러는 건축가이자 과학자이자 발명가였다. 천재라고 불리는 그는 지오데식 돔(Geodesic Dome)을 구조로 만들어 현대 공업사회에서 돔 구조를 널리 퍼트릴 수 있는 계기를 마련했다. 비트라 캠퍼스에 있는 이 돔은 1975년에 미국 디트로이트에서 만들어지고 2000년에 이곳으로 옮겨졌다. 마치 거대한 텐트처럼 들어갔을 때 가운데로 집중되는 느낌이다. 지금은 이벤트 전시장으로 사용한다.

비트라 캠퍼스의 돔

4) 컨퍼런스 파빌리온(1993년作) : 안도 다다오(Tadao Ando)

노출콘크리트로 유명한 복서 출신 건축가 안도 다다오는 우리나라에서 제주도의 본태박물관과 지니어스로사이로 유명하다. 그러나 단순히 노출콘크리트의 외장보다 빛과 건물의 공간감과 외관의 매스를 다룬 솜씨가 그의 강력한 능력 같다. 이곳에서 직각으로 길게 뻗은 콘크리트 벽을 보자마자 안도의 작품임을 직감할 수 있었다. 이 건물은 컨퍼런스나 큰 회의를 할 때 사용하는 곳이라고 들었는데, 내부를 보니 그 목적에 맞게 구성이 되어 있는 듯했다. 회의실의 창은 땅과 붙어 있는 느낌을 주었고 선들은 간결했다. 차가운 콘크리트와 대비되게 내부는 따뜻한 원목이 사용되었다.

컨퍼런스 파빌리온의 외부와 내부

5) 파이어 스테이션(1993년作) : 자하 하디드(Zaha Hadid)

자하 하디드는 우리나라 동대문의 DDP로 유명한 이라크 출신의 건축가로, 여성 건축가 최초로 2004년에 프리츠커상을 받았다. 그동안 굉장히 전위적이고 해체주의적인 스타일의 건축을 하였는데, 비트라 캠퍼스에는 소방서를 설계했다. 곡선이 많이 들어간 그녀의 최근작과 달리 이곳의 소방서는 직선과 삼각형 형태로 설계되었다. 소방차 대기 장소와 소방관 샤워실, 숙소 등이 있는데, 내부 또한 같은 테마의 역동적인 각이 살아 있는 직선으로 이루어져 있다. 천장등도 그 흐름에 맞춰서 시공되었다.

파이어 스테이션의 역동적인 직선과 내부

우리 집에 적용한 요소

이곳에서 영감을 받아 우리 집에는 다음과 같이 두 부분을 적용하였다.

① 앞뒤로 뚫린 계단

파이어 스테이션에서는 앞뒤까지 뚫린 철제 계단이 사용되었는데, 이를 우리 집에 적용하여 다락으로 올라가는 계단 모두 이러한 형식으로 만들었다. 덕분에 막힌 계단보다 넓은 공간감과 개방감을 느낄 수 있다.

파이어 스테이션 계단과 북스텝 2.5의 다락으로 오르는 계단

② 'ㄱ'자 창

파이어 스테이션에는 유리를 겹쳐 놓은 벽과 창문이 있었다. 목조주택의 한계 상 유리를 크게 넣진 못했지만, 'ㄱ'자 모양의 창으로 동향의 햇빛을 챙기면서도 시원하고 멋진 경치를 가지게 되었다. 또한, 소나무가 'ㄱ'자 창으로 넓게 펼쳐져 있는 것이 보인다.

파이어 스테이션과 북스텝 2.5에 적용된 'ㄱ'자 창

6) 팩토리 빌딩(1994년作) : 알바로 시자(Alvaro Siza)

비트라 쇼디폿(2016년作) : 헤르조그 앤 드뫼롱(Herzog & de Meuron)

비트라 캠퍼스에서 가장 인상이 깊었던 것은 두 빨간 벽돌의 건물이다. 우리나라에는 파주의 미메시스 아트 뮤지엄으로 유명한 포르투갈의 건축가 알바로 시자가 설계한 '팩토리 빌딩'과 비트라 캠퍼스에서 가장 최근에 지어진 헤르조그 앤 드뫼롱의 창고 및 전시장 '비트라 쇼디폿'이다.

알바로 시자의 건물은 결이 강하고 부드러운 빨간색의 벽돌에 하얀색 메지를 넣었고 전체 외관은 거대한 사각 덩어리의 느낌이 났다. 23년이 넘은 건물이지만, 벽돌이라는 외장재의 특성 덕에 세월이 같이 깃들었다.

빨간 벽돌의 팩토리 빌딩

비트라 쇼디폿

내가 갔을 때 한창 건축 마무리 중이었던 비트라 쇼디폿은 밀도 높은 선명한 빨간 벽돌에 메지 없이 시공되어 더욱 깔끔해 보였다. 좀 더 세련된 최신의 건축 느낌이 났다. 그러나 너무 새 건물이라는 느낌이 강해 시간에 따라 점차 처음의 느낌이 변화될 것 같았다.

우리 집에 적용한 요소

두 건물을 보고 우리 집에 적용한 것은 외장재에 빨간색 벽돌을 사용한 것이다. 앞의 사례를 통해 내가 생각한 것은 아래 조건이었다.

① 세월이 흘러도 벽돌 고유의 자연스러움을 보여줄 것
② 너무 새것 같은 느낌이 아닌 오래전부터 있었던 집 같은 느낌을 줄 것

이를 만족하기 위해 붉은색 고벽돌을 활용하면서도 자연스러울 수 있도록 벽돌을 커팅하지 않았고 최대한 흰색 얼룩이 덜 한 것을 선별해 시공하였다. 덕분에 건물 옆의 소나무와 어우러지면서도 고성(古城)의 느낌이 든다.

북스텝 2.5의 빨간 벽돌 외장

7) 비트라 하우스(2010년作) : 헤르조그 앤 드뫼롱(Herzog & de Meuron)

헤르조그 앤 드뫼롱은 한 명이 아니라 자크 헤르조그(Jacques Herzog)와 피에르 드뫼롱(Pierre de Meuro), 두 건축가 콤비를 말한다. 그들은 둘 다 스위스 바젤 출신으로 유치원 때부터 친구였고 현재에도 바젤에 건축사무소를 두고 있다. 그들의 건축은 전위적이면서도 대지에 따라 매번 다른 자재를 사용해 건축하는 것으로 유명하다. 또한, 남다른 외형의 건축물로 작품마다 놀라움을 준다. 그들이 설계한 비트라 하우스도 내·외부가 주변 건물 중에서도 가장 특이하다. 외형은 마치 박공지붕 집을 길게 늘려 무더기로 쌓아 놓은 듯하다.

비트라 하우스의 외부

창문을 통해 전시된 임스 체어와 내부에서 창을 본 모습

각 박공지붕 건물이 놓인 방향은 그냥 정해진 것이 아닌 각각 독일과 스위스 및 프랑스 등의 주요 지역을 바라보고 있는 것이라고 한다. 창의 끝은 테라스로 사용되는 곳도 있고, 창을 통해 가구가 보이는 갤러리로 사용하는 곳도 있다. 내부에서 봤을 때도 박공지붕의 형태를 그대로 살린 큰 창을 통해 시원한 뷰가 완성된다.

출입구 쪽으로 가까이 다가가면 건물이 쌓인 곳 사이로 중정이 생겼는데, 그곳에서 건물의 바닥면과 건물이 겹치는 특이한 건축적 공간을 볼 수 있다. 건물 아래 공간을 통과할 수도 있고 태양이나 비를 피하는 내·외부의 전이 공간이 되기도 한다.

비트라 하우스의 용도는 비트라 가구와 인테리어 용품의 박물관이자 전시장이다. 5층의 규모로, 조명, 의자, 역사적인 가구 작품, 소품이 층마다 테마를 나눠 전시되어 있다. 또한, 건축가의 디자인 DNA가 건물 곳곳에 녹아들어 있는데, 예를 들면 옆 페이지 사진 속 의자와 엘리베이터의 버튼이 비슷해 보이는 것은 결코 우연이 아닐 것이다. 이러한 심리적인 통일성을 느끼게 하는 전문적인 디스플레이 사례를 볼 수 있기에 관련 종사자들뿐만 아니라 건축주의 홈 스타일링에도 큰 도움이 될 수 있다. 특히 전 세계 유명 디자이너의 조명과 그 조명이 배치된 모습을 보면서 조명을 어떤 공간에 어떻게 연출해야 어울릴지를 확인할 수 있다. 요즘은 건축주가 직접 조명을 고르는 경우가 많은데, 우리나라에서는 제대로 디스플레이된 것을 볼 수 있는 곳도, 이렇게 집처럼 꾸며진 사례도 보기 힘들다.

비트라 하우스는 오래된 전통 가구 회사답게 역사적인 명작 가구가 박물관과 갤러리의 예술 작품처럼 전시되어 있어 가구에 대한 공부도 할 수 있다. 또한, 명작 가구와 관련된 상품이나 인테리어 소품도 직접 구입 가능하다. 특이한 외부만큼이나 내부에도 재미있는 공간이 많다. 그중 층 사이를 엘리베이터뿐만 아니라 단독주택처럼 메인 계단으로도 이동할 수 있는데, 나선형이나 계단참에서 양 갈래로 갈라지는 등 하나같이 멋진 구조로 되어 있다.

필로티와 중정 공간

비트라 하우스의 의자와 엘리베이터 버튼

부록   잘 지은 유럽 명작 주택 체험하기

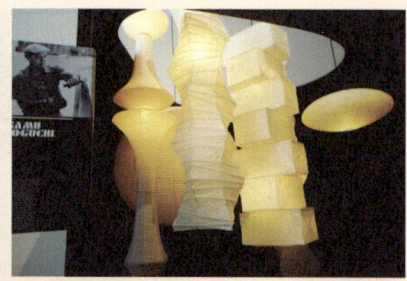

조명 디스플레이

비트라 하우스의 가구 역사와 명작 주택에 디스플레이된 사례 및 인테리어 소품

내부 메인 계단

우리 집에 적용한 요소

비트라 하우스는 내부 자재의 디테일이 깔끔했고 공간에 잘 어울리는 색감으로 배치되어 있어 층별로 다 각각의 집처럼 느껴졌다. 따라서 이곳에서 배운 점도 우리 집 여러 곳에 적용하였다.

비트라 하우스와 북스텝 2.5의 박공지붕 모양 가벽

① 내부 박공지붕 모양 가벽

내부에 외관과 비슷한 구조의 박공지붕 모양 가벽이 있었는데, 이 부분과 유사하게 우리 집에도 활용했다. 이를 통해 풍부하고 재미있는 공간감과 디자인적 통일성을 더하게 되었다.

② 빗살 형태의 나무 벽

빗살 형태로 나무가 세워진 공간은 시선을 간접적으로 차단하면서도 답답하지 않은 가벽이 되고 빛이 통과하여 멋진 분위기를 연출한다.

③ 광폭 계단

큰 공간에서의 계단은 단순히 오르는 용도가 아닌 쉼터가 되기도 하고 관객석이 되기도 한다.

비트라 하우스(위)와 북스 텝 2.5(아래)의 빗살 형태의 나무 가벽

④ 오크 바닥재

비트라 하우스의 벽체는 흰색 페인트 도장이었고 바닥재는 원목마루 중에서도 약간 노란 끼가 도는 오크 원목마루였다. 이 자재와 색의 조합은 눈을 편안하게 하고 가구를 더 돋보이게 한다.

비트라 하우스와 북스텝 2.5의 광폭 계단

비트라 하우스와 북스텝 2.5의 바닥재

⑤ 긴 테이블

거실에 긴 우드슬랩을 두고 다 같이 모여 식사도 하고 공부도 할 수 있는 공간을 만들었다.

비트라 하우스와 북스텝 2.5의 긴 테이블

2. 팅겔리 미술관 : 마리오 보타(Mario Botta)

1996년作
주소 : Paul Sacher-Anlage 2, 4002 Basel, Swiss
오픈 시간 및 정보 : 일반적으로 오전 11시에서 오후 6시(월요일 휴관)까지 열려 있다. 특별한 휴일에는 달라질 수 있으므로 자세한 정보는 홈페이지(www.tinguely.ch)를 통해 확인한다.

움직이는 기계 장치를 예술작품으로 승화한 장 팅겔리(Jean Tinguely)의 작품들이 전시된 곳이다. 이러한 별난 작품을 전시하는 공간을 만들기 위해 구조적 아름다움을 잘 살리는 이탈리아의 건축가 마리오 보타가 설계를 맡았다. 대지는 강변을 끼고 있는 공원 끝에 있다. 마리오 보타의 대부분 건축물은 벽돌이나 돌과 같은 외장재가 적용되었는데, 이곳도 마찬가지다. 다만 튼튼하고 거대한 사각 벽체가 있고, 눈처럼 생긴 아치 형태의 지붕이 그 위를 덮고 있다.

팅겔리 미술관의 외관

외부 벽체를 옆에서 보면 사각으로 뚫린 공간이 겹겹이 있는데, 이와 마찬가지로 내부에도 이러한 사각으로 뚫린 부분이 있다. 이는 공간의 통일성을 주고 그 안으로 더 들어가고 싶게 만든다. 내부에 들어가면서 긴 복도가 나타나고 그 복도의 한쪽 벽은 커튼월처럼 창문이 있다. 한쪽에서 다른 한쪽으로 연결되는 2개의 통로가 있고, 그 통로끼리 서로 볼 수 있게 되어 있다. 이러한 공간은 과거, 현재, 미래가 모두 연결되어 있다는 느낌을 준다.

외부와 내부에 사각으로 뚫어진 부분

긴 복도와 두 곳의 연결 통로

이곳의 빛은 대부분 천창에서 들어온다. 이 빛은 벽에 붙어 있는 작품에 묘한 그림자를 선사해주어서 더욱 입체적으로 보일 수 있게 한다. 팅겔리의 작품을 이해하고 어떻게 하면 효과적으로 보여줄 수 있을지 건축적으로 고심한 흔적이 느껴진다.

천창에서 비춰지는
빛과 작품의 그림자

이곳의 바닥재는 19㎜ 이상의 두꺼운 원목마루를 사용한 듯했고, 무늬와 결이 꽤 진하게 보였다. 국내에서는 찾기 힘들고 두꺼운 원목마루는 온돌 난방을 하는 우리나라에서는 적용하기 쉽지 않겠지만, 밟을 때의 둔탁한 푹신함과 자연스러움은 일품이었다.

팅겔리 미술관의
바닥 원목마루

에필로그

나만의 건물을 짓고 싶은
예비 건축주들을 위하여

집을 짓고 여러 잡지사에서 취재 요청이 왔고 몇몇 잡지에 집이 소개되었다. tvN의 '이집 사람들'이란 프로그램에도 출연해 집을 지은 이야기와 더불어 집의 구석구석을 직접 소개하기도 했다. 집을 짓기 위해 현장에서 수많은 업체, 작업자들과 직접 부딪히며 얻은 소중한 정보를 전달해서 다른 이들은 더욱 쉽고, 재미있게 집을 지었으면 했다. 그렇게 언론에 알려지면서 여러 가지 변화가 생겼다.

그중 가장 큰 변화는 건축 쪽의 일을 시작한 것이다. 집을 짓기 위해 4년 동안 부동산을 공부하며 전국의 대지를 비롯해 단독주택과 타운하우스를 답사하였고, 미국·일본·유럽 등지의 9개국 26개 도시를 다니며 주택 작품들과 각 나라의 현지 주거문화를 체험했다. 각 마을을 직접 보고 배운 것, 그리고 그것을 녹여낸 운중동 주택 '북스텝 2.5'의 건축주가 되어 수많은 건축가, 시공사, 자재 업체, 기기 업체들을 만나 집을 완성한 경험은 나에게 값진 자산이 되었다. 이를 우리 집만 짓는 데 사용하고 끝내기에는 아까운 것들이 많아 최대한 살아있는 정보로 도움이 되기 위해 이렇게 책으로 정리하였다.

그뿐만 아니라 이런 경험들을 바탕으로 타운하우스의 전체 단지를 계획하는 일을 맡아서 진행하였다. 수영장이 있는 풀빌라 단지, 운동장만한 넓은 마당을 공유하는 주택 단지, 부모님을 모시거나 임대를 줄 수 있는 캥거루주택 단지로, 라이프스타일에 맞게 각 단지의 테마를 잡았다. 또한, 건축가와 시공사를 선정하고 전체 단지 콘셉트, 내부 평면과 외장재 및 세부 인테리어 자재와 소품도 모두 선정하여 마을의 건축주로서 전체 단지를 총괄 디렉팅했다. 대지 단계에서부터 건물뿐만 아니라 마을의 테마와 공용 시설의 콘텐츠까지 기획한 것이다.

이러한 역할을 통해 우리나라에서도 외국에 있는 마을처럼 멋지고 한국적인 삶이 있는 단독주택과 마을 문화를 전파하고자 한다. 하나부터 열까지 나의 감수를 받고 진행하는 프로젝트로, 기존의 PM이라는 직함으로는 설명될 수 없어 '타운 디렉터'라는 새로운 직함을 만들었다. 이렇게 기획된 마을이 이천에 타운하우스로 시작하여 오픈하였고, 수영장 주택도 선을 보였으며 이후로 계속해서 공사가 진행되어 좋은 결실을 맺었다.

현재 우리 집보다 더 따뜻하고, 디자인적으로도 더 매력적이고, 갖가지 라이프스타일에 맞는 공간을 선택할 수 있으며, 더 강하고 결속력 있는 마을 공동체가 있는 마을을 만들고 싶었다. 이를 통해 더 멋진 단독주택과 여러 사람이 모여 이야기가 있는, 이젠 쉽게 찾아보기 어려운 '고향 마을'을 이 동네에서 자라날 아이들에게 선물하고 싶었다. 아이들은 마을이 키운다지만 이제 도시에는 마을을 찾기 어려운 것처럼, 편리한 입지와 공동 육아 및 공동 교육 등이 있는 공동체를 만들고 싶어 꽤 오랫동안 기획했던 마을이 건물이 올라가고 단지가 형성된 것이 눈에 보이니 더욱 가슴이 벅찼다.

이후 〈전원속의 내집〉을 통해 유럽과 국내의 명작 건축물 탐방기를 연재해 성공적인 건축을 위한 건축주의 필수 요건인 건축에 대한 소양을 쌓는 좋은 기회를 제공했다. 또한 건축주를 위한 건축 설계 및 컨설팅 서비스인 밈스페이스(www.memespace.co.kr)를 운영하며 계속해서 집짓기를 수행하여 우리나라에 좋은 건축물들을 뿌리내리게 하고자 매일 노력하고 있다. 특히 실용적인 설계와 VR을 통해 설계된 공간을 탐색하고 잔금 폭탄 없애는 인테리어 상세 스펙 디자인, 50년 된 단독주택 리모델링하기, 펜션 리브랜딩&리빌딩,

옛 건물 쉐어하우스로 변신시키기, 건축주 피해 사례 원인 분석하기, 토지 및 건물 개발 투자성 분석하기와 같이 신축뿐만 아니라 다양한 분야에서도 건축주에 대한 노하우가 필요한 것을 깨닫고 해당 프로젝트들을 수행 중이다.

또한, 잘 지은 건축물 매물, 건물을 지을 수 있는 입지 좋은 토지 매물을 소개하는 단독주택 전문 중개 플랫폼인 빌드트리(www.buildtree.co.kr)를 운영하고 있다. 빌드트리 플랫폼은 건축주가 필요한 건축할 수 있는 필지 및 단지 정보, 건축가·시공사 정보 외에 유명 건축가 및 A급 시공사가 지은 집에 대한 임대 및 매매 정보를 얻을 수 있고, 건축가가 설계한 좋은 집들을 VR, AR로 구현하였다. 이렇게 국내외의 주택을 데이터화하여 보다 투명하게 건물 정보를 확인하고 안전성과 신뢰도 높은 건축 계약을 진행한다. 나아가 신뢰감 있는 시공을 위해 종합건설업 면허를 득하여 주식회사 아키리얼 종합건설을 설립하였다. 이제는 건축주에서 건축가, 시공사의 역할을 하며 건축주로서 경험했던 시행착오와 불편했던 점을 없애고 직접 심리적으로 좋은 공간과 건물들을 만들려고 한다.

본 저자가 계획한 단지의 조감도 및 수영장 주택의 실제 완공된 사례

직접 건축주 역할 및 인테리어까지 하여 완성한 운동장 공유주택과 캥거루주택

　　건축주로서 많은 업체와 직접 만나며 재정적 어려움, 각종 인허가와 날씨 등의 변수를 딛고 내가 짓고 싶은 건물이 완성되었을 때의 보람이란 인간으로 태어나 인생에서 한 번쯤 경험해볼 만한 일이라고 생각한다. 이 과정에서 사기당하지 않고 목적에 맞는 기본기를 잘 갖춘 건물이 완공되는 것만으로도 크나큰 성공이다.

　　냉정히 말해 부동산이 단순한 투기인 시대는 지났다. 특히 최근에는 아파트를 떠나 자신만의 건물을 짓고자 하는 수요가 더욱 증가했다. 목적에 맞게 건물을 리모델링하거나 제대로 짓는다면 그 부가가치는 앞으로도 더 커져 더욱 대우받는 건물이 될 수 있다. 광교의 한 상가주택은 주변에 비해 깔끔하고 세련된 내외부 디자인으로 1층의 가게, 임대 세대에 높은 세가 발생하여 건물에 대한 가치도 크게 상승하였다. 입지뿐만 아니라 디자인과 내부 구조, 건축 자재도 건물의 가치를 매기는 데 큰 요소가 됨을 보여주는 것이다. 이는 1인당 국민소득 3만불이 넘으면서 주거와 건축의 질에 관한 관심이 높아진 세계의 여느 나라의 사례를 보아도 알 수 있다. 파주 미메시스 아트 뮤지엄의 알바로 시자, 리움 미술관의 마리오 보타, DDP의 자하 하디드 등 세계 유명 건축가들의 작품이 늘어나고, 개인들이 건축가가 설계한 단독주택을 짓는 사례가 대중적으로 증가하듯, 앞으로 우리나라의 건축 문화도 점차 발전하게 될 것이다.

　　건축가와 시공사 등을 선정하는 것은 건축주의 역할이자 역량이다. 결국, 우리나라의 예쁜 건물들로 후대에 남길 역사의 유산을 만들어 낼 주체는 건축주이다. 이를 위해 직접 건축을 공부하고 발로 뛰어보자. 세계의 건축 작품에 이름을 남긴 건축주들처럼 반드시 성공한 건축주로 역사에 남을 것이다.

시공사도
건축가도
안 알려주는

**건축주만이
알려줄 수 있는
집짓기 진실**

초판 1쇄 발행	2017년 12월 6일
초판 5쇄 발행	2021년 1월 12일

저자	손창완		
발행인	이심		
편집인	임병기		
책임편집	김연정		
기획편집	이세정, 조고은		
	조성일, 신기영		
사진	변종석		
디자인	최리빈	발행처	㈜주택문화사
마케팅	서병찬	출판등록번호	제13-177호
총판	장성진	주소	서울시 강서구 강서로
관리	이미경		466 우리벤처타운 6층
		전화	02-2664-7114
인쇄	북스	팩스	02-2662-0847
용지	영은페이퍼㈜	홈페이지	www.uujj.co.kr

이 책의 저작권은 저자에게 있습니다. 내용의 전부 또는 일부를 이용하려면
반드시 동의를 거쳐야 합니다. 파본 및 잘못된 책은 구입하신 곳에서 교환해 드립니다.

정가 23,000원
ISBN 978-89-6603-039-2

이 도서의 국립중앙도서관 출판예정도서목록(CIP)은 서지정보유통지원시스템 홈페이지
(http://seoji.nl.go.kr)와 국가자료공동목록시스템(http://www.nl.go.kr/kolisnet)에서
이용하실 수 있습니다. (CIP제어번호 | CIP2017030995)

이 책은 한국출판문화산업진흥원 2017년 우수출판콘텐츠 제작 지원 사업 선정작입니다.